資本主義的市場と恐慌の理論

江原 慶

日本経済評論社

はじめに

本書は、マルクス経済学による市場と恐慌についての理論的な研究書である。市場と恐慌の二つをテーマとするとき、それらを別個の領域として分離して扱うことは適切でない。両者は常に関連し合っている。かくして、市場の理論と恐慌の理論とを包括的に扱う必要があるが、そのためには、それら二つを包含する、社会的な枠組みが必要とされる。そうした社会全体を指す言葉として、資本主義というタームは、近代以降多用されてきた。そこで本書も、我々が生きる今の社会システムを資本主義と捉え、それを理論の対象とする。「マルクス経済学による」という限定は、このために付されている。

生産物を商品として販売する市場は古代より超歴史的に見られたが、そうした市場経済一般から、歴史的な一段階をなす経済社会のあり方として資本主義を切り出す視角は、他の経済学、あるいは他の社会科学全般に対するマルクス経済学の独自性を鋭く示してきた。アダム・スミスの『国富論』(Smith[1776]) を端緒とする初期の経済学、すなわち古典派経済学は、同時代的に生成されつつあった、近代社会の特徴を、未だ資本主義として構造的に認識するには至っていなかった。カール・マルクスの『資本論』(Marx[1867,85,94]) は、その副題を「経済学批判」としているが、それが批判対象としていたのは、何よりもまずこの古典派経済学の社会認識であり、その理論的な再構築を通して、一歴史社会として確立する「資本」を中心とした経済の原理を描き出そうとするものであった。マルクス経済学は、こうした『資本論』の視座を継承している。

ところで、この時代には、『資本論』とほぼ並行して、古典派経済学がプリミティブな形で描出していた市場の理論を、より精緻に展開しようとする試みが開始されていた。そこでは、市場を財と財の交換の場と見た上で、その交換関係がいかに決定されるのか、微積分を用いて精密に定式化されていく。これがいわゆる限界革命であり、古典派経済学に対して、新古典派経済学のコアとなる価格理論を形成していくことになり、それが二一世紀の現在、経済学界の主流派をなしている。

この新古典派の経済理論は、精巧に作られている反面、資本主義経済を分析する道具立てとして使うことのできない、本源的とも言うべき問題を抱える。まず、新古典派経済学が描く、閉鎖的かつ静態的な需給均衡論の世界には、資本主義の下で発生する、市場と特殊歴史的・制度的条件との間のインタラクションを位置づけることができない。資本主義は、封建制など、その他の歴史社会と区別されるだけでなく、それ自身としても段階的な発展を遂げてきた。スタート時点がどこかはともかくとして、資本主義と呼ばれる時代に入ってからも、我々の社会は常に様々な非商品経済的要因を伴い続け、それに応じて市場は構造的に変化してきたのである。資本主義の下での市場を考察しようというとき、こうした歴史的発展を見逃すわけにはいかない。

もしこうした特殊歴史的・制度的条件との相互作用の可能性を、市場理論に求めていこうとすれば、需給均衡の概念は役に立たない。そうした市場は、おしなべて「不均衡」であるという外なくなるからである。したがって我々は、改めて市場のシステム的な安定性を、マルクス経済学における市場の理論として考察していく必要がある。これは裏を返せば、そのような市場がどのような場合に不安定性を呈することになるのか、という課題にもなる。

市場のシステミックな不具合は、資本主義経済全体にわたる危機、すなわち恐慌として論じられてきた。この恐慌論も、新古典派的な需給均衡論にはやはり座りが悪い。市場の基本像を均衡論的に作り込めば作り込むほど、恐慌のような不安定性は市場の理論にとって例外扱いになってしまう。しかし恐慌は、その時々の資本主義の発展段階の特徴を端的に露呈させる現象として、注目されてきた。資本主義の理論を標榜するなら、この恐慌を含め、景気循環を資本主義の動態論として解明することが求められる。

ただし、同じマルクス経済学というラベルが貼られていても、その中身は多様であり、その全てが市場と恐慌に対するこうした問題関心を軸に作られているわけではない。むしろマルクス経済学の多くは、賃労働が全面化した社会における、資本主義的生産を中心とした理論を打ち立てる中で、市場は資本主義の本質を覆い隠す表層だと見なす傾向を免れなかった。それに対して本書は、市場を資本主義の歴史的発展を生み出す動力と見定め、それを中軸とした社会構造全体を考察に付すための基礎理論として、マルクス経済学の原理論を体系的に再構築することを目指す。本書でマルクス経済学と言っているのは、新古典派のように、市場経済に全般的に通用するメカニズムを対象とするのではなく、資本主義に特殊歴史的な市場のあり方、すなわち資本主義的市場を追究する経済学のことである。

このように、資本が織り成す市場の概念を最も強く意識しながら、当時の現実の資本主義を総体として捉えようとしたのは、第二次世界大戦後の日本において、宇野弘蔵が牽引した研究グループである。宇野は『資本論』を批判的に作り変え、資本主義の基礎理論としての原理論を構築した上で、それを基準に歴史的な発展段階を形成する資本主義の構造を分析しようとした。そこでは、原理論で明らかにされる基本的な経済構造を基準としながら、歴史的・制度的な諸要因を資本主義の一発展段階を構成するものとして位置づけ、その時々の社会を歴史的に意味づけてゆく、総合社会科学の体系が志向されたのである。

本文中で見ていくように、そこで練り上げられた歴史理論のシナリオ自体は、今全面的な見直しを迫られており、そのままそれを受け入れることはできない。それでも、現代資本主義社会の構造そのものを段階的に考えようとする姿勢までもが、捨て去られなければならないわけではない。必要なのは、そうした研究蓄積の批判的検討の上に、新たなマルクス経済学のあり方を模索していくことである。

本書の第一の特徴は、市場と恐慌を体系的に論じるにあたり、生産価格論・市場価値論からなる価格機構論の次元にまで立ち戻ったところにある。宇野の恐慌論に根ざすこれまでの研究は、信用機構が景気循環において果たす役割に着目してきた。その後、市場機構の研究が進むにつれて、宇野が捨象した商業資本の動態を考察する研究も多く提出されてきた。しかし、信用や商業資本といった、市場を構成する種々のサブシステムを論じるだけでは、需給均衡論に批判的に対峙することができない。需給均衡論的な価格論から決別し、市場のメインシステムである価格機構を、マルクス経済学のコアとして据え直す必要がある。そうしてはじめて、資本主義の歴史的発展に分析的に迫るための原理的変容論に、市場理論が開かれることになるのである。

本書の第二の特徴は、景気循環に対する理論的アプローチを確立せんとする点である。従来、原理論を発展段階論に接続するにあたり、原理的な恐慌論が、事実上特定の歴史的段階をモデルとして構築されることになっていた。具体的には、一九世紀イギリスの周期的恐慌現象が、原理的恐慌論の論証対象として見定められていた。本書では、このうに特定の歴史現象をモデルとするのではなく、資本主義的市場の構造論を基礎に、その動態論として景気循環論を構築していく。こうなると、恐慌論と発展段階論との間には距離ができる。しかしむしろそうすることで、歴史的な恐慌現象が明示的に理論の分析対象となり、発展段階論レベルでの景気循環の歴史的意義の解明に先鞭がつけられる。

以上の二つの特徴を反映し、本書は二部構成をとる。すなわち第Ⅰ部では、需給均衡論から意識的に距離をとり、資本主義的市場に独特の構造を分析することで、そのシステムの仕組みを解明することが課題となる。それに基づき第Ⅱ部においては、その動態を景気循環の理論として追究し、以って資本主義的市場の全体像を歴史的に見渡していくための橋頭堡を築くことを目標とする。

まず第一章においては、マルクス経済学の生産価格論を題材として、需給均衡論的な価格理論に対する批判を試みる。価格理論は需給均衡論の主峰とも言うべき領域であり、マルクス経済学固有の市場の理論が打ち立てられるなら、まずここが出発点に据えられなければならない。生産価格論は、長い間労働価値説の終着点と見なされ、価格は生産価格を中心に需給で上下すると考えられてきた。それに対してここでは、「商品には実現すべき価値がある」という認識を抱く主体の観点から生産価格概念を捉え直し、生産価格が対称的な価格変動の重心となるのではなく、むしろ価値とともに上下に非対称的な価格の動きを帰結することを見る。

第二章では、個別資本の競争機構にさらに立ち入りつつ、同部門内に複数の生産条件が並在している、市場価値論の舞台設定で、資本主義的市場の態様がどのように現れるかを考える。ここでは価格の運動に集約されない、資本主義的市場が内在させる無規律性を考察対象とし、そのために個別資本の部門間競争が検討される。同部門内に複数の生産条件が同時に稼働しているとき、個別資本は投資にあたって、その中から優等な生産条件を慎重に選び取らなければならず、その問題は資本の部門間競争を介して市場に影響を及ぼす。その影響を、資本主義的市場の無規律性の変質として、価格方程式を利用しながら分析する。

第三章では、前二つの章の考察を基礎に、恐慌論を再検討していく前段として、景気循環全体の概念整理を行う。資本主義の歴史理論を根本的に考え直していくためには、その重要な基準をなしてきた恐慌論の構成を抜本的に見直すことが避けられないからである。そこで、好況—→恐慌—→不況の三局面からなるこれまでの継時的構成から、現象的な時の流れに依存した部分を切り落とし、安定的な二つの相として好況と不況を取り出す。そのために必要な概念装置として、利潤率のほか、蓄積率を導入し、相の二要因として関連づける。さらに、二つの相の間の切り替えである相転移を、そもそも相に分類されない不安定局面と区別し、それらの概念的な考察を進める。

第四章は、好況から不況への相転移を、資本主義的市場の動態論として集中的に考察する。資本主義的市場の無規律性は、資本蓄積過程の進展とともに、ある時点で不安定局面を形成する要因となる。こうした「恐慌の必然性の論証」については、これまで単線的な論証スタイルが追究されてきた。しかし資本主義的市場の理論は、蓄積過程のうちに二つの恐慌の要因を突き止めることになる。資本主義を特徴づける多様な恐慌現象は、単一の純粋な姿ではなく、二つの基本形に抽象できるのであり、それは資本主義の歴史分析の考察に新しい指針を与える。

目　次

第Ⅱ部　資本主義的市場と景気循環

第Ⅰ部　資本主義的市場の構造

第1章　価値と生産価格のある市場

商品の価格がどのように決定されるかは、古典派以来、経済学の中心問題であり続けてきた。古典派経済学は、この問題を人間の労働との関連で解き明かそうとする点を主要な特徴の一つとしている。しかしスミスの『国富論』においては、このいわゆる労働価値説の定式化には依然としてかなり不分明なところがあった。すなわち、『国富論』第一編第六章「商品の価格の構成部分について」では、一方で、ある生産物を獲得するのに必要な労働量が交換価値を決定する説明がなされるとともに、他方では、ある生産物を提供することによって獲得できる労働量による交換価値の規定が与えられているように読めるところがある。後に前者は投下労働価値説、後者は支配労働価値説とそれぞれ呼ばれるようになるものであるが、そうした相反する説明が入り交じって叙述されているのである。それに続いて、賃金・利潤・地代はそれぞれ独立に商品の価値を構成するとした上で、第七章「商品の自然価格と市場価格について」においては、その三つの構成要素にそれぞれ「自然率」が存在するとされ、市場価格はそれで以って決まる「自然価格」から需要と供給の不一致によって乖離することが説かれている。この理論構成では、労働価値説と需給の役割の関係も、不明瞭なままであったと言わざるを得ない。

こうしたスミスの錯綜した理論展開を、投下労働価値説の徹底化を通して整理したのが、デヴィッド・リカードの『経済学および課税の原理』(Ricardo[1817])であった。その第一章「価値について」では、スミスの価値構成の理解が批判され、商品価値が投下労働量のみで説明されるならば、賃金・利潤・地代は価値がそれらに分解されたものと解すべきであるから、賃金の増大は商品価値を押し上げるのではなく、そのうちに含まれる利潤部分を削減する効果を持つという価値分解説の考え方が対置される。これによって、需要と供給の変動によって引き起こされる価格変動からは独立した、価格の基準としての価値概念が確立された。こうして、スミスからリカードに至る過程で、古典派における価値論の大枠が完成されていくことになる。

マルクスの『資本論』における価値論の展開が古典派批判の出発点としているのは、このリカードの価値論である。『資本論』に見られる理論的発展は、第一にその第一巻第一章における商品論に看取されよう。「古典派経済学の根本的欠陥の一つは、商品の、また特に商品価値の分析から、価値をまさに交換価値となすところの価値の形態を見つけ出すことに成功しなかったということである」(Marx[1867]S.95. 以下、引用の際は K., I, S.95 のように略記)と述べられているように、特に第三節「価値形態または交換価値」に見られる、価値を表現する形態の発展の論理は、交換関係の量的規定に止まったリカードの価値論から進んで、商品の交換関係から貨幣の必然的な存在を導出し、販売と購買とが非対称的に分離した市場構造を基礎づけることが企図されたものであった。

第二の批判点は、リカード価値論をさらに徹底した先に打ち立てられた、剰余価値論に求められる。『資本論』第一巻第五章「労働過程と価値増殖過程」では、労働力に対しても、それ以外の一般商品と同じように、それが生産されるのに必要な労働時間による価値規定を貫徹させた上で、その必要労働時間を超えて労働力が行使されれば、超過分の労働時間が剰余価値を形成すると説かれる。こうして労働力の価値を、その使用価値としての労働時間から区別することで、あらゆる商品が投下労働時間に比例した価格にて売買されている状況下でも、労働者に対する搾取をもとに資本家が剰余価値を取得しうる、資本主義的な階級関係を説明している。

そして第三に指摘されるべきは、リカード自身において「機械およびその他の固定的かつ耐久的な資本の使用」(Ricardo[1817]p.30) に伴う問題として、不完全ではあるにせよ既に意識はされていた、投下労働時間通りの交換に対する「修正」を、生産価格論として再構築した点である。すなわち『資本論』第三巻第一編および二編にて、等労働量交換が行われるとすると、部門ごとの資本の有機的構成の違いによって利潤率の差異が生じるが、しかしその差異はできるだけ高い利潤率を目指す資本間の競争の結果解消され、投下労働量に比例した価格ではなく、各部門の資本に一般的利潤率を与える価格による売買が行われることになる。そのため資本主義においては、剰余価値は利潤として資本に取得され、それとともに市場における価格の基準として生産価格が成立すると論じられた。この生産価格論の展開によって、投下労働時間通りの交換からのズレを、労働価値説の「修正」ではなく、資本主義的な競争の中で必然的に形成される価格関係として説明する基本的な方向性が示されたと言える。

かくして『資本論』の価値論は、リカード的な投下労働価値説の世界を中心としながら、その限界を超克し、資本主義経済の歴史的特徴を明らかにしていく方向で理論的拡充が図られているのである。

それに対して、古典派の価値論を乗り越えるにあたり、むしろ需給論の精緻化を通して労働価値説を廃棄する方向へ発展したのが、新古典派経済学の価値論の最大公約数的な特徴であろう。新古典派にあっては、需要と供給の均衡理論が限界効用概念の導入を契機に数理的に構築されるようになり、それにつれて価格決定論としての価値論の中心が、生産の場から経済主体による選択の場へとシフトしていくこととなった。この新古典派の立場からは、その形成期の段階から既に『資本論』の価値論に対する理論的批判が提起されてきた。そのうち特に多くの議論を呼び起こしたのは、投下労働価値説に基づく第一巻の展開と第三巻の生産価格論との間の矛盾を問題にしたものである。つまり、いずれにせよ市場においては投下労働量に比例した価格ではなく、生産価格によって商品が売買されるなら、第一巻で追究された等労働量交換を前提にした議論は、剰余価値論を含め、無効であると論難したのである。

こうした新古典派の主張に対する反応には当初様々なものがあったが、議論の焦点は、搾取の厳密な論証、および価値から生産価格への「転形問題」の二点に絞られていくことになる。前者については価格決定とはひとまず切り離された領域として、独自の展開が試みられていくことになるが、後者については、生産物を生産価格で販売しながら、その生産手段は投下労働量に比例した価値通りの価格で購買している『資本論』第三巻の設定の不十分さを直視し、そこを再考してゆくことで、新古典派の需給均衡論に対するマルクス価値論の基礎固めが試みられてゆく。[1]

しかし「転形問題」の議論は、いわゆる「総計一致の二命題」に見られるような、総価値と総価格、および総剰余価値と総利潤との間の量的な対応関係は一般的には成立しないことを明らかにしていくことになる。もちろんこうした議論のうちに、すぐ後で見るように、価値と価格の乖離は剰余労働部分のみに限られ、その範囲で投下労働時間が生産価格体系を規制している関係が明確になったことは看過すべきでない成果である。しかしこれは裏を返せば、利潤が存在する生産価格体系にて価格決定を説明する限りにおいては、各部門の生産条件と賃金を所与とするのみで十分であり、投下労働時間を算出するのは寄り道に過ぎないという、素朴ではあるがそれだけに強力な労働価値説批判を認めなければならないことを意味する。とすれば、剰余価値論全体が棄却されねばならないかどうかはともかく、「転形問題」の結論は、価格を決定する理論としての価値論の位置づけを問い直し、マルクス価値論の固有性を再建してゆくことを要求していたと考えねばならない。

この課題に対しては、現在大別して二種類の方向からアプローチがかけられている。一つは投下労働量が価格関係を規定する因果関係を事実上放棄し、価格体系を基本とする「単一体系」へと問題を解消する、マルクス価値論に対する「新解釈 New Interpretation」に端を発した一連の研究である。これは、価格体系を与件とした上で、それと労働量との対応関係を確認するにあたり、価格で表される総付加価値に社会的総労働量が恒等関係で結びつけられるという構成となっており、それで以って労働価値説の現実的な妥当性を擁護せんとするものである。[2]もう一つは、価格の決定理論として労働価値説を採用せずとも、搾取論の精緻化にその現代的意義を求める潮流である。そこでは、価格理論として新古典派の需給均衡論が積極的に利用されるとともに、数理的な手法によって労働に対する搾取の概念を均衡理論のうちに編み込んでいくことで、新古典派に内在的に対抗していくスタンスがとられている（3）。

その一方で、戦後日本のマルクス経済学においては、労働価値説とは距離をとりつつ、かつ剰余価値論とも別個の理論的意義を担う領域として、むしろ古典派に対するマルクス価値論の第一の批判点を発展・深化させる研究も続けられてきた。すなわち、宇野弘蔵の『経済原論』（宇野［1950,52］）を嚆矢とする価値論研究は、価値の実体としての労働概念をひとまず伏せた上で、商品を保有する個別主体の運動に基づき、貨幣、そして資本といった資本主義における市場の諸カテゴリを論理的に説明してゆく「流通論」の展開を最大の特徴とする。これは、マルクス価値論の独自性を労働価値説の墨守に求めたり、あるいは搾取論に縮限して際立たせたりする前述のような理解を超えて、資本主義社会に歴史的に特有な市場の態様を、価値論として追究してゆく理論的可能性を拓くものであると言える。

しかし、こうした社会的再生産から相対的に独立した市場そのものについての研究は、概して流通論の範囲内のみに限定され、必ずしも積極的な価格理論に結実しなかった。労働概念が捨象された流通論においては、価値の量的説明が後退し、代わって市場における個別主体の分散的行動とそれによる概念の論理的展開が分析の主題になっていく一方で、資本が生産過程を包摂し、社会的な生産編成を担う理論次元で展開される価値論においては、結局のところ需要と供給の均衡点に重心を措定する、需給均衡論的な説明が援用されるに止まるような構成が大宗をなすこととなってきたのである。資本主義的市場に固有の価格理論をこのように欠落させたままでは、いかに市場における不断の変動・分散を強調しようとも、それを資本主義的市場の基礎構造のうちに位置づけ、その意義を十分に把捉することはできない。ましてや資本主義的市場の動態を原理的に論じることは、望むべくもないこととなる。そこで本章では、宇野の価値論とその継承・発展を試みた研究の軌跡を辿り、そのうちに原理的な価格機構の構造とそこでの価格の動き方について、本書の理解を示していきたい。

第1節　生産価格論の位相

1　「価値法則」の論証問題

宇野の原理論体系は、『資本論』第一巻第一編「商品と貨幣」と第二編「貨幣の資本への転化」の内容を、流通論という他とは区別されたひとまとまりの領域として再編するとともに、そこから分離された労働価値説の取扱いについても、『資本論』とは異なる展開を見せることとなっている。『資本論』においては、その第一章「商品」にて、異なる商品の等置関係が成り立つためには、それぞれの商品に何らかの形で同質性が備わっていなければならないとされ、それが労働の具体的な内容を捨象した「抽象的人間労働」(K., I, S.52) として措定されることとなっている。そうした同質的な「労働生産物の残り」は、「お互いに共通な、この社会的実体の結晶として、価値——商品価値である」(ebenda) と述べられる。ここは、価値という概念が『資本論』においてはじめて登場する箇所である。この冒頭商品論での価値規定は蒸留法と呼ばれ、後代のマルクス経済学者によって、商品の交換比率が投下労働量によって決定される関係を論証する基本線と解されてきた。

しかし労働価値説の論証をこのようなものとして考える限り、投下労働時間がなぜ商品の交換比率を規定するのか、積極的に証明することはできない。宇野はこのラインで労働価値説を支持することの困難を認めた上で、その論証を冒頭商品論に求めようとするのではなく、流通論に続いて資本主義の下での生産過程を考察対象とする「生産論」にて、「価値法則」の論証問題としてこれを再提起する構成を示した。流通論の展開は、こうした労働価値説の論証についての抜本的改革に下支えされているのであって、資本主義における商品の価格決定についての量的な価値論は、宇野原理論においてもまず以って労働価値説との係わりで展開されてきたのである(4)。ここではまず、その内容を宇野［1964］のテキストに即して確認しておこう。宇野は生産論の冒頭をなす労働過程論における綿糸生産過程の例を引き継ぎつつ、それに生活物資の生産過程を合わせた以下のような設例で以って、自身の論証方法を説明している。

［Ⅰ］今、労働力の再生産に要する一日の生活資料が六時間の労働で生産され、その代価を三志《シリング》とすれば、前節に述べた綿糸の生産を資本家的に行う場合、その生産に二四時間を要した綿花、機械等の生産手段には一二志を支払い、その生産に三〇時間を要した六キロの綿糸は一五志の価格をもって販売されれば、いずれも商品として、その生産に要した労働時間を基準にして売買されることになるわけであるが、それは労働者がその労働力の代価としてうる三志が、綿糸の生産をなす紡績資本家にとっては、その生産物たる六キロの綿糸の代価の内、四・八キロの綿糸の販売によって生産手段の代価一二志が回収されるのと同様に、一・二キロの綿糸の販売によって回収され、労働者にとっては、自己の労働六時間の生産物を商品交換を通して生活資料として得る代価であるということによるのである。三志は、この生産過程を基礎にして展開される商品交換関係の媒介をなすものにすぎない。

［Ⅱ］しかもこの労働者の紡績資本家に対する関係は、紡績資本家と生活資料の生産をなす資本家との間の売買関係をも規制せずにはおかない。例えば紡績資本家が六時間の労働生産物を三志で販売しているのに、生活資料の生産をなす資本家が五時間の労働生産物を三志で労働者に販売しているとすれば、それは労働者に対してその生活資料を十分に与えないことになるばかりでなく、紡績資本家に対しても彼よりもヨリ多くの利益をえていることになるのであって、紡績資本家としては綿糸の生産をこのまま続ける意義を失うことになる。（宇野［1964］六四、六五頁、［　］内は引用者）

	綿花・機械等	＋	労働 6 時間	⟶	綿糸 6kg
労働量	24 時間	＋	6 時間	＝	30 時間
価格	12s.	＋	3s.	＝	15s.

図 1－1　宇野 [1964] の綿糸生産過程

このテキストは綿糸生産に着目した前半部［Ⅰ］と、生活物資の生産をも考慮に入れる後半部［Ⅱ］とに分けることができる。そして［Ⅰ］で設定される生産過程と対象化された労働量および価格関係は、図1－1のようにまとめることができる。

綿糸生産過程の例においてこうした関係が成立する根拠として、労働力の価格である三シリングが「紡績資本家にとっては……一・二キロの綿糸の販売によって回収され、労働者にとっては、自己の労働六時間の生産物を商品交換を通して生活資料として得る代価である」ことが述べられている。すなわち、三シリングの貨幣を媒介として、労働者が自ら支出した労働六時間分の労働生産物を手に入れるとき、三〇時間の労働生産物である六キロの綿糸のうち、一・二キロが労働者のものとして割り当てられる部分ということになり、したがって一・二キロの綿糸は三シリングで販売されなければならない。「四・八キロの綿糸の販売によって生産手段の代価一二志が回収されるのと同様に」という件は、生産手段（綿花および機械等）の価格が先決されているようにもとれるが、先の労働者による生産物の生活物資としての取得関係が価格関係の規定要因として挙げられているところを重視すれば、むしろ一・二キロの綿糸を三シリングで売った結果として、残りの四・八キロの綿糸が一二シリングで売られることとなり、それが生産手段に割り当てられると整理すべきであろう。

［Ⅰ］の部分を右のように読むとすれば、生活物資生産が加味される［Ⅱ］のパートは、単に紡績資本家の競争相手を登場させているのみならず、社会的再生産の有機的連関をより明確に説く上で重要な意義を担っていたと見なければならない。「労働者の紡績資本家に対する関係は、紡績資本家と生活資料の生産をなす資本家との間の売買関係をも規制」するという

	綿糸 6kg	＋	労働 6 時間	⟶	綿織物
労働量	30 時間	＋	6 時間	＝	36 時間
価格	15s.	＋	3s.	＝	18s.

図１−２　宇野 [1964] の生活物資生産過程の一例

ことは、綿糸が生活物資生産資本によって購入されていることを前提とする。つまり、例えば綿織物で以って生活物資を代表させるとして、図１－２に示すような労働量・価格関係をもった生活物資生産過程が、綿糸生産過程の川下に続くと考えるべきである。

これでも綿糸の生産手段がどう生産されたか明示されていないから、社会的再生産を十全に例示したことにはならないが、綿糸生産のみの例解に比べて、生活物資との生産連関が示される分だけ、労働者による生活物資の購買をベースにした論証構造がよりクリアになる。「生活資料の生産をなす資本家が五時間の労働生産物を三志で労働者に販売しているとすれば」、三六時間の労働生産物である綿織物は二一・六シリングで売られていることになり、労働者は必要労働時間である六時間の労働生産物を取得できず、また紡績資本家は利潤が出ないのに対して、生活物資生産資本（織布資本家）は三・六シリングの利潤を得ていることになるわけである。この限りでは、こうした状態が継続され得ないのが「労働者に対してその生活資料を十分に与えない」からなのか、「紡績資本家としては綿糸の生産をこのまま続ける意義を失う」からなのかは特定されていないが、先の引用の直後に宇野は「労働者がその労働力の再生産に要する生活資料は必ずえなければならないという事情を基礎にして、資本は、その生産物をその生産に要する労働時間を基準として互に交換するということになる」（宇野 [1964] 六五頁）と、前者の労働力の維持の方にウェイトを置いて、投下労働時間に比例した価格関係の成立を説く。かくして、労働者が生活物資を「買戻す」関係をコアとして、「あらゆる生産物がその生産に要する労働時間によってえられるという労働生産過程の一般的原則は、商品経済の下にあっては、その交換の基準としての価値法則としてあらわれるのである」（同上）と結論づけられる。

この「価値法則」の論証は、剰余価値が形成されない「価値形成過程」に議論を限定することで成立している。もし剰余労働がなされていたら、労働者の受け取る賃金は、自己の労働生産物の成果全てを表してはいないことになり、労働者が生活物資として「買戻」せない部分が残るため、「価値形成過程」で用いた論証構造を「価値増殖過程」に適用することはできない。(5) しかし資本主義経済を貫く「価値法則」を、価値増殖のない世界にのみ限定して成立するものとするわけにはいかない。資本は価値増殖を目指す運動体であり、そこで形成される剰余は利潤として獲得され、そのとき商品は利潤を含んだ価格にて売買される。宇野の「価値法則」論は、原理論の中枢をなす価値論として、少なくとも生産価格論の世界まで見通せるよう射程を拡充される必要があった。

その試みにおいてとられた第一の視点は、宇野が「価値法則」の論証を行った「価値形成増殖過程」の次元と、生産価格論の次元との間の区別を重視し、それぞれに異なる手法を適用しようとするアプローチである。この区別にとって特に重要なメルクマールとなるのは、諸資本の競争という契機であった。そこでは、資本間の競争は後者の生産価格の成立を論じる際にはじめて問題として取り上げられ、「価値形成増殖過程」が分析される生産論の次元では度外視される。そのためこの立場からは、例えば宇野が先の引用の［Ⅱ］の部分に見られるような、紡績資本と生活物資生産資本との間の「利益」をめぐる競争を論証に組み込んでいる箇所に対しては、疑問が投げかけられることになる。「価値形成増殖過程」においては、資本主義の下での労働生産過程を労働量タームのみで捉え、剰余労働の存在を明らかにすることだけが考察されるのであって、価格タームによる分析は競争関係が取り入れられる『資本論』第三巻領域へと振り分けられるべきだとされるのである。(6)

それに対して、宇野の価値論の発展を試みたもう一つのアプローチは、労働量と価格の次元の相違よりも、その関連を、必要労働部分と剰余労働部分とがそれぞれ有する価格への規制のあり方の違いを通じて明らかにしようとした。すなわち、剰余労働が行われている場合にも、費用価格を構成する不変資本と可変資本の両部分については、同規模の生産過程を維持するためには、支出した分と同額が補填・取得される必要があり、その限りにおいては等労働量交換がなされていると言うことができるが、剰余労働部分についてはそうではなく、したがって価格は剰余労働量の範囲において投下労働量に比例した交換比率から乖離することが説かれた。資本主義において成立する価値関係は、こうした労働量からの一定範囲内でのズレを含むものとして理解されなければならないとされたのである(7)。

こうして、生産論、それも剰余労働がなされない「価値形成過程」の位相に実質的に止まっていた宇野による「価値法則」の論証は、資本主義経済をより包括的にカバーしうる価値論として、利潤を含んだ価格体系との関連において追究されるようになったのである。しかし、価値論が生産価格体系の成立で以って幕引きとなるような内容に止まっている限り、それは剰余労働がなされる資本主義経済一般に適用可能であったとしても、資本主義的市場において生じる諸現象を理論的に解明するための分析用具として、十分に有効であるとは言いがたい。労働量で捉えられる領域と価格で捉えられる領域とを「次元の相違」として並置させる第一のアプローチにしても、価格体系における剰余労働部分についてのズレを析出する第二のアプローチにしても、生産価格体系は労働量で説明される世界との対応関係を確認されるべき終着地として位置づけられており、その先に拡がっている市場の態様に立ち入っていく出発地にはなっていないからである。生産論次元との対応関係の把握という側面について言えば、第二のアプローチは第一の「次元の相違」論よりも踏み込んだ連関を明らかにしていると言ってよいが、例えばそうした剰余労働時間部分の部門間での配分の自由度が、市場価格の不確定的な変動とどういった関連にあるのかというように、市場の態様そのものについての問いに進んでみれば、そこには不分明なところを残していることが分かろう(8)。それでは、生産価格を資本主義的市場を分析する理論的基準として打ち立て、そこでの不確定性の発現をマルクス経済学に固有の視角から解き明かしていく途は拓けてこない。

こうした展望をもって生産価格論を考えようとすれば、「価値法則」の論証とその拡充をめぐるこれまでの研究における、労働価値説との関連を中心とした問題構成を改め、資本主義的市場の理論の起点として生産価格論を再規定することが必要となる。ただし、資本主義的市場における不確定性そのものは、それに対する基準とは別個にひとまず『資本論』第三巻領域において問題にしうる事象であり、それに先行して多くの研究の蓄積がなされてきた。そこで続いて、そうした『資本論』第三巻領域に関する原理論研究の進展を概観し、それとの係わりで生産価格論の領域にいかなる展開が見られたか、追跡していくことにする。

2 競争論の展開

周知のように、『資本論』第二巻および三巻は、マルクスの死後エンゲルスの編集によって出版された仕事であり、草稿としての性格を色濃く残している。そのため、特に資本主義社会の理論分析の最終巻となるべき第三巻については、その内容のうちどこまでが理論として論じられるはずのものであったのか、あるいは論じられるべきであるのかといった、体系の範囲がマルクス経済学者の間で論争の的となった。この問題についてマルクス自身はいくつかのプランを書き遺しており、それを題材としながら議論が交わされたことから、これは「プラン問題」と呼ばれる。[9] そこでは一方で、『資本論』第三巻は、現行版第一巻と第二巻のそれぞれ標題をなす「資本の生産過程」「資本の流通過程」に続いて「両者の統一」を論じるものであり、競争をはじめとするその他のテーマは主題となり得ないとする「資本一般説」が主張された。すなわち、『資本論』第三巻においては、生産過程と流通過程とを統合した資本が総体として扱われており、その限りで説きうる問題に焦点が当てられていると解すべきだとされたわけである。実際第三巻の本文中にも、例えば「競争等の現実の運動は我々の計画の範囲外にあるものであって、我々はただ資本主義的生産様式の内的編成を、いわばその理想的平均において叙述しさえすればよい」(K., Ⅲ, S.839) といったテキストが見られ、それはこの「資本一般説」的観点の表明と解せる。

しかし他方で「この第三巻で行われることは、この[生産過程と流通過程の]統一について一般的な反省を試みることではありえない。……我々がこの巻で展開するような資本の色々な姿は、社会の表面で色々な資本の相互作用として競争の中に現れ生産当事者自身の日常の意識に現れるときの資本の形態に、一歩ずつ近づいていくのである」(K., III, S.33, [ ]内は引用者)といったように、第三巻は第一巻および二巻が統一された位置にあるわけではなく、そこから先のより具体的なテーマへと考察を進めていくことが宣言されている箇所もある。こうした文章にしたがうと、競争やそれを契機として展開される「資本の色々な姿」は、整理されるべき末節ではなく、むしろ本題として検討すべき対象をなすことになる。以上のような、『資本論』第三巻における二重の観点の並在は、競争のみならず信用や土地所有といった他の問題についても見られ、これら全体の構成についての解釈が、「プラン問題」をめぐる大規模な論争の内容であった(10)。

ここで重要なのは、「プラン問題」は『資本論』の考証学に止まらず、資本主義社会の理論分析における方法論的問題と絡み合っていたということである。換言すれば、資本主義的市場の理論を展開していくにあたって採られるべきなのは、「資本一般説」的観点なのか、それとも競争論的観点なのかという点が、『資本論』第三巻がどう組み立てられているかという解釈問題とともに議論されていたわけである。

宇野自身は「プラン問題」をそれ自体として論じてはいないが、この『資本論』第三巻領域の方法の問題については、第一編と二編とをそれぞれ流通論と生産論として独自に再構築しながら、それらを前提に第三編の「分配論」を展開する原理論の構成を通して、一つの方向性を呈示していると見うる。「分配論は、資本家と労働者との関係を基礎にして、剰余価値を如何に分配するのかを問題とするのである。ただそれが商品経済的に価格形態を通して行われるために、第三編分配論は、いわば資本家的商品経済の具体的な諸関係を解明する一般的規定を与えるものとなるのである」(宇野[1964]一四九頁)といったように、宇野の原理論は、『資本論』第三巻領域が「資本の生産過程」と「資本の流通過程」の統一として理論化されているのか否かといった選言問題を抜け出て、「価格形態」の世界である市場そのものと、「資本家と労働者との関係」を中軸とした社会的生産とが嵌合したときに新たに生ずる問題を考究していく領域を独自に設定したのである。

このような理論の再構築を経ている以上、流通論の独立化は、方法的にも分配論にまで影響を及ぼすことにならざるを得ない。労働価値説の論証から切離された流通論は、宇野原理論に固有の価値論を形成することになったが、そのときの論理展開の動力として重要な契機となったのが、個別主体の視点の導入である。個別主体は、まずは商品所有者として原理論体系に登場し、価値形態論において主要な役割を担う。すなわち等価形態におかれる商品は、相対的価値形態にある商品と等しい労働量が対象化された労働生産物としてではなく、その商品所有者の抱く欲求の対象として選定されてきており、そうした欲求に基づく交換関係が、貨幣形態を導く展開の起点に据えられている。ここでの商品所有者は、『資本論』第一巻第二章「交換過程」に登場するような「経済的諸関係の人化」(K., I, S.100) でしかない消極的な存在ではなく、自ら主体的に判断を下すアクティブさを発揮し、所有下にない商品の使用価値を欲しながら、それを手に入れるのに手持ちの商品をどれだけ拠出するか、自らの商品の価値を斟酌して決断する。この個別主体は、価値形態論を超えて、自己増殖する価値の運動体として資本概念を打ち立てる際にも、経済的利得を追求するドライブの担い手となる。このように流通論を貫く個別主体の視点は、流通論の独立化の側圧を受けつつ展開される分配論においても、諸資本の個別性の積極的導入という形で活かされることになる。すなわち、資本が社会的再生産を全面的に包摂した分配論の次元は、個別資本の競争の態様を分析する領域であり、そこでは「資本一般説」的観点からは見えてこない、諸資本間の取引関係やそれに基づく資本主義の動態的過程が、競争論的観点から解明されていくこととなった(11)。

この競争論的観点を徹底することは、宇野以後の研究において一大プロジェクトとなった。原理論の第三編冒頭で設定される主体は個別産業資本であるが、この個別産業資本は、相互に利潤率最大化をめぐって競争を繰り広げる中で、商品の流通過程において、事前に予測できず、また事後的にも成否を判定できない事態に直面する。例えばある一定額の商品を販売するにあたり、どれくらいの流通費用が必要とされるべきであるのかは、事前的にも事後的にも判然とするものではなく、それにあたっては個別資本は互いに競争しながらそれぞればらついた判断を下すということになる。このように個別資本が競争のうちに流通過程の不確定性に対処する中で、信用機構や商業資本といった資本主義的市場の諸機構の展開を論じる領域が、宇野以後長足の発展を遂げたのである。

そこでは、一般的利潤率の成立を前提として市場機構の役割を見出していこうとする方法に批判の矛先が向けられ、そうした均整的な編成はあくまで個別資本の行動の結果に過ぎず、それ自身が資本の競争のうちに要請されてはならないとして排撃される。それに対して、流通過程の不確定性を契機としつつ、個別産業資本の流通過程に随伴した機能が、競争のうちに分化する論理を追究し、市場機構の発生を構造的に解明していくアプローチが採られたのである。競争論的観点が徹底された先に編み出された、この分化・発生論的アプローチは、一般的利潤率の成立を目的論的に追求してしまう弊を正し、原理論が説きうる範囲を明確化する意義を有するとともに、宇野の分配論にあっては信用論および商業資本論の主題とされていた、資本主義社会の物神性を措定していく理論展開を解体する効果を発揮した。(12)

分化・発生論は、市場機構論の発展と同時に、その基礎となる個別産業資本という主体の構造分析を促した。個別産業資本が流通過程の不確定性に対処するにあたって繰り広げる関係のうちに、市場機構の展開を探り出していこうとすれば、それがどういった問題として個別産業資本にとって立ち現れるのかを明確にしておく必要があり、その課題は個別産業資本の性格づけを理論的に追究することなしには解決し得ないからである。してみると、流通論で導出された資本が、労働力の全面的な商品化を歴史的な契機としつつ、社会的再生産を全面的に包摂した理論次元において、個別産業資本を主体として設定する場合、そこにもやはり独特の問題領域が拓かれることになる。そこでは個別産業資本は、流通過程と生産過程という異質な両過程を履行する主体であり、互いに競争的に社会的生産を編成している。ただしその異質性は、労働力商品の処理という一点のみにおいて押さえられるべきものではない。労働力商品は、生産と流通とを区分する一大契機でありながらも、その狭間は両過程の競争的な遂行のうちに分化・発生論の契機を招来するような臨界面として理論的に捉えられ、そこで生じるコンフリクトを利潤率最大化行動のうちに個別産業資本に対して不断に迫るものとして考えられなければ、流通過程の不確定性への対処をめぐって描き出される市場機構論を基礎づけることにはなり得ない。

そのため、市場機構論における分化・発生論の進展とともに、個別産業資本の構造のうちには、不断の個別的な変動・分散を避けられない流通過程に対して、技術的に確定的な投入・産出関係を有し、諸資本間での個別的なばらつきが発現しない生産過程の対照的な特性が見出されていくことになる。個別産業資本は、一方で技術的確定性を備えた生産過程を遂行しながら、他方でそこで生産された生産物を商品として売り、貨幣で以って原材料を仕入れるところで流通過程の不確定性に晒されており、そうした二つの異質な世界にまたがって価値増殖を行う主体として措定されるようになったのである(13)。

このように個別産業資本は、不確定な流通過程のうちに、生産過程を抱え込んで活動しているとすると、そこでの二重性は、個別産業資本の利潤率最大化行動にも影響を及ぼすことになる。これは具体的には、部門間で資本を移動させる際には、部門間の有利不利を見極めるため、個別的・偶然的な流通過程での変動を捨象した指標が採られるべきであり、それゆえ部門間移動時と部門内での活動時とで、二つの異なる利潤率が理論上設定されなければならないという主張につながった。ただし、流通過程の不確定性を捨象するといっても、利潤率を算定するのに価格は不可欠なので、部門間移動の指標となる「基準利潤率」は、通常の利潤率から流通費用と流通資本とを捨象し、価格変動のみに不確定要素を絞ったものとなる。そして部門間で均等化し、一般的利潤率とその下での生産価格を成立させるのはこの「基準利潤率」であり、流通過程の不確定要素を全て含んだ通常の利潤率は、一般的利潤率が成立してもなお、個別的なばらつきを免れないとされる。かくして流通過程の不確定性と生産過程の確定性との間の相違に対応する形で、個別産業資本の持つ利潤率構造も塗り分けられ、これで以って生産価格体系の基準性を、不確定な流通過程のうちから切り出す方法が模索されてくることとなった(14)。

しかし「基準利潤率」の概念も、そうした方向性を徹底し得ているとは言えない。流通過程における不確定的な態様に対する分析基準を打ち立てるには、流通的諸要因から独立した概念の構築が要されるが、「基準利潤率」は価格を通常の利潤率と共有しており、したがって市場価格の変動をダイレクトに反映する。市場価格の変動だけでなく、流通費用や流通資本にも不確定性は随伴しているが、それでも市場価格の変動は流通過程の不確定性の主要形態であり、分析基準の説明変数ではなく、被説明変数となるべき対象である。市場価格の変動を明確に分析対象に据えない限り、独自の価格理論がそこに構築されることにはならず、その空隙には需要と供給の均衡価格として生産価格を位置づける説明が忍び込んでくる。それでは、流通過程の不確定性に生産過程の確定性を対置し、これら二つの異なる性質を内包しながら運動する個別産業資本という主体の特性を活かした資本主義的市場の理論を十分展開したことにはならない。

省みるに、市場価格のみに流通的要因を絞り込んだ指標を作るという方法が採られたのは、個別産業資本の視点からすると、市場価格のみが唯一観察可能な価格だからであろう。確かに個別産業資本が目にしうるのは市場価格のみであり、それは重要なシグナルになると言ってよいが、だからといって個別産業資本はそれを盲信し、完全に従属的に行動するしかないということにはならない。原理論の展開は、個別産業資本の視点で説きうる範囲内に止められなければならないが、それはいわば目的論的陥弊に対してのネガティブチェックにしかならないのであり、そうした点検を受けつつ構築された理論が何らかの現象に対する積極的な説明力を獲得するには、単なる主体の視点の設定に止まらない、各領域に固有の方法が要される。競争論的観点の徹底化を経た生産価格論に今なお求められるのは、流通過程の不確定性から独立した基準性を析出する方法であり、それを俟ってはじめて流通過程における利潤率最大化を目標とした個別資本の行動も十全に考究されうるのである。(15)

3 理論値としての生産価格

個別産業資本の運動に内包された流通過程と生産過程の異質性は、競争論的観点から展開される市場機構の分化・発生を基礎づける重要な理論認識であるが、それを生産価格論において意義づけていくにあたり、「基準利潤率」の発想に見られるように部門間移動時の指標の問題としてクローズアップすべきであったかどうかは、再考を要する。というのも、部門間移動の態様を論じようとすれば、そこで直ちに個別資本の視点を持ち込まざるを得ず、それに論理的に先行して説かれるべき、個別産業資本の行動の背景へと議論を進める途が閉ざされてしまうからである。生産過程の確定性が、個別産業資本の競争のうちに不確定な流通過程に対する基準を作り出すところにスポットを当てようとすれば、それは個別産業資本が目にしている流通の世界とは、ひとまず相対的に独立して成立する構造として追究される必要がある。

実際、個別資本の立場からしてみれば、生産条件は各部門ごとに単一であるという前提の下では、個別産業資本は流通要因が加味された利潤率を自らの知りうる範囲内で観察しながら、それらの情報をもとに予想を立て部門間移動を遂行する、という以上のことを説得的に論じるのは困難であろう。しかしだからといって、流通要因を除外した指標には全く理論的意味は存在しない、ということにはならない。流通過程の不確定性を強調すればするだけ、流通要因を含んだ利潤率は、そうした個別的・偶然的変動を常に免れないことになろう。ただその一方で、それとは対照的な生産過程の確定性が意味するのは、流通過程の不確定性をはぎとった生産過程そのものについては、各部門において、産出一単位当たりに要される投入の量と種類が、流通過程からは独立に決定されるということである。つまり、生産条件が同部門内で同一である限り、需要の大小に応じてその部門の生産規模が拡大・縮小するときには、投入と産出は比例的に増減する。

その限りで少なくとも理論上は、利潤率にも、流通過程の不確定性に個別に晒されているものと、部門レベルでの技術的に確定的な投入・産出関係の増殖率を価格タームで表示するものの二種類を設定できる。そして部門間移動の指標、つまり原因となるのは前者であり、これは不断に不均等であるとすれば、その結果を理論として受け止める位置にあるのは、後者ということになろう。投入・産出間の増殖率は、部門間競争の圧力の結果として、均等化することを想定するわけである。これはあくまで、部門間競争の背後に、生産過程の確定性を基礎に成立するとさしあたり仮想されるのみであり、「基準利潤率」のように生産価格論レベルで直ちに部門間移動の指標になるわけではないから、それと区別して粗利潤率という術語を充てる。粗利潤率に対して、不断の個別的・偶然的変動を被る流通費用・流通資本を考慮した利潤率を、純利潤率と呼ぶ。

「基準利潤率」は価格として市場価格を用いて算出されているから、市場価格の不断の変動に即応して変動することにならざるを得ず、そこに基準としての不十分さもあった。それに対して、粗利潤率は部門間での均等化を理論上想定されるから、各部門に生産条件が一つずつしかなければ、それは常に一般的利潤率に一致している。部門間で等しい値となっている以上、粗利潤率は部門間移動の契機にはなりようがないが、その反面において流通過程の不確定性をシャットアウトした基準性を価格比率にもたらす。

個別産業資本は、利潤率最大化をめぐる各生産部門への自由な参入・退出を通じて、結果として社会的再生産を編成している。各部門の生産過程は、それぞれ孤立しているのではなく、その社会的再生産の網の目のうちに、自部門の生産物が他部門の生産手段となるような、有機的連関の一肢をなしている。この社会的連鎖を完全な物的連関に還元して捉えるためには、賃金とそれを費消して支出される労働力との間の関係について、賃金を、それによって購買される生活物資の物量に置換し、他の各種生産手段とともに生産過程に投入されているとみなすことを許す仮定が必要になる。(16) しかしそうして社会的再生産を物的な投入と産出の絡み合いとして把握し、かつそこでの一般的利潤率の成立を前提とすると、その投入産出連関を媒介する価格比率にも、技術的な決定原理が作用する。こうして技術的確定性で以って決定される価格が生産価格であり、粗利潤率はその生産価格で以って計算されるのである。流通的諸要因によって不断に変動する市場価格は、純利潤率の算出に用いられる。(17)

この生産価格は、個別資本が運動する流通部面を捨象したときに成立するものであるから、その意味で既に理論上の産物なのは明らかであるが、その仮構性はそれだけに止まらない。生産価格を成立させる粗利潤率の均等化は、不確定な流通過程を捨象するだけでは達成されないのである。生産過程に固定資本が投下されているとすると、その償却期間中は生産資本が特定の生産部門に縛り付けられることになり、そうした事態はいわば瞬時に均等化が完了する静学的な理論上の想定と齟齬する。確かに流通過程の不確定性さえなければ、固定資本があろうとも、部門間の有利不利を見分けることに基本的には支障はないことになるが、次なるハードルはその部門間の較差に感応した調整が実行可能かというところにあり、固定資本はそれを妨げるのである。

粗利潤率の均等化が動的プロセスを含まない無時間的な理論領域の事象である以上、そこには期間をまたいで投下され続け、部門間移動の制約となる固定資本の特性を持ち込むことはできない。したがって、粗利潤率の均等化という仮想状態は、流通過程の不確定性の捨象とともに、固定資本の捨象をも前提とする。この前提は、各部門における生産条件の単一性を帰結する。固定資本がなければ、生産条件の切換えは一期ごとに可能であるから、劣等条件だと判断されればそれはすぐに捨て去られ、それぞれの部門では最も優等な生産条件のみが用いられることになるからである。また固定資本の存在は、価格決定においては生産期間の違いと同じ効果を持つから、その捨象は全部門で生産期間が同一である仮定をも同時に意味する。

このような極端な前提の下であれば、生産価格の決定は、社会的再生産の物量関係に価格を付し、部門間で均等な粗利潤率を与える価格方程式を用いて定式化することができる。現実には無数の生産物が存在するが、生産価格の成立を理論的に検討する場合は、交換され価格比率が必要とされる生産物が最低二種類あればよいから、価格方程式は次のように二部門に凝縮して書くことができる。

$$\begin{cases} (k_{11}p_1 + k_{12}p_2)(1+r) = p_1 \\ (k_{21}p_1 + k_{22}p_2)(1+r) = p_2 \end{cases} \qquad (1\text{-}1)$$

ここで k_{ij} $(i=1,2; j=1,2)$ は、第 i 財を一単位生産するのに必要な第 j 財の物量を表す。したがって $k_{ij} \geqq 0$ $(i=j)$ かつ、両財とも自部門以外の生産過程に投入され、社会的な連関を有することを表すため、$k_{ij} > 0$ $(i \neq j)$ とする。粗利潤率は r、第 i 財の価格は p_i で示されている。この等式 (1-1) は、$p = p_2/p_1$ についてただ一つの経済学的に有意な解を持ち、それゆえ物量体系に基づく生産価格の一義的決定を保証する[18]。

ただしこの生産価格は、既に見てきたように、流通過程の不確定性の捨象と固定資本の捨象という、主として二つの前提の上にはじめて成立する概念であり、その意味であくまで理論値に過ぎない。しかしだからといって、このような生産価格概念は机上の空論であり、資本主義的市場の態様を説明するのに何らの有効性も持ち得ないということにはならない。個別産業資本が競争的に投資を行い、社会的再生産の技術的連関を結果として編み上げている限り、市場の不断の変動・分散の裏側には、生産価格を成立させる基礎的条件が存することになるのであって、理論値としての生産価格は、この条件のみを資本主義的市場より抽出した体系において決定されている。それは仮想的な体系であるとはいえ、流通過程のうちに生産過程を包摂して運動する個別産業資本の構成する市場に、その抽象の根拠を有しているのである(19)。

それと同時に、生産価格を理論値として導出するこの方法は、資本主義的市場の理論に新たな課題を呈示することとなる。仮想的な生産価格体系において決定される理論値が、いかなる意味で資本主義的市場のうちにあって基準としての役割を果たすことになるのかを明らかにするには、個別資本の競争の態様により立ち入った分析が必要になる。もちろん、既に見たように、競争論のこれまでの進展は、その問題に精力的に取り組み、特に市場機構論の領域において目覚ましい成果を上げてきた。しかしそこでは、生産価格の基準性はむしろ流通過程の不確定性に対してその意義を後づけされるに止まり、生産価格論から再出発して『資本論』第三巻領域を捉え直していくルートは、十分に開拓されているとは言いがたい。

実際、理論値としての生産価格の決定方法を省みれば、それに続いて競争論を展開していくにあたり、流通過程の不確定性の処理にのみフォーカスするのは、生産価格論を起点とする所以でない。理論値が導出されうる前提は、流通過程の不確定性だけでなく、固定資本をも捨象することであり、その双方を考え合わせることなしに、競争論における理論値の意義を措定することはできないからである。流通過程の不確定性を基軸としてきた資本主義的市場の理論は、固定資本の存在によりウェイトを置いて、再度展開される必要があるのである。それと併せて、個別産業資本の理論像も、流通過程と生産過程のコントラストのみならず、それに固定資本の存在を関連づけて形作っておく必要がある。すなわち、個別産業資本は確定的な生産過程に固定資本を投下しながら、その固定設備の遊休を防ぐために流通資本をバッファとして投下している。そのように固定資本と流通資本とが機能的に関連し合う形で、個別産業資本の内部構造も理解されねばならない(20)。

このように生産価格論の姿勢の向きを切り替えようとするとき、その課題の在り処をもう少し見定めておく必要がある。そのために、流通過程の不確定性を取り扱ってきたもう一つの理論領域、すなわち流通論との関係を今一度掘り下げておく。

第2節　価格の下方分散

1　商品の三層

前節で見たように、流通過程の不確定性は、競争論において個別資本の運動を考察する際のキータームとなってきたが、「なぜ流通過程の不確定性が発生するのか」という根源的な問いは、必ずしも積極的に追究されず、むしろ市場の本来的な性質として、所与とされるきらいがあった。その結果、価値の概念そのものはともかくも、価格の運動自体については、マルクス経済学独自の展開が追究されることにならず、需給均衡論的な説明が援用されることとなってきた。すなわち、価格をその商品についての需要と供給とのバランスに応じて上下に揺れ動くものとした上で、価値を価格の運動の重心に据える見方で以って、価値と価格の関係は理解され、それ以上にこの不確定な変動それ自体が問われることは少なかったと言ってよい。

しかしこの不確定性をはらむ市場の分析こそ、古典派にも新古典派にも還元されない、マルクス経済学の固有の意義を構成するものである。既にRicardo[1817]第四章でも「労働を商品の価値の基礎とし、またその生産に必要な相対的労働量を、相互の交換において与えられるべき財貨のそれぞれの数量を決定する法則とするからといって、われわれが、商品の現実価格または市場価格が、この価値、つまり商品の本来的な自然価格から偶然的・一時的に乖離することを否定するものと考えてはならない」(p.88)、「価格の騰落とともに、利潤はその一般的水準以上に引き上げられ、あるいはそれ以下に引き下げられる」(ibid.)といったように、市場価格が価値あるいは自然価格に止まるわけではなく、不確定的にその周辺を上下することには注意が促されていた。マルクス経済学に特有の市場理論があるとすれば、それは古典派のこの価格変動に対する認識を批判的に超克したものでなければならないはずである。

実際、流通論のレベルでは、この問題に価値論として取りかかろうとする批判的研究が開始されてきている。(21) 商品には価値が内在しており、その秘められた価値を実現しようとするからこそ、今すぐには購買されなくても価格を動かすことなく買い手がつくのを待つ、という行動が生じ、それが販売期間の不確定的なばらつきを生むという見方がそれである。このように購買を待機する在庫商品が滞留する市場においては、価値は価格の上下運動の重心ではなく、実現すべき価格の水準をなし、個別商品所有者は基本的にはその水準より高い値付けはできないことになる。このような価格の相場が成立するためには、同種の商品が大量に市場に存在していることが前提となる。自分の周囲に同種の商品を販売する競争相手がいるからこそ、それより低い価格ならともかく、高い価格をつける行為は消極化されるのである。

ここでいう同種というのは、商品の有用性が同じとか、見た目が似通っているという程度の意味ではなく、二つ以上の商品が横並びで販売されているとき、価格差以外にどれを買うかの判断材料が買い手にとって存在せず、売り手もそのように取り扱うという意味である。そのような同種商品が市場に大量に存在し、その大部分がある価格で購買されているときには、たとえ自分の手元にある商品に対して今すぐには買い手がつかなくても、その相場価格に相当する価値が備わっているはずだという感覚が自然と芽生える。逆に、骨董品のように世界に唯一つしかないものが売りものとして市場に登場したときには、交換可能性としての価値はあっても、それが先述のように相場価格を形成することはなく、価格は価値とは無関係に決定される。したがって、価値が価格に対して何らかの形で規制力を持つのは、それが同種性と大量性を具備した商品に内在する場合であるということになる。

冒頭商品論におけるこうした商品像の転回は、原理論体系全体に影響を及ぼす。商品の概念は、原理論の全領域において用いられる基礎概念をなしているからである。ましてや本書では、前節にて、理論値としての生産価格を規定するにあたり、非常に強い前提を置いた。その生産価格論を起点に、商品の概念を前提としつつ、流通過程の不確定性に再度切り込もうとすれば、同じく流通過程の不確定性を分析対象として据えた、この新たな流通論の展開との関係が鋭く問われることにならざるを得ない。つまり、生産価格論の前提が強くかつ明確であればあるほどに、そこでの商品像は、流通論のそれに都合よく牒合させるわけにはいかなくなり、むしろそのズレを直視した体系化を志向する必要が出てくる。

生産価格は、流通過程の不確定性と固定資本の制約を捨象し、社会的再生産の技術的な連関のうちに決定される。このとき、生産価格を有する商品については、流通論で想定されるような、同種大量性が確保されると言ってよい。競争的な市場において、ある商品の生産過程に技術的確定性があり、労働力を含めたその生産条件が単一かつ誰にでも採用できるのであれば、個別主体はこぞってその生産に着手し、市場にはその商品が多数の主体によって供給され、大量の在庫が形成される。しかし、個別の生産過程に技術的確定性がなければ、同種大量の商品が生み出されないというわけでは必ずしもない。投入と産出の間に比例的関係が成立しておらず、個々の生産過程において規則的な一定量の供給が見込めなくても、規格が決められており、多数の生産者がそれに合わせて生産を履行することで、全体として同種大量の供給が確保されているような商品もありうる。また、土地等の再生産不可能なものも、制度的手続きを伴う明確な境界線で区切られた上で、豊度や地理的条件等の何らかの基準で等級化を施されれば、同種大量性を備えた商品として売買されうる。

同種のものを繰り返し規則的に作る技術の存在は、したがって同種大量性の必要条件ではない。同種性を担保する規格が設定されていれば、その範囲内のものは、多少の自然的属性の違いにかかわらず、グループとして同じ種を形成する。見方によっては、技術的に確定的な生産条件がある商品というのは、そうした生産過程の結果として、規格

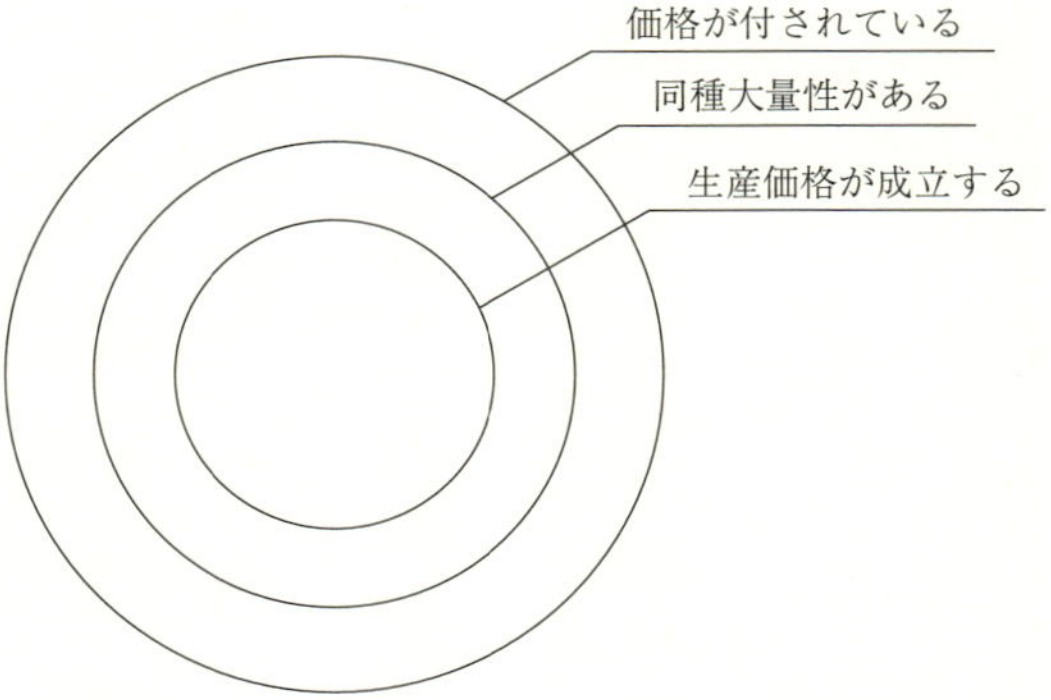

図1－3　商品の三層

化に相当する同種性を自然に獲得しているに過ぎないとも言える。こうした規格は、ものの自然的属性を全て汲み尽くすものではありえず、その一側面を取り出し、そこを基準に作られるため、必然的に一定程度の差異の捨象を含意する。何を基準に規格が生成されるかは、慣習に拠る場合も、国家のような外的主体が関与する場合もあろうが、いずれにせよ商品経済外的要因に強く左右される。

そのため商品の同種大量性は、種々雑多な手つかずの自然を人間が加工することで生み出されるだけでなく、個々の主体にとっては所与の制度的条件下で、ある程度の相違点に目を瞑りつつ、決められた規格に対象を落とし込むことによっても創出されると言うことができる。これら二つはそれぞれ単独にではなく、双方相俟って同種性を生み出すが、特に後者の側面は、その生産過程に技術的確定性がなかったり、そもそも生産され得ないものにまで、同種大量の商品市場を創出していく潜勢力を秘める。価値が内在し、それが価格を規制するような同種大量の商品というのは、生産価格が成立する社会的再生産の物的連関に属する商品よりも、かなり広い範囲で観察されると考えなければならないのである。

したがって、図1－3に示すように、価値および生産価格といった概念に関して、商品は三つの層を有する。価格が付されそれに相当する額の貨幣と引き換えに手に入れることができるようになっている以上、それは商品となっていると言えようが、だからといってその価格が価値による規制を受けていることにはならない。その背後に秘められた価値を踏まえた値付けを受けるためには、その商品と同種の、他の大量の商品が同様に市場に存在する場が必要である。

そして生産過程に技術的連関が存在し、生産価格が成立するような商品は、そのさらに一部であるということになる。

そうだとすると、生産価格体系にて考慮される商品は、社会的再生産の物的連関に組み込まれている商品だけであるが、市場にはそれ以外の商品がやはり資本の手によって売買に付されており、生産価格で販売される商品とともに、資本主義的市場の構成部分をなしていることになる。振り返ってみると、流通論での市場は、商品がどう生産されたかをひとまず不問としてきたのであって、流通論における商品概念の要がその同種大量性にあるのだとするなら、生産価格論では対象となる市場が流通論より絞られていることになる。それは、原理論の展開が進むにしたがって、理論の対象となる市場の姿が狭まっていくことを意味するわけではない。むしろ、そうして絞り込んだ生産価格論が、生産価格の成り立たない市場の構造を理解する上でどのように役立つかが問われてはじめて、生産価格論を起点とした資本主義的市場の理論分析もその緒につくと言える。不確定的な流通過程に立ち入り、固定資本を抱えた個別資本の競争を考察することも、単純に流通論の世界を生産論の展開を踏まえて総括するのではなく、流通論のみでは説き得ない、市場の態様を分析的に解明することを目的としたものでなければならない。理論値としての生産価格を導出したその先の課題とは、生産過程を包摂した資本が構成する市場だけでなく、流通論の市場の広がりを再度想起しつつ、それとの関わりにおいて価格の動き方を考究していくことでなければならないのである。

2　価格の下方分散の展開

こうした問題意識自体、「価値の生産価格への転化」に代表されるように、価値概念を生産価格に差し替える発想の下では生まれてきにくい。価値概念のみで市場にまつわる理論問題が処理されてしまうのであれば、それを生産価格論にて再度取り上げる意味はないからである。しかしここでは、本書で考えたい問題をあぶり出すために、生産価格論レベルでの価格変動について、従来どのように考えてきたのかを敢えて明文化してみよう。

これまで考えられてきたように、価値を価格変動の重心に相当するものとして位置づけるなら、価値が生産価格に転化すれば、生産価格は価格変動の重心となるということになろう。生産価格は個別産業資本の部門間競争の結果として成立するから、それを通した部門内での生産規模の調整機構に支えられた生産価格は、重心としての機能を強め、したがって価格変動が抑制される、というのが、従来説から導き出される結論となるはずである。流通論では全くの無規律であった価格変動が、生産価格論に至って落ち着きを見ることとなり、資本主義の市場が少なくとも常ならざる不安定性に晒されているわけではなく、ある程度の安定性を呈することが示される、というわけである。このように不確定的な流通過程の変動・分散のあり方に焦点を当てれば、生産価格の成立を説く理論的意味が浮かび上がってくる。そこでいよいよ、価格の水準そのものから、価格変動に考察の軸足を移して、その上でこの「生産価格は価格変動を抑制する」という命題の是非を問うことにしよう。

同種商品が大量に存在する市場における価格変動は、上下に非対称的となる。多数の個別商品所有者が競争的に同種の商品を販売しようとしている場では、個別のプレーヤーにとって相場価格は外的与件となり、それを超える価格付けは自殺行為となる。逆に、価格以外に区別のない同種商品の間では、値下げは販売促進のための唯一絶対の効果的な手段になる。たとえわずかな価格の差でも、それ以外に買い手側に選択の判断材料がないとすれば、理論上は当該商品種に対する全ての需要を引きつけるのに十分な要素ということになる。この僅少な価格差をめぐる無際限な価格引き下げ競争が現出しないのは、繰り返しになるが、個々の商品には一定の価格に相当する価値があると全ての商品所有者が考えており、またそう考えざるを得ない場が維持されているからである。値下げは、現金がどうしても必要となるときの、あくまで例外的な緊急事態であり、そのときには同業者が追随を躊躇するような大幅な値下げを断行しなければならない。一円の差でも需要者は反応してくれるが、一円の差ぐらいであれば、供給側でもすぐに真似されてしまうかもしれない。しかし相場価格を大きく下回る値引きは、相場で売りたい供給者にとってできるなら真似したくない荒技である。したがって価格は、価値に相当する基準価格から、個別的・散発的に大きく下方に分散することになる。

さて生産価格の成立は、この価格の下方分散をどう変えることになるのであろうか。価格の下方分散のあり方を変える要素としては、値引き販売の頻度とその値引き幅が考えられよう。まず頻度について考えてみると、流通論の次元においては、売り急ぐ理由を具体的に示すことは難しく、「仮に今すぐキャッシュが必要になったとすると」という仮定の下でどういう事態が発生するかを想定するより外なかった。しかし、生産価格の成立する段階においては、生産過程を包摂した個別産業資本の観点から、値引き販売の動機をより具体的に規定することができる。

流動資本に比して莫大な量の固定資本を生産過程に投下しているとき、個別産業資本には固定資本の遊休を避けるべく緊急に原材料を仕入れるための貨幣を調達する必要が生まれる場合がある。例えば一千万円の流動資本に対して五〇億円の固定資本を投下しており、利潤率が一日あたり〇・一％であったとしよう。このとき、一千万円の貨幣支出ができず、五〇億円の固定資本が遊休すると、五〇億円×〇・一％＝五百万円の利潤がその日確実に失われる。この五百万円分の機会損失を避けるために、個別産業資本は流通過程の不確定性に備え流通資本を投下しているのであるが、それでも不足したときには、手持ちの在庫商品を値引きすることで現金化を急がなければならないケースもありうる。同じようにして、値引きの幅も具体化することができる。こちらについては、『資本論』第三巻第一編においてマルクスが費用価格と利潤の分析を通して、興味深い指摘をしている。マルクスは、利潤の存在が価値以下の販売を可能にすることに言及しながら、次のように述べる。

これによって明らかにされるのは、ただ単に日常見られる競争の諸現象、たとえばある種の場合の安売り（underselling）とか一定の産業部門での商品価格の異常な低さ等だけではない。これまで経済学によって理解されなかった資本主義的競争の原則、すなわち一般的利潤率やそれによって規定されるいわゆる生産価格を規制する法則は、もっとあとで見るように、このような商品の価値と費用価格との差にもとづいているのであり、またこの差から生ずるところの、利潤を得ながら商品をその価値よりも安く売る可能性にもとづいているのである。(K., III, S.47)

この引用文の第二文は、『資本論』第三巻第二編「利潤の平均利潤への転化」で説かれる、一般的利潤率と生産価格の成立を指している。そこでは一般に、労働量で表される価値と生産価格との間には偏差が生じる。利潤の存在は、確かにこうした価値と生産価格のズレを許す。しかしこれは、生産価格が価値より高くなる可能性も、逆に低くなる可能性も含むものであり、必ずしも「利潤を得ながら商品をその価値より安く売る可能性」だけを意味するわけではない。すなわち、第一文で述べられているような「ある種の安売り」「商品価格の異常な低さ」といった問題は、「利潤の平均利潤への転化」に還元されない事象である。

ここのマルクスの記述は、利潤の存在を第二文で示される問題、つまり生産価格の成立問題へと媒介させるよう誘導している。しかしだからといって、資本が競争的に商品の販売を試みる中で、販売価格を引き下げる行動が誘発されることを、利潤の存在が許すという側面を等閑視してよいことにはならない。利潤のある市場においては、こうした値引き販売が特徴的な価格の動き方として現れる。この点は、上下に対称的な価格変動を想定する見方と明確に異なった市場観を提出するものであり、本章の問題関心からすれば、右の引用文の第一文に見られるような観点こそ、より立ち入った検討を要する。

すると、個別産業資本が販売価格を引き下げるときの動機に鑑みると、値引きは費用価格が下限となることが分かる。生産設備をフル稼働し、同じ規模で生産を継続しようとする限り、商品一単位あたりの費用価格分は少なくとも回収してくる必要がある。先の例より、個別産業資本が流動資本一千万円と固定資本の償却費百万円に利潤五百万円を乗せた一千六百万円で一万単位の商品を販売しているとすると、固定資本の遊休を回避するために最低限手に入れなければならない貨幣額は、費用価格の一千百円になる。それ以下に販売価格を引き下げて売り抜いたとしても、固定資本の稼働に必要な資材や労働力を確保してくるだけの現金収入にならないため、固定資本は結局遊休してしまうことになる。それなら、費用価格を割り込むような値引きはせず、固定資本の稼働をストップさせてしまった方が、損失は少なくて済む。

さらに重要なのは、この費用価格が、ただの下限ではなく、理論上は値引き後の販売価格そのものになるということである。流通論では、値引きをするなら、相場で売りたい他の同業者が追随しないような、明らかに価値以下だと誰にでも分かる値引き幅が必要になるというところまでしか推論できない。しかし、個別産業資本をプレーヤーとして想定するなら、同種商品を扱う同部門内において、他の個別産業資本がまず真似しようとしない価格というのは、利潤がゼロとなる水準であると、はっきり論定できる。中途半端に利潤マージンを残して値引きをし、売れ残ってしまうくらいなら、利潤マージンを全て放棄してしまった方が確実に売り抜けられる。なお、生産価格論次元では同部門内の生産条件の差異はないものとしているので、値引きの幅は平均利潤に一意に決まる。かくして、生産価格が導出できる範囲の商品の価格の下方分散には、具体的な値引きの動機と、確定的な値引き幅が与えられることになる。(22)

この価格の下方分散の展開は、社会的再生産の有機的連関に属さず、生産過程に技術的確定性が存しない商品の市場にも、影響を及ぼさずにはいない。そのような生産価格が成立しない商品も、全部門において資本が生産の担い手となっている状況下においては、様々な形で生産価格を持つ商品と無関係ではいられない。技術的に確定的な投入産出関係がなかったとしても、生産価格を有する商品を購入しなければ、その供給が成り立たないということは十分ありうる。生産過程に技術的確定性がないからといって、その商品を一単位供給するのに必要な資材全てが不定であると考えなければならないわけではない。一定の規格を定めてはじめて同種大量性が確保されるタイプの商品についても、その一単位当たりの供給に要される物量を一意に特定できる財はありうるのであり、資本主義の下では、そうした財は生産価格を有する場合がほとんどであろう。同種で大量な商品の市場は、やはり同種大量性を持つ他の商品群に支えられているのである。

このとき、生産価格が成立しない商品についても、その裏側で必要となる様々な商品を、たまたま値下げされた価格で仕入れることができれば、その分の値引きは可能になる。この場合も、やはり売り急ぐ動機がない場合にはわざわざ値下げを敢行する必要はないわけであるが、もし値引き販売により売り抜ける必要があるとすれば、仕入れ値で得をした分が、手放しても構わない部分として最も優先順位が高くなる。そのため、一部の商品については生産価格と費用価格という二重相場が成立するのに対して、生産価格が成立しない商品は、流通論で説かれた場合と同様に、値下げ幅について全く無規定のままにおかれるということにはならない。生産価格の成立しない商品については、生産過程の確定性から生じる、不可避的な値引き販売の動機というものを特定することができないが、値下げ幅に関しては、周囲での生産価格の成立によってある程度規定される。生産価格と費用価格の二重相場が、売買関係を介して生産価格のない市場にもいわば準用され、そこでも相場価格から一定程度下方に離れたラインに、値引き後の販売価格の水準が観察されるようになるのである。

仕入れ値の偶然的な低落を販売価格に還元できるかどうかだけで言えば、生産価格のある商品についても同じように可能である。ただし生産価格のある商品の場合は、原価がはっきり規定されているため、再生産を継続しようと思えば、偶然的・一時的に安く済んだ原価をベースに販売価格を設定し続けるわけにはいかない。固定資本の稼働の継続という値引きの動機が明確であれば、値引きの幅はそれに即して規定されるのであり、値引き後の価格はやはり費用価格が基本であると考えてよい。確かに同種商品が競争的に売りに出される市場では、値下げは最も強力に需要を集める手段となるが、原価が確定的であり、しかも生産規模を増大させても単位あたりの費用が変わらないのだとすれば、単純な価格競争は強く抑制され、あくまで値下げは必要最小限の頻度に止められる。生産価格の存在は、同種商品に内在する価値の価格への規制力を強めるのである。

しかし逆に言うと、そうした商品でなければ、今市場に出している商品を売り切った後、同種の商品を再度供給しなければならないわけでは必ずしもないし、そもそもその供給には技術的確定性がないわけであるから、ある程度弾力的にコストを調整することができる。あるいはむしろ費用について収穫逓減が成り立つような場合には、たとえ仕入れ値が安く済んだのは一時的・偶然的であったとしても、それを梃子に販売価格を引き下げ、市場を席巻しようとする行動が誘発される。見分けのつかない隣の商品がある相場価格で購入されており、自分の商品にも同じ価格に相当する価値が内在していると思える状況があっても、一時の幸運を好機と捉え、値下げに踏み切る主体が出現してくるわけである。ここでは、周囲の生産価格の存在と、当該商品についての生産価格の不在とが相まって、価値の規制力が弱体化することになる。コストの一時的な低減を機にマーケットシェア拡大を狙った値下げが発生するたびに、相場価格は下降圧力を受けることになり、仕入れ値の低落の頻度によっては、それに伴う値引きに連動して相場価格そのものが更改されるのである。

このように、偶然的な仕入れ値の低落が販売価格へ還元され、それが相場価格に対してまで実質的な効果を及ぼすのは、値引きの動機を論定するのが難しく、かつ生産過程に技術的確定性がないため費用価格という概念自体が成立していないような商品に特有であると言える。生産価格のない商品についての相場価格と値引き後の販売価格は、生産価格と費用価格のように固定的ではなく、常に両者が互いに対して引力を及ぼし合う動的な関係を形成するのである。場合によっては、生産価格のない市場においては、生産価格のある市場よりも激しい価格競争に見舞われ、コスト削減への強いプレッシャーがかかることもある。したがって、生産価格は価格変動の重心となるということだけでなく、生産価格が価格変動を抑えるという命題もまた、理論的にサポートすることはできない。生産価格が導出されることによって明らかになることは、価格変動の程度の問題ではなく、価格の下方分散の態様が、生産価格の有無によって異なる形に変異し、その間にも市場での売買関係を通して一定の連関が認められるということである。

第3節　価格の上方推移

1　世代交代型商品と転売型商品

価格の下方分散は、価格はある一点を中心にしてそこから上下に対称的に動くという価格変動の現象、あるいはその通俗的なイメージに対して、価値と生産価格の概念を基礎に分析を試みていく際の切り口となる。ここまでのところでは、生産価格の成立とともに、基準の販売価格と値引き後の価格とに価格が二重化するということを説いたのみであり、価格の動き方の描写としては、価格の上下運動とは似ても似つかぬ姿になっている。

しかし、価格変動に分析的に迫るためには、価格が下がることだけでなく、上がることも改めて批判的に再考していく必要がある。むろん、価格の下落は相対的には他の商品の価格上昇を意味するわけではあるが、ここで対象になるのは貨幣が存在し、個々の商品種の絶対的な価格水準が問題となる状況である。値引き販売が行われても、それは他の商品の価格が上昇することを直ちに意味するわけではなく、以前よりも少額の貨幣でその商品が買えるようになっただけである。さらに、前節までのところで考察された価格の運動は、生産価格が成立する一部の商品が主導するものであり、その逆、すなわち生産価格のある商品の価格形成が、それ以外の商品の価格に影響を受ける関係については触れられていなかった。流通論レベルから引き継がれてきた流通過程の不確定性に対する再分析を、生産価格論の積極的課題に据えるなら、生産価格体系の成立に伴う問題を広域的に精査していかねばならない。そこまで達成されてはじめて、マルクス経済学が価値と生産価格という二つの概念を市場理論の展開に用いる妥当性が明らかにされることになろう。

ひとまず、価格の下方分散を引き起こす事態とは逆のシチュエーションを想定してみよう。値引き販売が固定資本の遊休を避けるための現金確保に動機づけられているとすると、販売している商品が生産価格でスムーズに購買され、貨幣資本として還流している限り、値引きする必要は生じない。それとともに、ここには値上げをする積極的なインセンティブもない。既に述べたように、値引きに需要を一挙にかき集める効果があるとすれば、値上げは逆に買い手を霧消させる効果を持ってしまうからである。また、販売価格は上がらなくても、このように売れ行きの良い状況では、販売促進のための流通費用も減少するし、それに加えて順調に還流してくる貨幣資本を生産規模の拡張や有利な信用取引の原資として用いることができれば、個別資本は現金価格を釣り上げることなしに純利潤率を増進させることが可能である。個別資本の利潤率最大化の動機からしても、売れ行きの良いときに販売価格が引き上げられなければならない必然性はないのである。

したがって、同種商品を多数の個別資本が競争的に販売に供する市場を想定する限り、どれだけ売れ行きが好調でも、個別資本が単独で値上げに踏み切るというのは考えにくいことになる。たとえ自らの在庫商品が払底したとしても、周囲の競争相手が同種の商品を並べて売りに出している限り、それらよりも高い価格をつけた商品を補充してくるわけにはいかない。商品が飛ぶように売れ、店頭から消えてしまう事態は、それ自体としてはもっと高い値付けを許す状況というわけではなく、需要を見誤った結果であり、その個別資本にとってチャンスロスとなるだけである。

それでは、個別資本が単体で対応できない状況にその部門全体が陥った場合を、進んで考えてみたい。すなわち、部門全体が在庫を枯渇させるときには、買い手は従前の価格で商品を手に入れることを期待できなくなるため、高い現金価格を提示するということがありうる。売り手としてはそれに応じない理由はないため、こうした部門全体の在庫の枯渇は、価格のスポット的な上昇を伴う可能性がある。部門全体で在庫が薄くなる状況というのは、需要側の事情からは導き出しがたいが、何らかの原因でそれ以上生産規模を増大できなくなる場合には、需要に対して供給制約が発生する。このようなボトルネック性は、これまでも恐慌論の文脈において特に労働力商品について指摘されてきたところであり、一般商品についても、一次産品等需要の増大にスムーズに対応できない商品については、供給制約による価格の上昇が、商業的投機の契機として挙げられてきた。

こうしたボトルネック型の価格上昇は、特に好況末期の特定商品の価格騰貴にフィットした説明となっており、現実の景気循環に照らしてみても、広く観察される現象であると言える。しかし、ボトルネック型の価格上昇を、価格上昇の一般型として敷衍するのは、いくつかの点で問題がある。まず、ある商品について需給が逼迫し、品薄が部門全体にわたって生じるというのは、かなり特殊な状況であり、だからこそ景気循環論においても説明力を発揮するという点である。そこでの事象を「需要が供給を上回る場合に価格が上昇する」という形で一般化するのは、同種商品に内在した価値を推し量りつつなされる、個別資本によるプライス・セッティングの主体性を一面的に捨象してしまうことになり、早計であろう。競争的な市場においては、個別主体は独力で価格を動かすことはできず、周囲の付ける価格を受け入れざるを得ないが、だからといってそこで与件となっている価格がどのようにして付けられるのかについて、主体の観点から見直していく必要がないことにはならない。

そもそもボトルネック型の価格上昇は、買い手側からの購買価格の釣り上げを契機とする限り、相対での個別的な価格上昇として生じるより外なく、その部門全体の価格水準の上昇というのは、それを後から振り返ってみてはじめて分かる現象である。「需給逼迫による価格の上昇」は、結果のみを記述しているに過ぎない。この点があまり意識されないのは、一般商品についてのボトルネック型の価格上昇が、投機的価格上昇として描かれてきたということも一因となっている。そこでは、価格が上がるきっかけと、価格が上がり続ける状況の両方が、当該商品の供給制約という同じ要因から説明されており、分別されて議論されてはいない。価格上昇の初発の要因と、持続する要因とが、渾然一体として需給論的な価格変動論にまとめられてしまっているのである。ボトルネックによる価格の上昇は否定すべくもないが、それだけで価格の上昇は説明されることにはならず、むしろその中身こそ、解剖すべき理論の対象として意識されなければならない。

そのために、ここではもう一度価格を付ける主体の側からの議論に立ち返る。ボトルネック型の価格上昇は特殊な状況であり、その特殊性はまず以って価格上昇の持続性に求められることになるであろうから、価格上昇の一般理論を考えるにあたっては、持続的上昇ではなく、価格の最初の引き上げはどのようにして発生しうるのか、ということが問題となる。この初発の価格上昇の要因として、ここまでの議論の流れで最も想定しやすいのは、確定性を有する価格の基準値そのもの、すなわち生産価格が上昇する場合である。この場合、当該部門全体の価格水準が一斉に引き上がるため、値上げによって部門内の競合他者に需要を奪われるということは起こらない。市場が部門間で競争的である限り、生産価格の構成要素のうち、マージン部分が厚みを増して生産価格が引き上がることは考えにくいので、費用価格、すなわち原材料や労賃からなる原価の増大が、生産価格の上昇をもたらす要因となる。

ただし、計算上、費用価格の上昇は生産価格を高めるものの、それが販売価格の水準の上昇を導くかどうかは、一考を要する点である。特に部門全体に在庫が滞留している市場を理論像に据える場合には、販売価格が重い天井となっており、原価の増大がその天井を押し上げずに、利潤を削る結果をもたらすことが十分にありうる。個別資本にとって単体での値上げは難しい以上、その部門に属する個別資本全員が原価増大による利潤の削減に甘んずることにならざるを得ず、販売価格が生産価格を下回り続ける、という状況が生じうるのである。

このとき、販売価格を規制する価値と生産価格との間にはズレが発生する。すると、その部門では平均利潤を得ら

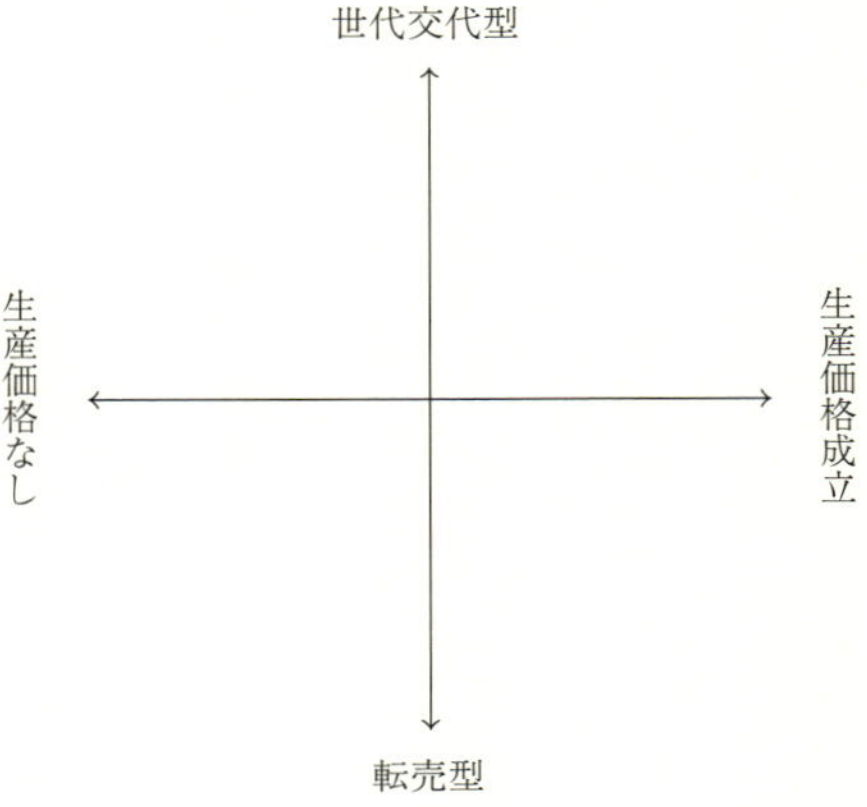

図１−４　資本主義的商品の４タイプ

れないことになるから、各資本は少なくともその部門での新たな蓄積には消極的になり、結果として当該部門の相対的な生産規模は縮小していくはずである。そのうちに需給が逼迫し、ボトルネック型の価格上昇が発生する局面に至る可能性はあろうが、そうだとすると相当程度の期間にわたって、相対的に高い原価によって利潤が圧迫される状況が続くことになる。その間にあっても、部門内に滞留する在庫は販売価格の上昇を妨げ続けるが、だからといって全く販売価格の変動が起きないという強い命題までが支持されるわけではない。在庫の存在がこのように販売価格に強い影響を与えるなら、在庫の状態に応じて、販売価格の動き方も変わるはずである。価値と生産価格のズレの動きについては、当該部門で在庫が果たす役割に即して、さらに立ち入って分析する必要がある。

　在庫の状態を把握するにあたっては、その量や変化のスピード等、様々な指標が考えられる。ここでは、前節で同種大量の在庫商品が市場の外からどのように補充されるかを見たことに対応して、その同種大量性が市場の中でいかに保持されるかというところに目を向けてみよう。主体にとって、見分けのつかない同種商品の中から取り出される個々の商品がそれぞれどういう出自なのかは関心ごとではないが、それがどう市場で取引されるかは重要な問題であり、その取引のされ方は価格にも影響を与える。

　してみると、同種大量の商品が在庫として市場内部に抱えられているといっても、一定期間内での個々の商品の入れ替わりが激しいタイプの商品と、持ち手は変わっていても商品自体は同一のものが常に売りに出されているタイプの商品とがある。前者は、同種の商品が不断に供給されてきては消費部面に落ちてゆき、新陳代謝を繰り返しながらその同種大量性を維持するのに対して、後者は単に同種なだけではなく、売買されている対象そのものが同一の個体であるから、結果として同種であることになる。現実の商品は多かれ少なかれ両方の側面を併せ持つが、ここでは前者を世代交代型、後者を転売型として二分して区別し、それぞれの価格の決まり方を考えてみる。資本主義的市場の商品は、生産価格を持つか持たないかという区別とは別に、同種大量性を維持する方法においても区分される(23)（図1－4参照）。

2　価格の上方推移の類型

世代交代型の商品の場合、部門全体で見れば、市場から退出した量にほぼ相当する量が市場に補充され、種全体として同種大量性が保持される構造を持つ。一時点で区切ってみると、常に部門内には在庫商品が滞留していることになり、その限りでは個別資本にとって独力で値上げに踏み切るのが難しい環境であることには変わりがない。原材料価格や労賃の上昇により原価が膨らんでも、それ以前の商品が在庫として市場に存在する限り、そちらの低い価格が販売価格として支配的になる。在庫商品の新陳代謝が進めば、原価上昇前に生産された商品は市場から消えてゆくが、それでも最初に値上げを試みた個別資本が販売量の急落を見ることになるから、そうした憂き目に遭わぬよう、平均利潤以下のマージンで販売が続行されることになろう。

しかし、一般論として単独で価格を引き上げることが難しくても、平均利潤までの値上げは部門内の個別資本全員の共通利害であり、そのときの値上げ幅も概ね共有できる。とすれば、誰かが最初の犠牲者になることなく、平均利潤をマージンとして含む販売価格をその商品の相場価格として認めさせることができれば、そこまでの値上げは実現できるであろう。そうした一斉の価格引き上げが遂行されるタイミングとしては、生産期間の期末が揃う時点が考えられる。例えば、農産物のような生産物については、生産期間の期末は自然条件により概ね決まっている。部門内の個別資本全員がその時点で新たな生産物を市場に投入するのであるから、部門内で互いに申し合わせるまでもなく、値上げをするタイミングはこのときしかない。しかも値上げ幅も決まっているから、この一時点においてであれば、個別資本は揃って生産価格まで販売価格を引き上げることができる。生産価格論の体系においては、生産期間は一律に揃っている想定であるから、原価の上昇があれば、次の期末で販売価格が引き上げられ、そうして価値と生産価格の乖離は解消する。

他方、生産価格の成立しない世代交代型の商品（図1－4の第二象限に属する商品）については、仮に値上げ幅は原価の上昇分ということで確定的であったとしても、生産期間の期末がなかなか揃わず、過去の販売価格が相当期間続いてしまう事態に陥る。労働過程内での技術的確定性が弱く、生産価格が規定されにくいサービス業に見られるような、こうした商品の上方への価格改定は緩慢になりがちであり、生産価格の成立する部門と競争していくには、何らかの調整役の存在等を備えた、独自の組織や制度が要される。ただいずれにせよ、需給の逼迫ということがなくとも、原価の上昇に応じて、適当なタイミングで販売価格が上方に推移する形で、価格上昇が発生する可能性は排除されないであろう。

それに対して、商品の同一個体群が市場に常駐しており、その持ち手が売買によって変換されているだけの転売型の商品市場においては、その生産に要される原価の上昇があったとしても、それを価値の上昇として反映させることができる間隙が存在しない。一定期間内の商品の供給量が、市場で転売に付されている商品量に比してごく少数の場合、新たな増分における原価の上昇が全体の価格設定に影響を及ぼすということは考えにくい。最も極端な場合においては、転売型の商品市場には新たな商品の流入も流出もないという状況が想定されるが、そこではそもそも製造原価という概念自体が成り立たない。転売型の商品の価格は、再生産ベースで説明される生産価格の原理からは基本的に説明できないのである。(24)

転売型商品の価格上昇を考えるには、世代交代型商品とは取引の動機が根本的に異なることに着目する必要がある。世代交代型の商品が、原価の上昇を受け価格を上方に推移させうるのは、その在庫商品が購買された後には、それが生産的消費であれ個人消費であれ、原則として消費の領域に入り、二度と市場に復帰してくることはないからである。こうして不断にリニューアルされる市場構造が、原価の上昇を価値の上昇として認めることのできる素地をなしている。それに対して転売型の商品は、世代交代型の商品と異なり、消費されるために購買されるというわけではない。それは再販売のために購買されるのであり、したがって同一商品に付く複数の価格の間の差による利益を目的として売買される。転売型の商品は、資産運用を動機として売買されると言い換えてもよいであろう。同種商品が大量に存在する市場においては、主体は消費支出のためだけに貨幣を用いるわけではなく、自らの保有する資産の価値を維持・増殖することを目的として貨幣を支出する行動が発生し、転売型の商品はその典型的な売買対象となる。

資産運用を考察しようとするとき、価格変動を価格の下方分散のみで定式化するのは明らかに不十分である。価格差を狙って転売行為に着手しようとすれば、ある商品に買いを入れるタイミングは、値下げが試みられたときを措いてない。価値以下の安い価格で仕入れて、それより高い相場の基準価格で再販売にチャレンジするわけである。しかし、転売目的で売買が行われている限り、値下げ前の基準価格では買い手がつかない。転売目的の主体は全員、価値の規定する基準価格以下の価格で買うチャンスを狙っているからである。基準価格でも購買する人がいるとすれば、それは転売ではなく、消費目的でその商品を必要とする主体であり、したがって転売型商品の取引は、それ自身としては市場の駆動力を持っているとは言えないことになる。転売が行われているにしても、市場での価格形成にとっては、当該商品の流出入を伴う消費目的の売買が主であり、資産運用はその市場で派生的に行われているに過ぎないことになるのである。その場合、転売型商品が世代交代型商品に対して独立した商品のタイプをなすとまではいかないであろう。在庫のある市場における商品の価格上昇を考察するには、転売型の商品を世代交代型の商品から区別することが必要になる一方で、転売型商品という類型を設定するためには、在庫のある市場において一般的に想定される価格の下方分散だけでなく、基準価格で購買してもなお再販売によって利益が生まれるような、価格の上昇の仕組みが解明される必要がある。

資産運用が転売型商品の取引動機となるなら、その価格もそれに即して決まることになる。すなわち、資産としての価値評価が、価格を決めることになるのである。その典型的な方法は、貨幣タームでの収益を、利子率で割って求める割引現在価値額を持つものとして評価するやり方である。これは、マルクス経済学において「架空資本」と呼び慣わされてきたものに相当するが、その具体的な姿である土地や株式は、登記制度や有限責任制等の様々な制度に支えられ、同種大量の商品プールを形成しており、そこで地代ないし配当をもとに算出される割引現在価値額を価格として付けられることになる。

こうして求められる資産価値は、収益や利子率に連動して変化するが、それればかりでなく、それらに対する予想によっても影響を受ける。例えば利子率の下落が予想されれば、資産保有者は実際の利子率の引き下げに先んじて、資産価格を引き上げる。それが可能であるのは、利子率の下落の予想が市場参加者の間で共有され、資産保有者による資産価格の引き上げが価値として認められるからである。実際には、利子率の下落が予想された時点でこれらの転売型商品には買いが入るため、需要が資産価格を押し上げる、といった現象が呈される。しかしそうした需要の増大も、転売目的の取引の場合にあっては、資産価格の上昇があってはじめて起きることであり、その意味でまずは資産保有者による価格付けの上方修正、言い換えれば商品所有者による価値表現の上方推移が論理的に先行していなければならない[(25)]。

この場合、その資産の同種商品群が今の価格で全て購買されているわけではないことには、注意が必要である。引き上げられた資産価格が価値として認められるときには、その価格で購買された資産が少なくとも一単位あった、ということで十分であり、そこでの価値実現が、まだ価値を実現していない残りの全ての同種商品の価値として認定される。こうした同種商品への価値実現の波及効果は在庫のある市場全般に言えることであるが、商品の市場への流出入が少ない転売型商品においては、それが強く前景化してくる。すなわち、ごく一部の商品の価値実現が、その背後の何百倍・何千倍もの規模のストックの評価を左右することになり、これは資産の持ち手の側から見れば、自らの意思とは無関係に自身の資産の価値が変動しうる、ということを意味する。転売型商品の市場では、そうした価値の変動を個別主体が個々ばらばらに予想しながら、最も大きな価格差を得られそうな商品種へと買い向かう転売行為が繰り返されるのである。

それを所有していることによる収益の割引現在価値額によって評価される資産は、当然ながら、収益がゼロになる、あるいはそうなることが予想されると、無価値になる。土地の場合、借り手がつかず地代収入がなくなればその土地の価格、少なくとも割引現在価値額はゼロになり、株式の場合であれば、その株式資本が倒産し、配当が今後見込めなければ同じように価値はなくなる。収益を伴う資産は、常にそうした無価値になるリスクを抱えているが、その一方で転売型の商品市場には、それ自身収益を生まない資産も充填されている。転売型の商品の要件は、同種大量性が同一個体の商品の存在によって担保されているということであるから、地代や利子といった収益をもたらす商品でなくても、転売型商品として市場に存在しうる。収益性資産に潜む無価値化のリスクは、そうした非収益性資産が購買される理由となる。収益性資産の安全性に問題があり、それを保有していると資産運用上ハイリスクにならざるを得ないとき、そうしたリスクを引き受け高収益を狙う主体もいるが、中には資産をより安全な形態で保有しようとする主体も出てくる。そのようなリスク回避的な行動をとる主体は、収益を生まなくても、価値がゼロになる危険のない商品に自らの資産の形態を変えようとする。非収益性資産は、いわば収益性資産のリスクの受け皿として購買されるのであり、したがってその価値は収益性資産の安全性に応じて評価されることになるのである。

これら非収益性資産の主要部分をなすのは、貴金属や一部の一次産品のように、生産過程に技術的確定性があり、資本主義的に生産されうるが、同時に超歴史的な資産としての性格を備え、大量の商品プールを形成しているもの（図1－4の第四象限に属する商品）である。そうした商品には生産価格が付くものの、それが価値に影響するのはかなり間接的なルートになる。非収益性資産の原価の上昇は、その生産量の減少の原因になり、その限りでは安全資産としての価値を高める可能性を秘めるが、そもそも安全資産として需要されていなければ、それが評価値の上昇として実現することはない。転売型の商品においては、生産価格が成立していても、資産としての評価が優先されるのである。すなわち基本的には、生産価格の水準如何にかかわらず、収益性資産のリターンが不確実になるときには、非収益性資産の価値は上がり、逆ならば逆となる。転売型の商品市場では、こうした二種類の資産の間での取捨選択が常に行われており、非収益性資産の価値は収益性資産との相対評価によって決定される(26)。

もし転売型の商品市場が収益性資産のみで構成されているとすると、そこでの売買主体は常に自らの資産を無に帰する危険と隣り合わせであることになる。その見返りとして、評価の繰り返しによる価格変動を通した差益を得られるのは確かであるが、価格差による利益は世代交代型の商品市場でも獲得することができるのであって、その限りでは敢えて転売型商品市場に積極的に資本を投下していきたい主体は限られてくる。ましてや地主のように、資本投下によらず土地の貸し出しによって地代収入を得られる主体が、わざわざ土地を商品として転売型市場に供するというのは、何らかの経済外的な事態に起因する場合以外考えにくい。とすると、転売型の商品市場がそれ自身として自立するには、リスク回避地としての非収益性資産の層の厚みが重要な役割を果たすと考えられる。転売型の市場においても、ハイリスク・ハイリターンを追求した転売行為が常に跋扈しているわけではなく、その周辺には資産としての価値の維持を目的とした商品プールが準備されており、過度なリスクの高まりに際しては、そこが逃避先として利用される。そうした非収益性資産の市場があることで、転売型商品市場は投資を集めることができるのであり、収益性資産と非収益性資産は双方相まっていわゆる資産市場を形成している。転売型商品市場は、同種商品に対する評価値の上方推移と、安全資産としての非収益性資産の存在によって、世代交代型商品市場とは別の形で価値増殖の機会を提供し、既存の資本家のみならず、地主も含めた広範囲の経済主体から、富を吸引するのである。

＊　＊　＊

価値と生産価格の関係は、長い間、労働価値説を支える要所として、それら二つの対応が問題とされてきた。しかしそれらは、不確定な資本主義的市場を解明するマルクス経済学固有の市場理論の双軸として、その積極的役割を究明される必要がある。価値と生産価格はそれぞれ、資本主義的市場における価格変動の分析基準として、独自の理論的意義を見出されるべきなのである。商品価格は単に需給によって上下に対称的に運動するのではなく、下方には個別・分散的に引き下げられながら、そのコストに規定された二重価格を形成するとともに、上方へは市場での再評価を通した相場価格そのものの更改がなされうる。資本主義的市場における価格機構は、価値と生産価格という二つの概念を備え、需給論に還元できない、上下に非対称な価格運動を描き出すのである。そこでは、社会的再生産を包摂する以前から、すなわち流通論次元から市場そのものに備わる性質として提起される、流通過程の不確定性の態様が、価格の動き方に即してより具体的に論じられることになる。

しかし、資本主義的市場の第一の特徴が、まず以って社会的再生産を包摂した資本が構成員となっている点に求められるとすれば、その包摂の市場への影響は、生産価格の成立による価格理論の進展のみに求められるものではない。生産価格の成立は、流通過程の不確定性を捨象した、粗利潤率レベルでの部門間競争が行き着く結果を切り取ってきたものであり、そのプロセスとして前提される、不確定性を免れない資本による社会的生産編成のあり方は、さらなる分析を俟つ。流通過程の不確定性は、社会的再生産の編成様式と合わせて考察されてはじめて、資本主義的市場に固有の特質としてその全貌を解明されることになる。次章では、本章で考察した市場の特徴をもう一度社会的再生産の領域に投げ返し、市場と社会的再生産の両領域を横断しながら、資本主義的市場の基礎構造を総体として捉えることを目指す。

註

（1）「転形問題」に関する論考は膨大であるが、最も論争が活発に戦わされた一九七〇年代までの主だった論文を集めたものとしては伊藤・桜井・山口編訳［1978］がある。論争を概説したものとしては、伊藤［1981］第四章等が簡明であり、最近では吉村［2011］がある。

（2）こうした議論は、主として欧米のマルクス経済学において近年盛んに行われている。きっかけとなったのは八〇年代のDuménil[1983]やFoley[1986]といった論考であり、それらを継承したものとしてはKliman[2007]やMosley[2000]がある。前注の吉村［2011］では、「転形問題」の第三期の議論として、この「新解釈」をめぐる諸研究がレビューされている。

（3）こちらは、主としてアナリティカル・マルキシズムの論者によって試みられている。松尾［2014］では、Morishima[1973]による搾取論の発展版として、労働者の得られる効用を基準にした搾取概念が提示されている。それに対して吉原［2014］は、Roemer[1982]の「一般化された商品搾取定理」による搾取論批判を「搾取の問題を分配的不正義に還元する」ものとして退けつつ、Morishima[1973]や置塩［1978］の搾取論のミクロ的基礎の不十分さを指摘し、個々の労働者が被搾取者となるような「労働不均等交換」の論証を提示している。なお吉原［2014］では、これまでのマルクス経済学の搾取論のうち、「新解釈」に基づく搾取の定式化のみが支持できるものだとされている。

（4）宇野［1962］一六九—一八四頁では、宇野による「価値法則」の論証が、『資本論』の価値規定に対して持つ意義が詳論されている。ただしそこでは、労働の同質性について資本主義的生産の下での労働の単純化が強調されすぎている嫌いがある。以下本文で見る論証プロセスでは、異なる内容の労働が足し合わせられることが前提とされているが、全生産部門で労働が単純作業へと解体されていき、その間の区別が消失していくことで、それを根拠づけるべきかどうかは疑問である。こうした異種労働の合算可能性を、労働の単純化ではなく、むしろ宇野［1950,52］九〇頁に特徴的に見られるような、労働の目的意識性という契機に沿って説明している論考として、小幡［1988］第二章第一節および［2009］一四九—一五一頁参照。

（5）ただし宇野［1964］は、このことに必ずしも自覚的でない。同七〇—七一頁では「価値形成過程」に続き「価値増殖過程」に歩が進

められているが、そこでも「価値形成過程」で論証した等労働量交換がそのまま維持されることが前提されている

（6）大内［1964］結章、櫻井［1968］第三章、降旗［1965］第二編第一章が、こうした方向性を示した代表的論考である。そこでは概して、宇野の「価値法則」の論証は、リカード的な等労働量交換の見地に逆戻りしかねないものとして退けられる。伊藤［1981］第三章も、宇野［1964］における競争関係についての記述には疑義を挟んでいるが、宇野による「価値法則」の論証は「労働力商品の価値規定を基軸に、商品生産物に対象化されている必要労働と過去の労働とによる価格の規制力をとりだそうとしている」（伊藤［1981］一九七頁）として、一定の意義を認めた上で、次に見る剰余労働を含む体系の理論的位置づけの不十分さをさらに指摘している。

（7）山口［1987］第Ⅱ部第二章参照。伊藤［1981］も、第三章にて同様の点を明らかにしつつ、それを第四章にて「転形問題」との関連で敷衍して論じている。

（8）山口［1987］一四五頁では「必要労働によって新しく形成される価値と剰余労働によって新しく形成される価値とは、同じ労働にもとづくものではあるにしても、その実体からの規制の受け方を異にするものとみなければならない。諸商品の価値関係は、こうして剰余生産物の資本間における形態的処理の可能性によって、その労働実体からズレうるものとなる」とされているが、この「形態的処理の可能性」というのが、生産価格体系が不等労働量交換の余地を有することを指すのか、それとも市場価格の変動が剰余労働部分のズレを引き起こしていることまで意味しているのか、具体的に論じられていない。伊藤［1981］一九六頁では、およそこのうち後者の要因が重視され、「生産過程にたいしほんらい外来的な流通形態としてあらわれる資本は、労働力の商品化を根拠としつつ、この剰余労働の配分をめぐる弾力性を緩衝に利用することにより、生産過程の原則的諸条件を無政府的な商品経済の形態原理のうちに、法則的に維持し実現してゆくものとなる。それは、マルクスが「価格と価値量との量的不一致の可能性」は価格形態の「欠陥ではなく、逆にこれを一つの生産様式に、すなわちそこでは規律がただ無規律性の盲目的に作用する平均法則としてのみ貫かれるような生産様式に、よくあてはまる形態にする」と指摘していたことを、労働実体においてうけとめる側面であり、しかも価格の基準としての価値の形態と労働実体との間の法則的なずれの余地をふくんでうけとめる側面であるといえよう」と述べられており、「剰余労働の配分をめぐる弾力性」が、資本による社会的再生産の包摂に伴う無政府性を許す「緩衝」として位置づけられている。しかし剰余労働についての「弾力性」を、このように商品経済の無政府性あるいは無規律性に重ね合わせる理解では、市場価格の変動をひとまず措いた生産価格体系にあっても剰余労働部分に限定された労働量からのズレは存在し、そこでのズレは市場における不確定的変動からは独立であることが後景に退く。これでは、市場価格に対する生産価格の基準性が十分取り出されることにならず、結局労働量と価格の対応関係までを論定する価値論に止まることになる。

（9）そこでマルクスのプランとされていたのは、次のようなものである。

マルクスのプラン

- Ⅰ 資本
  - (a) 資本一般
    - (1) 商品
    - (2) 貨幣
    - (3) 資本
      - 1. 資本の生産過程
      - 2. 資本の流通過程
      - 3. 両者の統一または資本と利潤・利子
  - (b) 競争
  - (c) 信用
  - (d) 株式資本
- Ⅱ 土地所有
- Ⅲ 賃労働
- Ⅳ 国家
- Ⅴ 外国貿易
- Ⅵ 世界市場（と恐慌）

これはマルクスのいくつかの手紙や草稿を材料にして組み合わせられたもので、マルクス自身がこれと全く同じプランを残しているわけではない。このプランがいかにしてマルクスの遺稿に見出されるかについては、佐藤［1968］一二三―一二五頁参照。

（10）「プラン問題」を扱った論考は種々あるが、議論のおおよその流れを掴めるものとしては、例えば佐藤［1977］を参照。

（11）例えば山口［1983b］第一部第三章では、宇野原理論の「流通論を独立させ、分配論を流通論と生産論の統一として位置づけるという三篇構成」の「理論的含蓄の一つに、流通主体の個別的関連の形態をこの統一の積極的な契機として設定する構成がとられていることと対応して、最終篇の分配論に諸資本の個別性の契機、競争の契機を積極的に導入する方法上の観点が提起されているという点があった」（八五頁）と述べられ、宇野の流通論と分配論の関連を、個別主体の視点の導入という方法で以って特徴づける理解が端的に示されている。そうした宇野の方法と「資本一般説」との違いを簡潔に論じた論考としては、山口［1977］がある。

（12）山口［1985］の第三編「競争論」、とりわけその第二章「競争の補足的機構」は、こうした研究を原理論体系全体のうちに結実させた代表的な成果である。

（13）流通過程の不確定性と生産過程の確定性のコントラストは、個別産業資本の性格をつき詰める作業から直接明らかにされてきたものではない。労働価値説の論証とは別個に市場そのものを取り出し、その中で個別主体が取り結ぶ取引関係を流通論として独自に対象とすれば、『資本論』では第二巻で論じられていた流通費用の問題が、実質的に原理論の冒頭部分に繰り上げられてくることにならざるを得ない。すると、労働価値説の論証を担う生産論との区別をはっきりさせておくには、このように流通にて支出される費用が、生産に要するコストと、価値形成の側面でいかにして区別されるのか、という点を究明しておく必要が生じる。流通と生産の区別は、労働が何を以って価値形成的となるかという問題とパラレルに論じられてきたのである。この問題をめぐる議論の概略については、山口［1987］第Ⅱ部第三章が参考になるが、結論だけとれば、その過程に確定性があることが、労働が価値を形成する要件ということになる。すなわち、生産過程は誰が遂行しても原則として繰り返し同じ結果を出すことができ、投入産出関係は確定的になるのに対し、流通過程においては個別主体による不確実かつ不均質な予想・判断が避けられず、ある一定の活動に対するリターンは不確定である。そのため、生産技術が単一である限り、同種商品を生産する労働には均質性が出てくるため、それは価格の基準となるような価値を形成すると言えるのに対し、不確定な流通過程で支出される費用は、同種商品についても均一になることはなく、そこでの労働は価値を形成しない。こうした価値論の論点が、競争論において流通過程の不確定性が重要な契機となってくるにつれて、個別産業資本の性格づけにも活きることとなったのである。

（14）こうした方向性は、河村［1979］一五二、一七二、一七三頁、菅原［2012］二一九–二三四頁、山口［1983a］二〇九–二一一頁、［1985］一八六–一九一頁に示されている。小幡［1988］二一八–二二三頁も、一般的利潤率の基準性の概念を検討しながら、利潤率について同様の区別が必要であることを説いているが、そこではさらに、「基準利潤率」は、流通要因を全て含む「形態的利潤率」の分母から流通資本を差し引き、分子に流通費用を足し直して算出されることから、「形態的利潤率」は「基準利潤率」を一般に下回るとされ、二種類の利潤率の関係がより明確にされている。

（15）青才［1990］第三章第二節では、「価格変動を考慮に入れつつ流通期間の変動を考慮に入れない、ということはできない」（一二七頁）とされ、流通的要因を捨象した「基準利潤率」の考え方にはそうした無理が伴い、「できるだけ高い利潤率を求めて行動する資本家の嗅覚・本能を余りにも軽んずることになる」（一四六頁）として批判されている。また松尾［1991］も、資本家の予想という要因を強調しながら、「基準の客観性および確実性に固執するのは資本家のビヘイヴィアを理論化する方法論に立脚するかぎり、無理な点を孕む」（一二四頁）としている。これらの批判は、一面では「基準利潤率」概念の限界を突いていると言えるが、その原理論体系における意義を汲み取ったものとは言えない。本文で見てきたように、生産価格論に「基準利潤率」の概念が提起されてきたのは、流通過程の不確定性に着目した分化・発生論に基づく市場機構論の展開の裏側で、そのいわば胚となっている個別産業資本の構造が明らかにされてきたからこそである。その成果は資本主義的市場の価格理論に実装されるべきであるし、また流通過程の不確定性を捉え返していく原理論の新たな地平も、そこから展望される。

（16） 小幡 [2009] 一五四頁では「モノの生産にみられる生産技術的な決定関係に対して、生活物資の量と労働量との間には、本源的弾力性がある」と述べられているが、ここでの仮定はこの「本源的弾力性」を無視し、生活物資の量と労働量との間にも、投入産出関係に見られる比例性があるとみなすというものである。これは、絶対的剰余価値の生産をさしあたり無視することを意味する。この「本源的弾力性」は、可変資本vと労働量$v+m$との間の関係についての性質であり、先に本章で見た「剰余労働の配分をめぐる弾力性」、すなわちmの配分の問題とは厳に区別される必要がある。また「本源的弾力性」のコアは、労働者の生存に必要な生活物資の量が技術的に決定され得ないところではなく、仮に生活物資の量が固定されたとしても、それによって労働者が何時間の労働を支出するかは決まらないところにある。そのためここでの「本源的弾力性」の問題の捨象は、生活物資の量は歴史的・文化的水準で固定的に決まっており、個別資本は恣意的には動かすことができないと考えることを必ずしも意味しているわけではない。生活物資の量が変動したとしても、それを消費して支出される労働量は比例的に変動するというのが、その厳密な意味内容である。

（17） ここでの粗利潤率と純利潤率の区別は、概ね小幡 [2009] 一八八－一九一頁に見られるものに相当するが、そこでは粗利潤率の均等化が「生産過程に技術的な確定性がある以上、生産部門間で粗利潤率のレベルの乖離は、広義の資本移動を通じて解消される」（一九〇頁）と説明されている。しかしこれだけでは、粗利潤率が「基準利潤率」と同様に市場価格で算出されており、そのために部門間で均等化しない状態がありうるのか、それともここでの「粗利潤率のレベルの乖離」の「解消」とは、不均等が均等化されるプロセスを意味しているのではなく、そうした「乖離」は理論上存在の余地がないとされているのか、読み切れないところを残す。もし前者のように考えると、一般的利潤率は市場価格の変動・分散が一切生じていないときにのみ成立することになるが、資本の部門間競争は、そのような市場価格の個別的・偶然的変化まで除去する効果を持つものではない。部門間での競争の結果と、個別資本レベルで発現する流通過程の不確定性は、区別されなければならない。そうであるとすれば、粗利潤率の均等化というのは、そうした流通過程の不確定性の次元とは異なる、理論上の仮想であることを明示し、粗利潤率の不均等という事態は、生産価格論の舞台設定では概念上あり得ないものとして、整理してしまった方がよい。なお小幡 [2014] 第四章では、「基準利潤率」が部門間で比較されるという小幡［1988］の見解に対して、「通常、商品価格は生産価格の水準で安定的に推移すると考えられるので、この率［基準利潤率］が部門間で異なるということも考えにくくなる。このかぎりでは、資本の部門間移動においては、下方分散する個別利潤率の平均が重要な意味をもつ」（小幡［2014］一三四頁、［　］内は引用者）と述べられており、本書の粗利潤率と純利潤率の位置づけはそこでの「基準利潤率」と「個別利潤率」の関係に近い。

（18）　付録A参照。

（19）　小幡［2014］第四章では「生産価格と一般的利潤率は、商品を売買するのにいかなる費用も期間もかからない市場を前提に規定される。……その意味で、生産価格も一般的利潤率も、一種の《理論値》なのである」（一一四頁）とされているが、固定資本については「生産方法のコアをなすものであり、流動資本とともに生産資本を構成するものとして技術的客観性をもち、原理的にはその存在を含めて規定すべき」（一一五頁）と述べられている。確かに「景気循環論との関連で捉え返すと、固定資本の存在はけっして捨象してよいものではない」（同上）のであるが、本文で述べたように、固定資本の存在には、粗利潤率の均等化という発想にそぐわない側面があり、それを残したままでは、粗利潤率レベルでの理論値としての抽象性を不十分にする。そうだとすれば、理論値としての生産価格には、固定資本の問題を入れ込めないことを明確にし、それは生産価格論に続く諸領域において、流通過程の不確定性と併せて改めて提起し直すべきである。小幡［2009］一九五－一九七頁においては、流通過程の不確定性と固定資本の両方を捨象した理論上の市場が「単純な価格機構」と称され、そのとき「商品は生産価格で売買され、個別資本の純利潤率と粗利潤率の区別はなくなり、一般的利潤率として実現される」（一九六頁）とされている。本文における理論値としての生産価格は、この「単純な価格機構」のような体系において成立するものと言ってよい。

（20）　小幡［2009］一八五頁では、こうした個別産業資本の性格が「両棲性」と称されている。なお現実には、流通過程にも、店舗やシステム管理といった形で、商品一単位の販売によって費用として回収し切れない、膨大な量の資本が投下されている。山口［1985］六〇頁では、既に流通論レベルの資本概念において、流動資本と固定資本の区別が説かれている。しかし、そうした流通過程にて一回転期間を超えて運動する資本は、それ自身流通資本と同様に不確定性に晒されているのであって、産業資本が生産に投下している固定資本とは性格を異にしている。流通過程中の「固定資本」が遊休して損失が出たとしても、産業資本の固定資本のように、得られたはずのアウトプットが失われるわけではなく、それ自体が流通過程の不確定性一般の帰結である。この差異は、本書第四章にて、商業資本に固有の動態を剔抉するにあたって重要となる。

（21）　小幡［2009］第一編第一章や小幡［2013］第一章が代表的な試みである。

(22) 生産価格のある市場における価格の下方分散については、小幡［2014］第四章第二節でほぼ同型の議論が既になされている。そこでは「現実の市場価格は、生産価格と費用価格という二つの強度の異なる壁の間に分散して現れる」（一二三頁）と述べられ、その二つの「壁」の間に計算される平均価格の上昇・下落が、市場価格の「見かけの重心」（一二四頁）を想起させる原因であるとされている。小幡［2009］三三六、三三七頁でも、費用価格の役割が明記されていないが、価格の下方分散が「見かけの重心価格」を生み出すという同様の議論で、価格の上下運動という通念を、価格の下方分散という理論的帰結がいかに説明するかが論じられている。しかし、生産価格のない流通論次元の価格の下方分散との違いを、個別産業資本による値引き販売の動機に即して検討すれば、生産価格と費用価格との間に販売価格が設定されることは考えがたい。それでも市場価格の平均値は二つの「壁」の中間のどこかに算出されるが、この平均値の動きで以って現象的な価格の上下運動の説明とするというのは、やや単純に過ぎる。そもそも、価値あるいは生産価格を価格変動の重心と見る議論と、価格の上下運動の平均値を重心とみなす話とは、同じものではない。前者では価格変動の態様そのものには分析のメスが及んでいないものの、重心の規定自体は理論的になされていると言ってよいのに対して、後者は現象的な価格の動きに平均という統計処理を施し、それを記述しただけである。生産価格と費用価格の間の「見かけの重心価格」は、このうち後者の見方に相当するものでしかなく、それを批判するのみでは需給均衡的な価格理論を超克したことにならない。価格の下方分散を分析するだけでは、需給に応じた価格の上下運動という俗化されたイメージを覆すには至らないのである。

(23) 世代交代型の商品と転売型の商品の区別は、小幡［2013］第一章にて「種の保存の二様式」として指摘されている。そこでは「短期間ですべて入れ替わってしまうような世代交代型の商品では、限界条件が価格の基準を与えるという原理が妥当するが、この限界条件で弾力的に補充し置き換えるわけにはゆかない、大量のストックを形成する転売型の商品に限界原理を単純に適用するには困難が残る」（五一、五二頁）と述べられているが、転売型の商品についてどう価格が決定されるかについてそれ以上踏み込んではいない。また、世代交代型の商品については短期間で在庫がすべて入れ替わるといっても、転売型の商品とは種を保存する方法が異なっているだけで、同種大量の在庫が常に滞留しているという市場構造は両者に共通である。そこに限界原理的なアプローチを単純に適用してよいかどうかは、転売型と同様、やはりさらなる検討が必要である。

(24) 清水［2015］では「たとえ生産価格の水準から遊離した価格でも、それがくり返しの売買をつうじて実現され、一定期間にわたって持続する限りは、その期間の市場における「価値」としての要件を満たしていると考えなければならないであろう」（一二二頁）と述べられ、生産価格で説明できない価格の動きが、商業資本の活動による卸売価格と再販売価格の二重化から説かれようとしている。これまでの原理論第三編次元の価値論においては、価値概念がそのまま生産価格概念に取って代わられる嫌いがあり、生産価格に還元されない価値の役割を追究していくのは、これからの原理論の重要な課題をなす。しかし、これは生産価格の説明力を全否定すべきことを意味しはしないのであって、むしろ価値と生産価格、それぞれの存立意義を確定し、その関係を問うことが必要である。清水[2015]第二節では、商業資本の転売活動が価値の形成に果たす役割が強調されるあまり、生産価格やそれを基準として発生すべき価格変動の態様が十分検討・考慮されておらず、需給論的な動きが基本的に是認されることとなっている。

(25) 通常、割引現在価値額の上昇と対称的に、その下落は資産価格の下落を意味するとされる。しかし、本書では価格の下がり方として、同種商品に内在する価値の規制力を念頭に、価格の引き下げの動機とその態様を、価格の下方分散として描出してきた。在庫のある市場一般において、このように価格が個別的・散発的に引き下げられて商品を売り抜く事象が発生するとすれば、そこでの転売型商品の相場価格の下方修正も、それを踏まえて考える必要がある。そのため、利子率の上昇や収益の減少に伴う割引現在価値額の下落が、それが上昇する場合と対称的な形で、転売型商品の価格の引き下げを伴うと考えることには慎重になる必要がある。商品の売り手の立場からすれば、同種商品について現行の相場価格で順調に売買が成立しており、個別的にも特段売り急ぐ理由がないときに、割引現在価値額が下がったというだけで、機械的に価格を引き下げなければならないことにはならない。割引現在価値額の下落が転売型商品の価格の下落を引き起こすルートは、価格の下方分散が相場価格の更改を呼び起こす過程を経由するのであり、価格の上方推移よりもさらに複雑になる。転売型商品について対称的な価格変動が生じるためには、商品取引所の成立といった、価格形成についての追加的な条件が必要であり、転売型商品の市場に一般的に観察される事象とは言えない。

(26) 小幡[2009]一八九頁にあるように、純利潤率は原則として粗利潤率を下回るが、非収益性資産の価値は生産価格に連動せず、独自に販売価格に対する規制力を発揮するため、販売価格が生産価格よりも大幅に上方に乖離し、その結果として純利潤率が粗利潤率を上回るということがありうる。これは非収益性資産の価格形成の性質に根ざす事象であり、それ自体として不安定性を意味するものではないが、そのような非収益性資産の価値の上昇は、収益性資産のリスクの高まりの傍証であり、むしろそちらの不安定性が問題となりうる。

第2章　資本主義的市場の無規律性

『資本論』は、流通過程に遍在する変動・分散を捨象した静止状態を対象とするという趣旨の限定を随所で表明しながらも、他方で考察対象としての資本主義経済に、与えられた法則性に還元されない恒常的なばらつきの余地を認める性質を看取しようとも試みている。例えば『資本論』第一巻第三章の価値尺度論に見られる次のテキストは、そのばらつきの態様を描出せんとしたものとして注目されてきた。

価格と価値量との量的な不一致の可能性、または価値量からの価格の偏差の可能性は、価格形態そのもののうちにあるのである。このことは決してこの形態の欠陥ではなく、むしろ逆に、この形態を、一つの生産様式の、すなわちそこでは規律がただ無規律性 Regellosigkeit の盲目的に作用する平均法則としてのみ貫かれるような生産様式の、適当な形態にするのである。(K., I, S.117)

ここではまず、商品に備わる価値量から価格が乖離する事態は「価格形態そのもののうちにある」と述べられている。価値量がひとまず商品に対象化された労働量で規定されているとすれば、価格形態はそれが市場にて表現されたものであるから、これは市場で看取される価格の変動・分散の要因を、対象化された労働量を決定する社会的再生産の構造とは相対的に区別された、市場それ自身に求める視角を示していると読める。

それに続けて、マルクスはこの価値量と価格のズレを、「欠陥」ではなく、資本主義下での「生産様式」に対する適性として捉える叙述を連ねている。そこでは価格が価値量から離れうることが、いかなる意味で資本主義的生産にとって「適当な形態」であることになるのか詳論されていないが、「規律がただ無規律性の盲目的に作用する平均法則としてのみ貫かれるような生産様式」と言われているからには、資本主義的に営まれる社会的生産もまた規律的ではなく、市場の変動・分散と何らかの形で連動しつつ「無規律性」に晒されているという認識が読み取れよう。

右の引用部後半に見られるような形で市場と社会的生産編成の関係性へと歩を進めてゆく姿勢は、その無規律性を、市場の変動に応じて事後的に編み上げられてゆく社会的再生産の方に投影させてゆくことにつながる。実際『資本論』第一巻においても、第十二章にて工場内分業と社会的分業の違いが「工場の中での分業ではア・プリオリに計画的に守られる規律が、社会の中での分業では、ただア・ポステリオリに、内的な、無言の、市場価格の晴雨計的変動によって知覚される、商品生産者たちの無規律な regellose 恣意を圧倒する自然必然性として、作用するだけである」（K., I, S.377）と指摘されており、そうした生産編成の方式を資本主義経済特有のものとして措定する観点が提示されることとなっている。(1)

しかし、このように社会的再生産の特性を、工場内分業の計画性との対比で押さえてしまうと、仮に社会的再生産が規模的に部門間で整合的に編成されてさえいれば、生産された全ての商品は円滑に売れてゆき、何らの変動・分散も生じ得ないと考えてもよいことになる。それでは、市場にて個別資本が競争を繰り広げ、相互に影響し合うさまには、正面から理論的に切り込んでゆくことはできない。そうした市場の変動・分散を理論として取り扱うためには、ひとまずそれを社会的再生産から峻別し、相対的に自立した一個の理論対象と見る必要があるのである。

このように、市場の変動・分散的性質を社会的生産の編成方法の特性に帰する以前に、そうした無規律性を市場そのものに付帯すべきものとして価値論の展開に織り込むというのは、宇野によるマルクス価値論の再構成の基本的方向性であったと概括することができよう。宇野は、先に引用したマルクスの「価格と価値量との量的な不一致の可能性」を胚胎させた市場認識を高く評価し、その上でマルクスの価値尺度論を、そして返す刀で『資本論』第三巻第十章の市場価値論を批判した[2]。すなわち、貨幣の価値尺度機能は、商品価値をそのまま表示するのではなく、買い手による購買を通じてそれを社会的に「尺度する」としたとともに、ある商品の生産について複数の生産条件が同時に稼働している場合の価値の決定にも、増大する需要に応じた追加供給を担う生産条件による規定方法を説き、市場における変動を積極的にマルクス価値論に取り込む視角を打ち出したのである。このように、資本主義経済に遍在する無規律性は、市場そのものに起因するそれとして、二つの経路からその理論的役割を拡充されることとなった[3]。

この宇野の理論研究は、日本のマルクス経済学の利潤論研究を、独自の形で興隆させた。マルクスの利潤論は、『資本論』第三巻の第一編から第三編にかけて展開されているが、マルクス経済学の研究史からみて研究の蓄積が集中しているのは、「転形問題」を中心とする生産価格論と、第三編の「利潤率の傾向的低落の法則」に関する議論である。特に欧米では、新古典派やネオリカーディアンとの論争の中で、利潤論研究はこの二つの領域に収斂していく傾向があり、数学的に精緻化された定量的な議論が積み重ねられてきた[4]。それに対し、日本のマルクス経済学研究においては、その両領域に挟まれた市場価値論に対する問題関心も脈々と受け継がれてきた。これは、宇野による独自の再構築をきっかけとして、他学派との論争以前に、マルクス経済学者の間でこの領域に関する議論が展開されたことが一因となっていよう。

しかし、その後の宇野の流れを汲む価値尺度論・市場価値論研究は、市場の変動・分散の位置づけに関する考察という観点からすると、非対称的な発展を遂げてゆくことになる。価値尺度論においては「繰り返しの購買」が市場における価格変動に対して持つ意味が大きなテーマとなり、それは市場における変動・分散の様態を流通論全体にわたって問うてゆく起点となった。それに対して市場価値論を含む利潤論レベルでは、市場の変動が個別資本の利潤率をめぐる部門間競争の様態として、「不断の不均等の不断の均等化」(K., Ⅲ, S.206) を通じ生産価格と一般的利潤率を成立させるというように、その役割は市場価値論から生産価格論へといわば水平的に拡大されてゆく。後に見ていくが、市場価値論がいわゆる「市場生産価格論」として再編されたことにも表されるように、その中では市場価格の重心たる生産価格と価値概念とをどう対応させるかという点に関心が絞られてゆき、その結果市場の変動・分散そのものは流通論の考察課題として深化される一方で、利潤論ではむしろ所与とされるようになっていったのである。

そうしたこれまでの研究の流れから、前章では、市場価格に対する独自の規制力を有した生産価格の概念を掬い出し、その理論値としての性格を明確化するとともに、それが規制する価格変動の態様を、利潤論で固有に解き明かされる市場の性質として考察することを試みた。このように生産価格論を起点として流通過程の不確定性への分析が進められるとすれば、その先の市場価値論での問題設定も、改めて問われることにならざるを得ない。その問いに答えていくためには、やや迂遠な道のりではあるが、宇野以後の価値尺度論研究が形成してきた市場像を踏まえておく必要がある。宇野による独特の価値尺度論は、それに劣らずユニークな市場価値論とともに相並んで提示されてきたのであって、市場価値論の課題が根本的な再考を要求されるならば、それは価値尺度論の論脈とも擦り合わせつつ、検討されなければならないからである。そこで本章では、まず入り口で価値尺度論を基礎にした研究の成果を概観した上で、価値と生産価格を備えた資本主義的市場についての認識を深化させるために、市場価値論がいかなる意味で必要とされるのかを明らかにしていくこととする。

第1節　無規律的市場像の射程

先に見たように、市場の変動・分散に対する考察は、宇野以降主として価値尺度論を中心に、流通論レベルで彫琢されてゆくこととなったが、そのことは流通論と利潤論とが完全に切離されてしまったことを意味するわけではない。価値尺度論からは大略二つの市場像が、相互批判の過程を経つつ形成されてきたと整理できるが、それらは利潤論レベルにて社会的再生産と市場の関係を捉えるための、それぞれ異なった像を結んでいるのである。そこでまず、こうした研究の論脈を概括し、その上で利潤論レベルにおける市場の無規律性に対する視座を析出することとする。

流通論での研究が結んできた市場像のうちの一つは、「繰り返しの購買」の効果を重視した宇野による価値尺度論の組み替えをさらに拡充させつつ、貨幣の諸機能や資本の運動を通じ、市場一般に「一物一価」を成立させる素地を措定してゆく立場である。流通論のレベルでは労働実体によって価格の基準を説くことは適当ではないが、価格の重心を形成するような均衡へのメカニズムは展開されるのであり、それは労働時間を単位として持つ社会的再生産の構造とは相対的に自立した編成原理をなすものとして、市場そのものについての理論領域が確保される。価格の基準は、後段の利潤論において生産価格として規定されることになるが、そこでの課題は個別資本の競争が一般的利潤率を成立させる均整的な資本主義的生産編成を織り成す中で、価値次元と価格次元の対応を確認してゆくことに専ら相成ってきたと言えよう(5)。

それに対し、価格の変動や分散を、市場が本来的に具有する無規律性として強調し、価格の基準・重心の存在が流通論レベルで説けない以上は、購買がいくら繰り返されようとも、価格変動が収斂する作用を流通論で認めるべきではない、という第二の立場もある。社会的生産からの反作用を措けば、市場は各々個別的意志を備えた不特定多数の経済主体が、周囲の状況を観察し考慮しながらも、主観的かつ分散的に自己の経済的利益を追求する場なのであって、「一物一価」を流通論の世界で打ち立てるのは、市場そのものを理論対象として独立させたことの意義を損なうとされるのである。かかる市場の無規律性を重視した観点からは、生産価格論においても、むしろ資本主義的生産が個別産業資本の競争のうちに編み上げられることの持つ実質的内容に、焦点が合わせられることとなってゆく。すなわち、無規律的な市場に出自を有する資本が、個別主体間の競争を伴いつつ、生産過程を包摂することにより、労働の社会的編成に「効率性原則」が強制され、その反作用の結果価格にも生産価格という重心が形成されるという、この作用・反作用の相互関係の解明に重点が置かれることになるのである。(6)

しかし市場の構造そのものについての理解という点から、これら二つの立場に即して導出されてくる利潤論の構成を省みると、それらが流通論レベルで有していた程の鋭い対立は影を潜めている。確かに無規律的な市場像により浮き彫りにされてきた、市場と社会的生産との間の相互作用という認識は、単に価値と価格、あるいは「実体」と「形態」の「次元の相違」に終始する一面性を免れている。それだけでなく、利潤率や価格の重心の存在を説きつつ、なおそこからの不断の乖離を強調することで、そのズレを契機とした競争の補足機構の分化・発生論的展開を徹底する方途にもつながっていると言ってよいであろう。しかしその一方で、そこに成立する利潤論レベルの市場構造に止目してみれば、流通論では無規律性が市場の性質としてクローズアップされていても、利潤論では生産価格が無規律的な価格変動の重心として規定されるのであって、需給均衡による「一物一価」の成立が、市場における不断の変動・分散のうちに想定されることとなっている。とすると、価格の重心の成立という市場それ自身に係る結論部分に限って言えば、それが原論体系のどの論理レベルで形成されるかという、程度の問題に帰着してしまわざるを得ない。無規律的な市場像を原論体系の冒頭で提示してきた理論的意義は、資本による社会的生産の包摂を経て、いわば希釈されてしまっているのである。

そうであるとすれば、個別産業資本の観点から市場に起源を持つ乱雑さを捉え返し、利潤論レベルの市場構造を追究する余地が残されていると言えよう。無規律的市場に対して、社会的再生産からの反作用が重心を付与するという限りでは、無規律性そのものは毫も変わらず、社会的再生産の包摂以前からの市場一般の性質として再確認されるに過ぎない。無規律性こそが市場の本質だと論定するのであれば、利潤論での展開は、社会的再生産を包摂したことにより、市場のそうした無規律的性質の内容に、資本主義的市場に特有の理論的深化が何らかの形で認められるものでなければならない。こうした問題意識からすると、生産価格あるいは一般的利潤率を市場価格や個別の利潤率の重心として位置づける市場についての理解の下に、いくら価格や利潤率のランダムな変動を強調しても、そうした変動の態様そのものは、資本による生産過程の包摂という基本的な問題設定とリンクしておらず、利潤論の問題として取り出されているとは言えないのである。

このように、市場の無規律性そのものの資本主義固有の展開を利潤論の課題に据えるとすると、利潤論はその基本構成から見直される必要が生じてくる。従来利潤論は、まず各部門に単一の生産条件のみが存するとした上で、部門間の競争を通じた生産価格の成立を説き、それを前提として今度は特定の部門にだけスポットを当て、そこで複数の生産条件が同時稼働する状況を二次的に挿入し、市場価値論を展開してきた。しかし、無規律的な市場は、それ自身として同部門内の生産条件の多層性を許す余地を持つのであり、そうした状況を補論的に取り扱う従来の体系には、疑問符が付せられなければならない。

もし「一物一価」的な市場の成立を、市場そのものに備わる性質として説くのであれば、各商品ごとにある一つの価格で売買が成立している状況が原則として想定されることになり、そこでは劣等条件での生産は優等条件での生産に比して常に不利になる。それゆえ、「一物一価」的な市場にあっては、複数の生産条件が同時に稼働している状況というのは、とどのつまり過渡的な状況か、ともすれば何らかの経済外的要因によるものとみなすことを余儀なくされる。それと同時に、複数の生産条件の中から「一物一価」の価格を決定するものが選びとられなければならないことにもなり、一意の価格水準の決定という生産価格論の課題を、市場価値論が共有するのは当然視されることになろう。

それに対して、市場の無規律性が意味するものとされてきたのは、同種商品でも異時点間では異なる価格がつくだけでなく、同時点においてもばらつきを免れないというような性質の、価格の変動・分散である。こうした価格の違いは、生産条件の優劣とは独立に発生するものであり、したがって劣等条件の下で生産された商品も、流通部面では偶然的に他の同種商品より高い価格で購買されることがありうる。この場合、劣等条件を用いているからといって、直ちに不利であるとは限らないことになる。無規律的な市場像は、こうした市場の有する「遊び」が、劣等条件の残存を本来的に容認する射程を備えている。「一物一価」的市場像と無規律的市場像とは、重心決定論としての生産価格論にあっては同じ着地点に辿り着くことになるとしても、市場価値論の舞台設定の認識においては、基本的なところで相違していたはずなのである。

そもそも利潤論において前提となる、社会的再生産における剰余生産物の恒常的な形成は、個別資本にとっても劣等条件の使用を継続させる要因となる。劣等条件による生産過程であっても、搾取に基づき剰余を生み出している限り、優等条件に比してそれが少量であろうと、すぐさま生産を停止しなければならないわけではない。剰余生産物の存在は、それ自体としては、劣等条件の残存による複数の生産条件の並立を認めるものなのである。社会的再生産の抱える剰余の意義をこのように捉えた上で、無規律的な市場像を起点に据えつつ、市場と社会的再生産の相互作用に肉迫せんとする視座に立つならば、市場部面での競争が各部門の劣等条件を須く一掃すべきと考えるのは、やはり性急に過ぎよう。

それにもかかわらず、市場と社会的再生産の資本主義に特殊な相互作用の解明にあたり、部門内の生産条件の較差の存在を理論上特殊な位置に押し止めるのは、そうした事態を扱いづらい価格理論の側からの要請でしかない。生産価格論にて生産条件の差異を捨象する際も、そうした状況が資本主義にとって単なる表層的現象に過ぎないからではなく、むしろ理論的解明を要する対象として見据えられた上で、理論上の仮想としてひとまず括弧に入れられることを銘記しておく必要がある。このように、従来の生産価格論および市場価値論の理論的前提についての処理方法と、市場の無規律性を基礎とした利潤論という理論領域の前提との間には、少なからぬ懸隔が潜む。無規律的市場像を資本主義的市場の基本的な姿として設定するなら、生産価格論的な舞台設定に市場価値論のそれを追加するのではなく、理論値としての体系と競争の具体的な発現の場という二段構えとして、両領域を再構成し、複数の部門に複数の生産条件が賦存する状況を、それ自身として考察できる領野を拓いていかねばならない。

本書では前章から、個々の商品に価値が内在し、各主体がその価値を実現しようとする中で、販売には期間がかかり、在庫が滞留するのが常態である市場を想定してきた。そこでの販売価格としては、基本的には同種商品については相場の一律の価格が付せられるが、それが「一物一価」的市場と異なるのは、その相場価格はそれで需給が均衡し、売買が成立する価格ではないというところである。そのような均衡価格が成立する「一物一価」的市場なら、在庫はクリアされ、市場の内部に商品が残留することはない。在庫のある市場では、価格は同種商品につき一つであったとしても、実際にその価格で購買されるかどうかについて、全くの不確定性が支配する。

そして、価格以外に区別のできない同種商品は、同じ価格で売りに出されている限り無差別に購買されるのであり、その無差別性は生産条件の差異についても適用される。したがって、劣等条件で生産されたからといって、その商品の価値の実現が他の同種商品より必然的に遅れるということにはならず、劣等条件で生産する資本が生き残る可能性がある。このように生産条件の多層性を許容する点において、在庫商品の存在を認める市場像は、市場の無規律性の立場を継承する。

ただし従来の市場の無規律性は、上下に対称な価格の変動・分散において把握され、その認識が無規律的な変動の重心として生産価格を位置づける背景をなしてきた。複数の生産条件の同時稼働という舞台設定を持つ市場価値論以前に、生産価格論で重心としての価格の基準を設定してしまえば、市場価値論の問題はどうしても副次的な扱いに甘んずることにならざるを得ない。それに対して我々は既に前章にて、生産価格の基準性を価格変動の重心ではなく、理論値としての性格に求め、需給論的な価格変動論を棄却してきた。価格がある基準を持ちながらも、実際に購買されるかどうかのところに無規律性が備わる市場を設定することで、価格水準の決定論とはひとまず距離を置き、生産条件の差異に対する資本の接し方をそれ自身として論じる途が拓けてこよう。それでは続いて節を改め、これまでの市場価値論の議論を振り返り、その問題点を明らかにした上で、本書のアプローチを示していくこととする。

第2節　市場価値論をめぐって

1　需給論の陥弊

市場価値論のこれまでの研究では、大別して、市場価格の変動の重心としての市場価値がどの水準に決定されるかという問題と、それに関連して市場的要因としての需要の契機はどのように理論的に取り扱われるべきかという問題の二つが争点となってきた。前者の水準決定問題は、まずはマルクスの「市場価値は、一面では、一つの部面で生産された諸商品の平均価値とみなされるべきであり、他面では、その部面の平均的諸条件の下で生産されてその部面の生産物の大部分をなす諸商品の個別的価値とみなされるべきであろう」(K., Ⅲ, S.187)という市場価値についての記述に、二重の規定の存在が指摘されたところから始まったと言える。そこでは市場価値規定として個別的価値の平均＝「平均説」と、支配的な生産条件の個別的価値＝「支配大量説」とが二重に与えられているとされ、そのどちらを市場価値の水準として認定すべきかが議論されたのである(7)。

それに対して需要の契機の問題は、マルクスが市場価値を「社会的価値」とも呼んでいることから、『資本論』第一巻の価値規定との関連をも縁としつつ、ある商品に投下された「社会的労働時間」をいかに規定するかという脈絡で導入されてきた。すなわち、需要の変動に応じて社会的労働の生産力が変化し、したがって市場価値の水準が上下するという議論である(8)。しかしこの見解は、需要が増大する局面で、劣等条件による生産が増加し、社会的労働時間を押し上げるとは必ずしも言えないことと、『資本論』のテキスト解釈としてはなお読み切れない部分が残ることとがきっかけとなって、論理的一貫性とマルクスの記述に対する整合性の両面から研究が進むこととなった。かくして需要の契機の理論的処理が、市場価値の水準決定の問題と絡めて考察されるようになってゆくのである。

その中で、宇野の原理論体系における第三編・分配論では、商品・貨幣・資本の考察から成る流通論を展開したことを受けつつ、需要の契機を市場の需給均衡のメカニズムとして独自の形で織り込み再構築する、マルクス市場価値論批判が展開された。すなわち「元々、市場価値は商品の需要に対する供給が、市場価格の騰貴するとき増加し、低落するとき減少するという価格の運動の中心をなすものとして、需要供給の均衡を基礎にして決定されるのであって、それはかかる変動の過程で供給の増加が如何なる生産条件の生産による商品によって行われるかにかかることになる」(宇野 [1964] 一七四頁) と述べられ、需要の増加に対して逐次的に追加供給を行う調節的な生産条件が、市場価格の中心としての市場価値を規定するとされたのである。こうした資本主義的生産における需要に対する事後的な均衡への調整メカニズムを軸とした宇野の市場価値論は、需要の変動による市場価値の変動をマルクスの誤記として捨象したり、市場価値規定そのものを需給一致の場合の「一般規定」と地代論や景気循環の諸局面において需給関係が加味される「特殊規定」とに直截に振り分けたりするような、他の諸見解の一面性および形式性を批判し得たものと評価できよう(9)。

ただし、この需給の調整機構を組み入れた解決法は、市場価値論の問題構成そのものの存立基盤に対して、看過し得ない代償を払うものになった。市場価値論は「価値の生産価格への転化」の後に展開される理論領域であるため、価格タームへの「転化」を遂げたにもかかわらず、再度価値概念に立ち戻る構成になる。その一方で、宇野の市場価値論は、事実上生産価格を成立させる資本主義的な競争機構を、市場価値論にて明示化したものという面もある。その立場から、変動する市場価格の重心を、市場価値という価値の次元に引き返して説明するのは、厄介な作業となってこざるを得ない。動力となる競争機構は共通している以上、わざわざ生産価格から価値に立ち戻り、改めて重心規定を与え直さねばならない理由は消極化されるからである。

ここから、需要に対応する調節的生産条件による市場価格の水準決定という処理方法を継承しつつ、生産価格論と市場価値論の関連をより明確にすることを試みた考え方として「市場生産価格論」が立ち現れてくることにもなった。そこでは、複数の生産条件が並在している状況において、需要の変動に対し調節的な生産条件を部門の代表として確定することで、単一の価格体系と一般的利潤率の成立を導く、いわば生産価格論の一般化が試みられた。(10) その下で、市場価値はそうして成立する「市場生産価格」の背後に確認される、反省規定とされたのである。

しかし生産価格というのは、個別資本にとっては推測の域を出ない値であったとしても、あくまで表示されうる価格である。それは本来、商品に内在しており、可視化するのに価格という別の形態が必要とされる、価値概念に取って代わり得るようなものではない。「市場生産価格」として、価格のレベルで市場価値論の問題を受け止めるのであれば、それとは別個に価値なる知覚不能な概念を原理論第三編領域に保持しておく意味は、もはやなくなっていたと言わねばならない。かくして宇野が提起した需給均衡論的処理は、価値から出発し価値形態としての価格を導いてゆく、『資本論』第一巻以来の価値論の基本的な説明方向を逆転させる議論へと結実してゆき、利潤論レベルにおける価値概念は、市場価格に対する積極的な説明要因の地位から罷免されることとなった。価値が生産価格に「転化」し、最終的に「市場生産価格」として成立するというような単線的な展開によって、価格とは区別された価値概念の独立した存在意義が後景に退いていったのである。

それればかりでなく、原理論体系において価値論の最終地点にあたる市場価値論で、需給均衡論的な市場理解に着地すれば、資本主義の歴史性に対する理論認識を内包するマルクス経済学の特徴に照らし、市場価値論の重要性を十分に取り出し得ないことにもなる。その形式性ゆえに、需給均衡論はあらゆる商品経済の分析に適用可能であり、それを市場理論として運用する限り、資本主義に固有の性格は市場の内部には求め得ない理論構造になる。したがって、需給均衡論的な市場像を設定する限り、価値の概念を価格の背後に認める立場をとったとしても、それが資本主義的市場の分析に果たす役割が示されることにはならない。むしろ需給均衡論的な市場像は、市場と社会的再生産との関係を、商品経済一般に対して歴史的な階級関係を画する資本――賃労働関係という二分法的理解へと引き裂いてゆくことになりかねず、それゆえに資本主義に特有の市場のあり方に対する理論視角を減殺する。(11)

このように、マルクス経済学に特有の市場理論を追究しようとすれば、生産価格論に続き、市場価値論からも需給論的な色彩を脱色していく必要が認められなければならない。とはいえ、宇野による市場価値論への需給調整機構の導入は、複数生産条件の同時稼働という難問に対処するための、次善の策では決してなかった。むしろ、平均説や支配大量説にみられた、市場価値を生産条件側の構造だけで決定しうるとする見方に対して、利潤論レベルにおいては市場のモメントを組み込んで価値概念を再規定すべきであり、だからこそ「市場」価値論が要請されるといったように、積極的事由をなしていたのである。(12)したがって、仮にこの需給均衡論的処理に依った市場価値論の射程に限界があったとして、そうした批判がマルクス価値論から市場的要因を一切排除するところにまで行き着くとすれば、それは結局ここで価値論を改めて展開すべき理由を霧消させることになろう。問題は単に市場的要因を加味するか否かという選択の問題ではなく、どういった市場の要因が利潤論レベルの価値論の展開にて検討されるべきなのかという内容の問題なのである。

2　複数生産条件の並存

その場合、需給均衡論的処理によって再構成された市場価値論の認否を問うだけではなく、市場価値論にて本来考察されるべき課題、つまり市場価値論の原問題というべきものをクリアにした上で、それに対する需給均衡論的処理の妥当性を吟味する必要があろう。とりわけ市場価値論のような、『資本論』自身の叙述が錯綜し、その理論領域の中身自体を確定することにも困難がある分野については、そうした作業の必要性が大きい。というのも、これまでの『資本論』の市場価値論のテキストクリティークにおいては、どのように市場価値規定を与えるかという規定方法の側面に焦点が当てられる一方で、市場価値論の論証プロセスが出発する前提と、その論証対象とを分別する基本的視点が、必ずしも十分省みられてきていないように思われるからである。(13) 確かに『資本論』第三巻第十章の市場価値の規定方法についての説明は複雑であり、それ自体解明されるべき問題をなすが、だからといってそうした規定方法がどのような論証構造の下で展開されているのかが等閑視されてよいことにはならない。そこでまず、『資本論』第三巻第十章で市場価値概念がはじめて提起される箇所をとって、その議論の特徴を掴み出すことを試みてみよう。

異なる生産諸部面の諸商品がその価値どおりに売られるという仮定が意味しているのは、もちろんただ、諸商品の価値が重心であり、諸商品の価格はこの重心をめぐって運動し、価格の不断の騰落はこの重心に均等化されるということである。その場合さらに、つねに市場価値……が、異なる諸生産者によって生産された個々の商品の個別的価値とは区別されなければならないであろう。これらの商品のあるものの個別的価値は市場価値以下であろうし……、他のものの個別的価値は市場価値以上であろう。(K., Ⅲ, S.187)

この直後には、先に引用した平均説と支配大量説の二重規定が指摘されてきた文章が続き、そこから数頁にわたって市場価値規定の方法が論じられることとなっている。ここは、その起点となる箇所に当たる。ここではまず、価値と価格の関係について、「価値どおりの価格」での売買がなされるならば、価値は価格変動の重心となるとされる。この引用の後ろのテキスト中にも、市場価値概念について「市場価値自体は市場価格の変動の中心をなす」(K., Ⅲ, S.188)、「市場価値が需要と供給の関係を、または需要供給の変動がそれをめぐって市場価格を振動させる中心を、規制する」(K., Ⅲ, S.190) といったように、市場価格の変動の重心としての市場価値を論証対象に据える記述が散見される。そのことを念頭に置けば、市場価値論の原問題として措定されるべきなのは、市場における価格変動の重心規定であり、ここでもそれがまず以って確認されているということになる。(14)

それに続く形でマルクスは、同種商品が異なる生産条件によって生産されている場合、価値概念についてさらに市場価値と個別的価値の両者を区別する必要があると述べている。注意すべきは、こうした市場価値概念の導入は、市場価値と一致しない個別的価値を持つ商品を生産する主体は消滅するわけではなく、同時に併存するという想定を意味する点である。そうでなければ、個別的価値と区別された市場価値という固有の概念を規定する問題は発生しようがない。換言すれば、同部門内に生産条件の差異があっても、別の条件にすぐさま切換えていくことは適わず、複数の生産条件が同時的に稼働し、市場に商品を供給している状況が、市場価値論の前提として設定されているのである。(15)

こうして市場価値論の前提と論証対象とを分別してみたとき、さしあたって需給均衡論的な発想に高い親和性を示すのは、価格変動の重心規定、すなわち論証対象の方であろう。需要と供給の関係に応じて変動する市場価格の均衡点を、市場価値として認定すればよいからである。しかし、こうした結論に向かって論理を組み立てていこうとすると、市場価値論の前提となる、同部門内における複数生産条件の同時稼働という条件は、処理の困難さを一段と増してくることになる。需要の増加に対する調節的生産条件が市場価値を決定するとしたところで、その調節的生産条件以外の生産条件が並行して商品を供給する状況がなくなるわけではないのに、それらの諸生産条件には、市場価値決定の選択肢として存在したというだけの、可能的な規定性しか認められていない。調節的生産条件に付与される、こうしたいわば特権的な価値規定力を、追加供給の一時的な担い手ということからさらに遡行して根拠づけるのは難しい。

この困難は、こうした処理に潜む方法的な齟齬に根ざす。市場価値と市場価格との間では、価値から価格へ向かう説明方向が採られるものの、個別的価値の市場価値への均一化の段には、市場が能動的にそれを成し遂げることになっており、市場における変動が説明対象ではなく、逆に説明要因にされている(16)。それでも敢えて市場のモメントがこうした形で導入されることを正当化しようとすれば、重心としての市場価値水準の導出についての目的論に、限りなく近づくことを余儀なくされるであろう。需給均衡論的処理では、こうした調節的な部分による全体への規制の説明に、なお詰め切れぬ点を残すのである。

市場価値論の前提が、これまで見てきたその論証対象と必ずしも符合しない性質を孕むことは、生産価格論および地代論との問題構成の対比のうちにより明確になる。生産価格論においては、同部門内の生産条件の差異は存在しないと仮定して、部門間での個別資本の利潤率をめぐる競争のうちに、単一の一般的利潤率とそれに対応する価格水準の成立を説いていた。そうした生産価格論の前提を、市場価値論は共有していない。とりわけ需給均衡論的処理による市場価値論では、部門内の生産条件別の規模の構成比も、供給量の変動に伴い変化するのであり、そうした変動とは無縁の生産価格論とは決定的に前提が異なる(17)。その一方で、市場価値を市場価格の変動の重心として措定する場合、その市場価値に相当する価格水準においては、生産価格論と同じように一般的利潤率が獲得されると考えられている。生産価格論と市場価値論の各結論がバッティングすることは避けられなければならないが、だからといって両領域の前提条件の相違を不問に付してよいことにはならない。二つの理論領域は編別構成上は並列されているが、論理的前提のレベルから異なる問題領域として設定されているのであり、単線的な理論展開にはなじまない。「市場生産価格論」には、こうした論理的な前提条件の違いを考慮していないところに、根本的な陥弊があったと言える(18)。

また地代論の場合は、優等条件による供給が制限されている状況を想定するため、複数の生産条件が同時に同種商品を生産していても、確定的な価格水準を決定することができる。しかし、市場価値論では全ての生産条件が再生産可能であり、誰でもいつでも採用できると想定する以上、地代論の構図の流用も慎まねばならない[19]。複数生産条件の同時稼働という市場価値論の特徴的な前提を堅持する限り、生産価格論や地代論と同じように一つの価格水準の導出を結論しようとするのは、論証上の無理を招くのである。

とすれば、『資本論』で掲げられている市場価値論の論証構造そのものに、再考の余地があることになろう。複数の生産条件が並行的に稼働している前提から、重心となる一つの価格水準として市場価値を規定する結論の導出を展望しようとすれば、論理的な健全さを損なうことにならざるを得ない。もし複数生産条件の同時稼働という前提を価値論の展開のうちに取り込んだ上で、なおその状況において市場価値という概念を有意味なものとして用いようとするなら、市場価値概念は、『資本論』で追究されているような、ある価格水準ではあり得ないと考えるべきである。逆に、重心となる価格水準の決定を利潤論の結論として目指すのであれば、複数生産条件の同時稼働という前提から始める理論領域そのものが排除されるべきであろう[20]。

ここで、市場価格の重心を規定できないからといって、資本主義の下で各生産部門への資本・労働配分が不可能となるわけではないことには注意が必要である。ある確定的な価格水準が決定できなければ、市場価値論において一般的利潤率も導出できないことにはなるが、それは資本主義的な生産編成を説けないことを意味するわけではない。一般的利潤率が得られないからといって、個別産業資本としては生産を停止すべきことにはならないし、資本移動も一般的利潤率を基準としてではなく、近傍の個別資本の利潤率の動向を観察しつつ行われると考えるべきであって、一般的利潤率の不成立によって資本による社会的生産編成が成り立たなくなるわけではない。したがって、価格水準の決定を結論できないことは、複数生産条件の同時稼働という前提から出発する問題領域を廃棄してよい直接の理由にはならないのである。むしろ、その前提を蹂躙することなく理論を展開する方途こそ、原理論体系第三編の価値論としては積極的に追究されるべきである。これは、前節にて流通論の議論の進展を眺めたことで明らかになってきたところである。

複数生産条件の同時稼働という市場価値論の前提と、価格水準の決定という到達目標との間に横たわる間隙を思い起こすならば、市場価値論にて考慮すべき市場的要因についても、二つの側面を峻別すべきである。市場を需給均衡による「一物一価」の成立する場としてイメージし、価格水準の決定を至上命題としている限り、市場価値論の前提に力点を置いた再構成は展望できないことになってしまう。しかし利潤論では、利潤率最大化を目標に相互に競争する、個別産業資本の運動がまず以って考察の起点となるのであり、「一物一価」も、仮にそれが成立するのだとしても、それはあくまで結果に過ぎない。市場価値論の需給均衡論的処理にあっては、この個別産業資本の競争関係と「一物一価」の成立とが、ひとしなみに市場的要因として組み入れられてきた憾みがある。仮に「一物一価」の市場が成立しないにしても、個別産業資本の競争が、複数生産条件の同時稼働を孕んだ社会的再生産の構造をどう処理し、市場価格の変動に対する資本主義的な規制作用をどのような形でもたらすかという、市場的要因を加味した問題を立てることは可能であろう。

かくして「市場」価値論たる所以も、単に市場価値の水準決定に需給調整のメカニズムを導入するところではなく、市場を介した資本主義的な個別資本の競争が、複数生産条件の同時稼働の処理にいかに関わるかを考察するところに求められてくる。そこで続いて、個別産業資本の競争の現れとしての投資行動が、どのように市場価値論のレベルにおいて理論化されるべきかを論じてみたい。

3　二重の投資行動

前章で触れた「プラン問題」としてかつて多くの論争を巻き起こしたことからもわかるように、『資本論』第三巻における競争の扱い方については一概に論じ得ない問題があるが、その第十章は章題「競争による一般的利潤率の均等化、市場価格と市場価値、超過利潤」からして、競争が全く考察対象から外されているとは考えられず、内容的にも部門間の差異を意識した個別資本の運動についての考察が試みられていると読めるところがある。そうした論述は、必ずしも同一視できないいくつかの観点を示している。ここではそれらの整理を通して、市場価値論における投資行動について注目されるべき特質を抽出していくこととしよう[21]。

『資本論』では、市場価値規定をひとまず与え終えた後に「需要と供給の不均等と、その結果生じる市場価値からの市場価格の背離を見分けることほど容易なことはない。本来の困難は、需要と供給の一致をどう理解すべきかを規定することにある」(K., Ⅲ, S.199) と述べられ、市場価値どおりの販売が成立する機構そのものを議論に付し、その論脈で資本の投下がいかにしてなされるかについての言及が見られる。そこでは、実際には需給が一致することはないにもかかわらず、経済学では需給一致が想定される根拠の一つとして、以下のような説明が与えられている。

> なぜなら、それら[需要と供給]の不均等は相反する性質のものだからであり、また不断に相次いで起こるのであるから、それらの相反する方向によって、相互の対立によって、均等化されるからである。……こうして、市場価値から背離する市場価格は、その平均数から見れば、市場価値に均等化される。というのは、市場価値からの諸背離はプラスおよびマイナスとして解消されるからである。そしてこの平均数は、決して単に理論上の重要性を持つのではなく、資本――多かれ少なかれ一定の期間における諸変動と諸均等化を考慮に入れて投下される資本――にとって、実際上の重要性を持つのである。(K., Ⅲ, S.199,200.[　]内は引用者)

ここでの市場価格の市場価値への「均等化」は、一見需給均衡論的な価格の運動を説いたもののように読める。そこで需給の不均等が「相反する性質のもの」であるのは、市場価格の変動に応じた資本移動によって需給が調整される所以であり、その結果市場価格の重心としての市場価値が成立すると解釈することはできよう。(22) しかし厳密にそのように理解すると、市場価格の「均等化」を経て成立した「平均数」としての市場価値が、資本投下にとって「実際上の重要性を持つ」という最後の一文の意味は解しがたい。投資が市場価格を参照して行われるとする限り、その重心は結果的に成立するものに過ぎず、投資行動そのものに影響することにはならないはずだからである。

そうだとすると、投資が反応する場合について、より立ち入った規定が必要となる。資本が「多かれ少なかれ一定の期間における諸変動と諸均等化を考慮に入れて投下される」というのは、投資は多少の「諸変動」では喚起されないという意味にもとれる。そのような観点からすれば、市場価格の市場価値への「均等化」も、市場価格の変動を引き寄せる点が存在するということではなく、そうしたばらつきが、ある範囲ではノイズとして個別資本に度外視される結果だ、ととることもできよう。引用部に見られる「均等化」には、その具体的な過程にまで踏み込んで考えてみれば、投資の行われ方について二つの観点が混淆しているのである。

続く段落では、より具体的に需給の一致の機構が展開されるが、そこでは必ずしもそれに還元されない調整過程へ論及しながら、資本移動を市場価格の変動にしたがうものへと絞り込んでゆくこととなっている。

需要と供給とは、それらの不均等によって引き起こされる作用の解消を非常に様々な形で遂行することができる。［I］例えば、需要が減り、それゆえ市場価格が下がれば、そのことは資本が引き上げられて供給が減らされるという結果に導きうる。［II］しかしまた、そのことは、必要労働時間を短くする諸発明によって市場価値そのものが低められ、それによって市場価格と均等化されるという結果にも導きうる。［III］これとは逆に、需要が増え、そのため市場価格が市場価値以上に騰貴すれば、そのことは、この生産部門に多すぎる資本が供給されて生産が増やされ、その結果、市場価格そのものが市場価値以下に下落するという結果に導きうる。［IV］または、そのことは他方で、需要そのものを元に戻す価格騰貴に導きうる。［Ⅴ］またそのことは、あれこれの生産部門では、市場価値そのものが長短の期間にわたって上昇するという結果にも導きうる。というのは、要求される生産物の一部分がこの期間中、より悪い諸条件の下で生産されなければならないからである。（K., Ⅲ, S.200.［　］内は引用者）

見られるように、［Ⅰ］と［Ⅱ］が需要減少の場合、［Ⅲ］から［Ⅴ］までが需要増大の場合に相当し、そのとき発生する調整のプロセスが問題にされている。［Ⅰ］と［Ⅲ］では、資本移動とそれに伴う供給量の増減が、市場価格の変動に応じて引き起こされるとされており、需給均衡論的な価格決定が説かれ、個別資本はそれに感応するとされている。(23) ただ［Ⅲ］に補足される［Ⅳ］では、資本移動を介さない調節過程への視角が見てとれよう。この記述は、それ自体としては「需要増大⟶価格騰貴⟶需要減少」という単なる循環論法になっており、理論的意義を見出しがたい。とはいえこれが［Ⅲ］の資本移動による需給調節と併記されていることに留意すれば、必ずしもあらゆる市場価格の変動が資本移動を引き起こすものではなく、生産規模の変化を伴わない、市場に内在した何らかの調節的構造を考察すべき課題を看取しうる。(24) しかしこの後者の観点は、翻って投資の行われ方の考察に活かされることにはなっていない。そのため［Ⅲ］と［Ⅳ］は、需要増大に対する二通りの反応を、ただ羅列したという印象を拭えない記述になってしまっている。

他方［Ⅱ］や［Ⅴ］では、需要の変動に対して、市場価格ではなく市場価値が変動することが論じられている。需給の調節の役割が、［Ⅰ］や［Ⅲ］で述べられるような、市場価格に事後的に反応する資本移動に還元されず、市場価値そのものの変動にも求められているのである。しかし問題は、その市場価値の変動をどう説明するかにある。［Ⅱ］では市場価値の低落が技術革新に起因するとされるが、こうした事態が需要の減少局面に固有のものとして描かれているとすれば、それは限定的に過ぎよう。技術革新による市場価値の低下は一般に起こりうるという想定で読むこともできるが、その場合は市場価格の変動に先行した市場価値の変動もあり得て然るべきであり、そのパターンを積極的に位置づける必要が生じてくる。［V］で市場価値の上昇の原因とされる劣等条件による生産は、ここでは一時的なものとされていると解するより外ないであろうが、それでは［V］のみが異なる時間的位相に置かれていることになり、生産条件の差異を明示した舞台設定が特殊化されてしまう。［II］と［V］の説明は、むしろ市場価値と市場価格のズレの解消を目的論的に追究しているようにも読め、必ずしも［I］や［III］の資本移動による説明と同程度の説得力があるとは言えない(25)。

こうして資本移動の要因が、需給関係による市場価格の変動一般へと絞られてくると、市場価値概念のプレゼンスは低下してこざるを得ない。実際『資本論』第三巻第十章のテキストにおいても、章末に向かうにつれて、資本移動についての考察が、生産価格の成立と絡めて行われるようになってゆくのであり、市場価値およびその前提となる複数生産条件の同時稼働の問題は、その背後に退いていくのである。需給関係に応じた資本移動の介在により「不断の不均等の不断の均等化」(K., III, S.206) が発生し、その結果として生産価格が成立するという、周知の議論である(26)。需要に対する調節的生産条件による市場価値の決定の議論というのは、この「不断の均等化」を生む資本移動の機構に、市場価値論を取り込んだものと言ってよい。しかし、ここまで見てきた『資本論』第三巻第十章のテキストからは、他方で伏流化してゆく、いわば市場価値論に固有の調整過程が読み出される。こちらを今一度理論の俎上に載せることが、需給均衡論的な理解から脱するには不可欠となろう。

そのためには、市場価値論の舞台設定を、個別産業資本の投資行動のうちに改めて位置づけ直す必要がある。してみると、さしあたって同部門内に複数の生産条件が並在している場合には、市場価値論の需給均衡論的処理において最大の要衝となっている、需要に対する追加供給という方式のうちに、固定資本投下を伴うものと「流動資本的拡張」

に止まるものとの二つのパターンがまずは区別されなければなるまい[27]。生産条件は、機械設備のような、継続的に生産過程で使用される生産手段によって規定される側面が大きいとすれば、「流動資本的拡張」では基本的には所与の生産条件の下で追加供給がなされるのに対し、固定資本投下の場合は生産条件の選択が可能になるからである。固定資本を捨象して理論値としての生産価格を導出した前章に続いて、複数生産条件の同時稼働を市場価値論の主要問題とするならば、市場価値論においては、この生産条件の差異という要因が固定資本の投下にどう影響するかという問題を考察しなければならない。

そして既に前節から強調してきたように、複数生産条件の同時稼働という市場価値論の舞台設定は、特定の一部門のみに適用されるわけではない。市場価値論では、原則として全ての部門に複数の生産条件がありうると想定すべきである。その場合、生産条件の差異に起因する特別利潤を、資本にとっての部門間の相対的な有利さを表す超過利潤一般から区別して取り出すことは、投資行動の分析にあたり重要になってくる[28]。複数の部門に複数の生産条件が並存していれば、部門間の需要の格差とは別に、生産条件の賦存状況に応じた特別利潤の量的格差が、部門間に横たわっていることになるからである。

需給均衡論的処理においては、資本移動そのものは部門間の需給の均衡に向かう不断の運動と捉えられ、生産条件の差異は、資本が各部門に配分され終えた後、特別利潤またはマイナスの特別利潤の発生を規定する段になってはじめて、個別産業資本にとって意味を持つ要素として扱われる。しかし、こうした投資行動についての理解は、流通過程の不確定性に対する、生産条件の差異の特性を適切に捉えているとは言えない。確かに特別利潤は価格なしには規定され得ない概念であるが、生産条件の差異に基づくものであるから、流通過程における不確定的な変動からはひとまず独立した発生根拠を有する。個別産業資本は固定資本によって俊敏な資本移動を制約されており、かつ流通過程の不確定性に晒されているとすれば、需要の変動は不確定要因と判断せざるを得ず、それに起因する部門間の有利不利で固定資本を投下できる場合は限定的となる。ある部門に着目してみても、そこには純利潤率の大きさを異にする多数の個別資本が存在する。当該部門の動向は、その部門内の各個別資本のパフォーマンスの総体として掴むしかなく、その中での平均もあくまで一指標としてしか役に立たない。それに対し、優等条件による特別利潤は、原価レベルで認識可能な、生産条件の確定的な較差に基づいている。したがってその部門間での量的格差は、固定資本の投下にとっていわば第一義的な動因となるのである。

さらに固定資本の制約は、裏を返せば、一旦固定資本を投下した後の個別産業資本の直接の競争相手が、他部門の資本ではなく、同部門内の他の資本であることを意味する。同部門内競争にあっては、自らの稼働させる生産条件の優等さは確実な費用価格の低さを意味し、いわばそこでの競争の基礎体力をなす。商品が買いを待つ在庫として市場に止め置かれ、競争的に売りに出されている市場においては、同種商品には、その生産条件の違いにかかわらず、同じ一つの価格が付くが、現金を獲得する必要に迫られ、販売価格を引き下げざるを得ないときには、その成否が原価の格差によって決まる。費用価格の高い劣等条件は、平時に敢えて優等条件への切り替えをすぐさま迫るものではないにせよ、有事のリスクを思えば、固定資本の導入に際して新規に採用されることはない。無規律的な市場において、生産過程が資本に包摂された状況を理論の出発点に据えればなおのこと、個別産業資本の固定資本投下にとって、生産条件の選択は、流通過程での変動に対する予測に比肩する重要性を帯びる。それは、同部門内における技術革新の誘因に矮小化してよい問題ではないのである。(29)

かくして市場価値論における投資行動は、需給均衡論的なそれとは様相を異にしたものになろう。個別産業資本は、一方で部門間の流通の好不調を見極めようとしながら、需要格差追求型の資本投下を行いつつ、他方では部門内に複数の生産条件が同時に存在することを踏まえ、部門間の生産条件の分布状況を比較しながら特別利潤追求型の投資を試み、それらを通じて最も有利な部門に資本を投下しようとする。このように、大別して二重の判断基準で以って投資は履行されるのである。

前章で、流通要因を省いた粗利潤率と、それを考慮した純利潤率とに利潤率概念を二重化したが、それはここでの投資行動の二重性に対応する。ただし、ここでは両方の利潤率に、固定資本が算入されなければならない。その上で、固定資本を含めた純利潤率が最大化すべき最終目標になるが、だからといって生産条件の優等性を端的に示す粗利潤率が無視されるわけではない。利潤率最大化という至上目的が達成されなければならないからといって、その目的に対する手段も単一でなければならないわけではないからである。

従来より、利潤率最大化という目的が意図せざる結果として利潤率均等化を達成するというように、個別資本の視点から見た目的と結果のギャップは再三強調されてきた。しかし個別資本の視座に立つ方法は、利潤率最大化という目的のための手段に対する構造的な分析をも同時に要請する。同部門内に複数の生産条件の同時存在を認める、マルクス経済学固有の舞台設定を持つ市場価値論は、その点において独自の課題を担う。需要の大小については流通過程の不確定性を免れぬゆえ、個別産業資本は単純に需要だけで投資部門を決定するのでなく、固定資本投下後の同部門内競争を見越し、生産条件の優等性に関する部門間比較を実行するのである。

4　社会的生産編成の態様

以上のような二重の投資行動を理論に実装すれば、市場の捉え方に影響を与えずにはいない。市場が不断の変動に晒されているということ自体は争われることのない現象であり、理論的にはそれを捉える枠組みが問題になる。需給均衡論的な資本移動を想定するなら、この市場の変動は対称的かつ相互的なものと捉えられる。市場価格に対し重心を措定できるのは、そこからの上方運動が資本移動を介しそれを抑える下方運動を伴い、逆もまた然りだからである。

それに対して、前述のような二重の投資行動を考える場合、こうした対称性は結論できない。特別利潤追求と需要格差追求は、利潤率最大化のための異なる手段であり、それゆえこの二つの動きが打ち消し合い収斂する極点を考えることに理論的な意味はない。均衡論のターミノロジーにおいては、これでは調整されない不均衡しかあり得ないことになる。とすれば、均衡／不均衡の二分法で市場を捉える均衡論の視点そのものを転換することが、むしろ要請されてこよう。需要格差追求型と特別利潤追求型の二種類が相並ぶ投資行動を考えるとすれば、それは単に従来の需給論的な部門間競争の行われ方に、資本移動の要因をもう一つ追加するという話には止まらない。根本的に社会的生産編成のあり方が変わってしまうことになるのである。(30)

そもそも、社会的生産編成の量的変動からは相対的に独立に生じる、流通過程の不確定性に起因した変動は、特定の商品種に対する需要のみが高まる事態を説明できない。流通論レベルのような、資本が生産を包摂する以前の段階の主体として、買い手はそれぞれどの商品を買うことが自らの利得に資するか、周囲を参考にしつつも個別にばらつく判断を下すという状況を設定したとすれば、そこでは均衡という静的な概念が無意味になる一方で、ある部門への需要の集中も考えにくいことになる。つまり、ある商品への需要を構成する、買い手の個別性・相互独立性からは、個別主体ごとの販売量や流通費用の支出額の日々の変動は発生しても、それ以上の確然とした需要の格差は導出できない。ところが、固定資本の制約を抱えた個別産業資本にとっては、需要の部門間格差が顕著な場合にのみ固定資本の投下は可能になる。とすれば、固定資本の投下に際して問題となる需要の格差は、個別産業資本が主体となる利潤論レベルにおいては、それ自体が説明されるべき対象として捉えられなければならない。

してみると、需要の変動とは区別された投資の誘因として、特別利潤の部門間の量的格差は理論的な重要性を帯びてくる。すなわち、特別利潤を追求した投資は、需要自身の変動とは無関係に供給を増減させ、結果として供給に対する需要の大きさを部門間で異ならしめることになる。需要そのもののランダムな変動とは根本的に異質な供給側の量的変動は、それに応じて部門間での需要動向の構造的変化を引き起こすわけである。これによる部門レベルでの有利さが、直ちに個別資本に超過利潤として帰属するわけでは必ずしもないが、部門選択の指標として有効な需要の格差は、こうして特別利潤追求型投資行動によって契機を与えられる。むろん、需要格差追求型の投資行動の場合でも、投下先の部門における優等条件が採用されることになるが、そこでの特別利潤量が他部門に比して必ずしも大きくなくても、需要の相対的大きさにより他部門より有利だと判断されるわけである。このような二重の投資行動は、特別利潤追求型投資行動が内発的に創出する部門間の需要の格差に応じて、需要格差追求型投資行動が発動するという、論理的な前後関係を有する。

こうした見地は、市場に見られる変動・分散を、商品経済一般に通ずるそれに還元せず、資本主義固有のものとして捉える枠組みを提供する。需給均衡論的な観点の下では、市場価格の変動と投資とは相互規定的であり、資本投下の契機として市場価格の変動は不可欠なものになる。このように、あらゆる市場の変動要因がひとしなみに市場価格の変化に凝縮して表わされ、それに応じて投資が引き起こされるとすれば、流通資本の投下も、結局のところ生産資本の社会的配分の延長線上に行われるに過ぎないことになろう。

それに対し、二重の投資行動は、市場価格の変動からはさしあたり区別して考えることができる。生産条件の差異に基づく特別利潤の追求は、市場価格の変動とは独立であるし、需要の部門間格差も、それが特別利潤追求型投資行動による数量規模の変動にまずは起因する限り、ひとまず市場価格の変動を介さないものとして想定しうる。二重の投資行動が第一次的に達成するのは、流通過程の不確定性として発現する日々の変動とは区別された契機に応じて、部門間に生産資本を配分し、社会的な生産編成をなすことなのである。この二重の投資行動の下では、固定資本投下を喚起するに足りない日々の市場の変動を受け止める緩衝帯として、流通資本にも固有の存在意義が認められることになる。

むろん個別産業資本の視点からすれば、この二種の変動は明確に選り分けられるものではなく、むしろその見極めが投資決定の勘所になる。それでも、部門レベルの変動に応じて投下される生産資本に対し、流通資本は、個別資本ごとに対応せざるを得ない、ランダムな変動へのバッファになると整理でき、両者の位置づけは理論的には区別されると言えよう。この流通資本は、前章で触れた流通論で描かれるような、価値に規制されつつ付されたある価格で、商品が時間をかけて販売に供されながら、各々買い手がつくのを待ち、需要の偶然的変動を数量的な変動で吸収する、商品在庫を構成する。かくして、流通資本の投下とは区別された、社会的生産編成を遂行する二重の投資行動の原理は、資本主義の下での市場が流通論という形で社会的再生産から相対的に自立した理論対象たりうることを、利潤論の次元において裏づけることになるのである。

ただしこのとき、価値概念そのものには、流通論でのそれに照らして、新たな展開が加えられているわけではない。固定資本の投下を含め、社会的生産編成が資本の部門間競争を通してなされることが明らかになれば、流通論で想定されるような在庫のある市場が、各部門で概して安定的に現出することになるが、そうした部門間競争そのものは、在庫のある市場において同種商品間に内在的に成立する価値の概念を、追加的に説明する要素にはならない。部門間競争とそれを通じた社会的生産編成は、商品に内在する価値が成立する場を形成する、特に有力な条件ではあるが、唯一の条件ではない。

そしてこのような流通論の市場、すなわち価格以外に差別化されない同種の商品が大量に市場に滞留し、それが競争的に売買されている市場を想定することのうちに、市場価値論で前提とされている、同種商品についての生産条件の差異も、市場では無差別に扱われるということが含まれていた。そのため、流通論で明らかにした価値概念の部分集合として、市場価値なる概念が新たに登場することにはならない。これは、同部門内に複数の生産条件があるとき、生産価格論のように各部門に単一の価格基準を導出することができないことから、部門間競争の態様を具体的に論じるというところに課題を再設定したことの帰結である。在庫のある市場と、その下での同種商品に内在する価値概念を具備した流通論は、市場価値概念をそのうちに解消する。

それでも、市場価値論で扱われていたトピックが全て霧消してしまうわけではない。そこでの前提であった、複数の生産条件が同部門内に存する状況は、社会的再生産に立ち入る以前の流通論では議論されない。したがって、それは生産価格論に続いて、むしろこれまで以上に意識的に考察していくべきテーマとなる。

してみると、従来の生産条件の差異についての認識が、価値概念との関連性を探るという課題設定自体によって規定されていたことに気づく。『資本論』においては、生産条件の差異は、その生産条件によって商品に対象化される労働量の違いで以って把握されていた。これは『資本論』における価値概念が、基本的には労働時間によって規定されることに対応していると言ってよいであろう。他方、宇野は流通論では価値概念を労働量からはひとまず独立に措定したが、原理論の第三編部分に属する市場価値論においては、『資本論』に見られる労働時間による市場価値規定に対して、特段疑義を呈することはしていない。宇野が問題としたのは、ある商品を生産する複数の生産条件から価値を決定するにあたり、市場の要因を加味するかどうかということであり、その複数の生産条件そのものを、何を以って区別するのかというところではなかった(31)。

しかしまさにここにこそ、議論の分かれ目が存する。生産条件の差異それ自体は、その生産条件を用いたときに生産過程に費やされる労働時間（いわゆる「生きた労働」）や、投入される生産物の種類・量の違いでしかなく、そのままではどれが優等でどれが劣等なのか決めることはできない。商品に対象化される労働量による区別というのは、敢えて労働量で生産条件の優劣をつける理論上の操作を伴ってはじめて可能になるのであって、その操作を行う根拠は、畢竟投下労働価値説にある。もし生産条件の複数性を扱う理論領域が、価格水準の決定という狭い意味の価値論の課題から解放されるならば、むしろこの生産条件の差異の認識における、市場的要因の役割が問い直されてよい。すなわち、資本は生産条件が確定的に有する投入と産出の技術的な関係を、価格によって評価した上でその運動のうちに取り込むのであり、個別資本にとって商品に対象化された労働量は何らの実際的意味をも持たない。生産条件の優劣とは、その意味ですぐれて市場内的な規定として与えられるべきなのである。

資本の部門間競争が、生産条件の差異によって生じる特別利潤を求める投資行動をそのうちに含むとすると、この生産条件の優劣規定は、投資行動とそれによって編み上げられる社会的生産編成に影響を与える。そしてその社会的生産編成が、在庫のある市場の成立条件の少なくとも一部を構成するとすれば、生産条件の優劣のあり方は、市場の根源的な性質である無規律性をも左右することになる。そこで第Ⅰ部の最後に、複数の生産条件に対する価格評価がどのようになされ、それが資本主義的市場の無規律性をどう規定するかを考察することとしよう。これはもはや市場価値論の問題ではないが、これまでの市場価値論研究の先に浮かび上がってきた、資本主義的市場の構造をめぐる新たな問題領域である。

第3節　生産条件の優劣と資本主義的市場

1　生産条件の優劣の部門間依存性

市場にて価格で評価した生産条件の優劣を理論的に捉えるためには、いくつかの問題をクリアせねばならない。まず、実際に各生産条件を稼働させている個別資本の純利潤率を比較してみても、その優劣を知ることはできない。流通過程の不確定性のために、劣等条件を使用している個別資本が、市場部面で必ず不利になるとは限らないからである。劣等条件を使用する個別資本が、優等条件を使う資本よりも偶然高い純利潤率を上げているような部門においても、その部門にこれから参入することを考えている資本は、当然優等条件を採用しようとするが、流通的要因によってそれが見分けにくい状況に置かれることになるのである。

とすれば、生産条件の優劣を判断するにあたっては、個別的・偶然的な変動を被る流通的要因は捨象してかかる必要がある。すなわち、流通費用や流通資本といった流通内の費用支出・資本投下については、評価からは除外して考えなければならない。売れ残りとしての滞貨や稼働率の増減もまた、流通過程の不確定性により発生すると考えられるため、その期に生産した商品は全て売れることを仮想する必要も出てくる。(32) すなわち前章で見たように、個別産業資本が最大化を目指すのは、流通的要因を含んだ純利潤率であるが、それとは別個に、競争の効果を反映しながら、技術的確定性で以って決まる粗利潤率の次元を理論上想定することが要される。生産条件の優劣の判定は、このうち後者の粗利潤率の決定方式に即して考察されるべきである。

ただし、生産価格論で規定した粗利潤率の概念は、本章で考えたい複数生産条件が同部門内に並在する状況と、一見両立しない。粗利潤率の算出には、技術的に確定的な価格比率である生産価格が用いられるが、これは部門間で均等な粗利潤率を与える価格である。こうした理論値としての生産価格の成立には、固定資本の捨象とそれに伴う各部門での生産条件の単一性が前提とされることは、前章で論じた通りである。それゆえ、この仮想的な生産価格体系を基礎とする粗利潤率を、複数生産条件下でも生産価格論と同様に一般的利潤率と等しい値と見て、そのまま運用することはできない。

しかし、このように具体的な競争を問題にした途端、生産価格体系自体を形式的に棄却してしまうとすれば、それを理論値として区別し、その仮構性を明確にした意味がない。生産価格体系を仮想するのは、そこからのズレとその意味を考察するためであって、理論値の非現実性を再確認するためではない。資本主義的市場の理論としては、理論値としての生産価格の成立を確認した上で、それがいかなる形で個別産業資本の競争に対する分析ツールとして役立ちうるのかが問題にされねばならない。

実際、部門内に複数の生産条件が存しようとも、部門間で自由な競争が行われる限り、利潤率均等化への圧力自体は働いており、その力は潜在的には生産価格体系を成立させる素地をなしている。そうした競争圧力の下で、もし各部門ごとに一つずつ生産条件を選び取ってきたとすれば、どのような生産価格体系が成立するのか、といった仮想問題は、生産条件の差異の解消を俟たずとも立てることができる。そればかりでなく、個別産業資本としても、生産条件の技術的スペックの評価に際しては、短期で変動してしまう市場価格に頼るのではなく、ある程度長期的な価格水準を推計しておこうとすると考えられる。むろん、視野に限界のある個別産業資本が精確に生産価格を見定めることは不可能であるが、そうした技術評価のための推測値の近似として、理論上生産価格を用いることは許されよう。

してみれば、本書第一章で見た、理論値としての生産価格には、部門内での複数生産条件の並存という今の舞台設定にあっても、一定の存立の余地が認められてよい。それを決定する二部門モデルの価格方程式を左に再掲しておこう。記号の意味は第一章を参照されたい。

$$\begin{cases} (k_{11}p_1 + k_{12}p_2)(1+r) = p_1 \\ (k_{21}p_1 + k_{22}p_2)(1+r) = p_2 \end{cases} \qquad (1\text{-}1)$$

なお、$k_{ij} \geqq 0\ (i = j)$ かつ $k_{ij} > 0\ (i \neq j)$ である。ただ、部門内における複数の異なる生産条件の同時並存は、生産条件の変更を妨げる固定資本の存在を伴い、それは利潤の量的規定に影響する。つまり、投下されている固定資本が他部門に比して多額であれば、費用価格が同一であったとしても、その部門には他部門よりも多くの利潤が与えられなければ均等な粗利潤率は達成されないから、このような、費用価格にそのまま一般的利潤率をかける価格方程式はやはり不十分である。しかしここでは、単純化のためにこの利潤部分への量的な影響は無視し、マージンをそのまま平均利潤とみなしている。[33]

この生産価格は、右の式にも表されているように、ある部門の生産物が他部門に投入されるという、部門間の投入産出関係を基礎に成立する。生産条件の評価が、このように社会的再生産の物量的連関を媒介する生産価格によって行われるということは、特定部門の生産過程を個別に抜き出してみても、一般には生産条件の優劣はつけられないことを意味する。生産条件の優劣を評価すべき価格比率は、社会的再生産の有機的連関の中で決定されるので、各部門でどういう生産条件が採られるかによって、生産価格も変化するからである。ある二つの生産条件について、投入財の種類が共通しており、一方の生産条件が他方よりも全ての種類の投入財を多く（または少なく）必要とするという、物量のみで優劣をつけられる特殊な場合を除き、生産条件の優劣は部門内で完結した問題ではなく、社会的再生産全体で稼働している各生産条件に依存するのである[34]。

ただし、もし生産条件が複数存する部門が一つしかなく、他の全ての部門では生産条件が斉一であるとすると、その部門での生産条件の優劣は、他部門からの影響を受けず、部門内のみで決定される。優劣の評価基準となる生産価格自体は全部門の相互連関の中で決まるが、その生産価格を変化させうる生産条件の差異が自部門内にしかない場合は、いわば周囲の環境を一定とみなし、そこから独立に生産条件の優劣を与えられたものとすることができるのである[35]。従来の市場価値論のように、特定部門だけを取り出して生産条件の優劣を問題にするのは、このような暗黙の前提の上に立っている。

しかし、今我々が考察の対象としている、複数の部門に複数の生産条件がある状況においては、他部門の生産条件の差異が、生産価格の変化を通して、自部門の生産条件の優劣に影響する。ある財を相対的に多く使う生産条件は、その財の価格が高くなればなるほど不利になるし、逆ならば逆である。そのため、ある財は相対的に多く投入されるが、別の財は相対的に少ない量で済む生産条件というのは、価格水準によっては、比較対象となる生産条件よりも優等であったり劣等であったりする可能性がある。部門間の投入と産出を通じた有機的な連関の中で、別の部門の生産条件として何が用いられるかによって、ある部門の生産条件の優劣が逆転しうるのである。こうした可能性は従来の市場

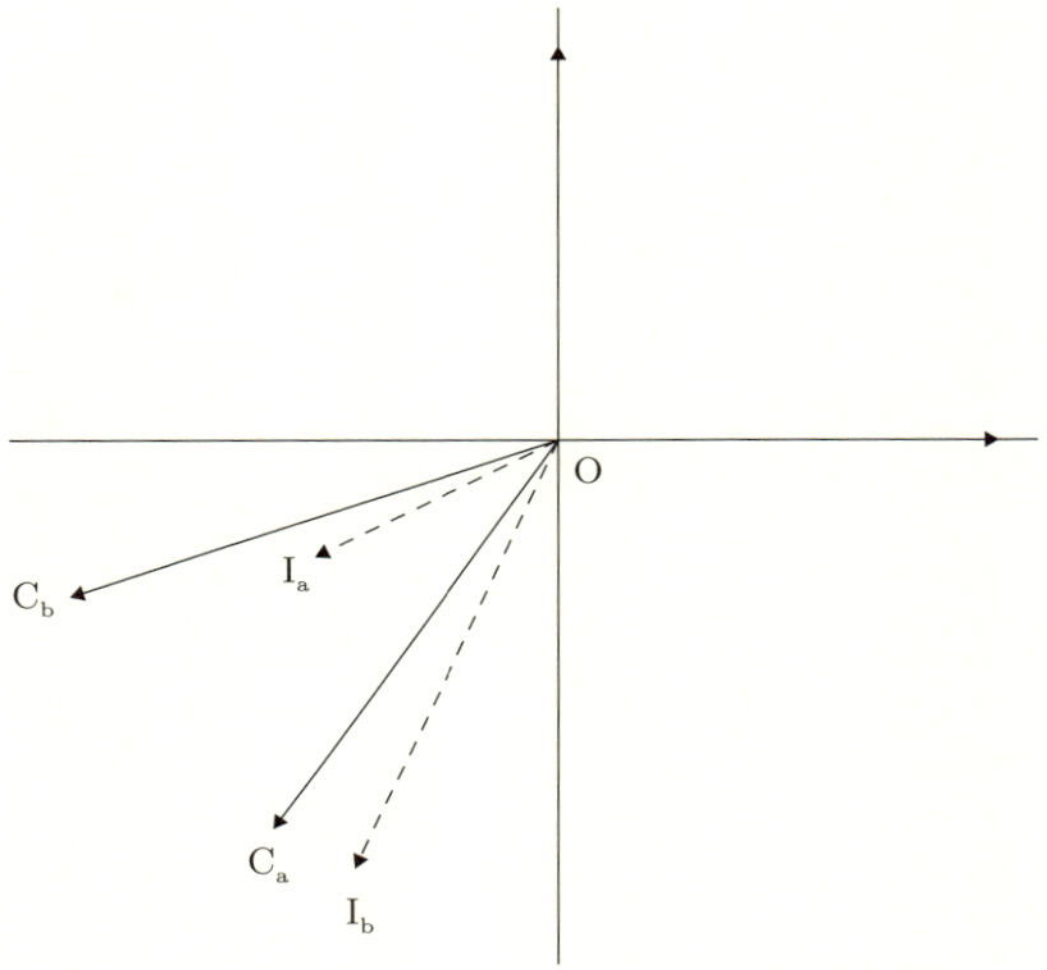

図2−1　4つの生産条件

価値論では全く想定されてこなかった事態であり、各部門に生産条件が複数ありうる理論は、特定部門のみに複数の生産条件がある状況の延長線上では議論できない。

具体的な数値例を使って、生産条件の優劣の逆転を考えてみよう。第一財として小麦、第二財として鉄をとり、投入と産出の関係を矢印で結んで、生産条件を表現する。小麦生産部門には、次の二つの生産条件があるものとする。

小麦7kg＋鉄10kg ⟶ 小麦20kg　（生産条件 C_a）

小麦12kg＋鉄4kg ⟶ 小麦20kg　（生産条件 C_b）

鉄生産部門にも、同じように二つの生産条件を想定しよう。

小麦6kg＋鉄　3kg ⟶ 鉄20kg　（生産条件 I_a）

小麦5kg＋鉄11kg ⟶ 鉄20kg　（生産条件 I_b）

これら四つの生産条件を、小麦の物量を横軸、鉄の物量を縦軸にとった座標軸上に図示してみよう。投入をマイナスの物量、産出をプラスの物量とし、例えばC_aを生産条件C_aの投入量を表す点とする。産出ベクトルは、小麦のみ、または鉄のみから成るので、x軸およびy軸上に描かれる。区別をつけやすいように、小麦の生産条件は実線のベクトルで、鉄の生産条件は破線のベクトルで描くことにしよう。すると、図2－1を描くことができる。

今、$\mathrm{C_a}$ と $\mathrm{I_a}$ が、それぞれ小麦と鉄の生産条件として、生産価格を決定するものとしよう。このとき、先に再掲した価格方程式 (1-1) を用いて、生産価格 p と利潤率 r は、次の連立方程式を解いて得られる。

$$\begin{cases} (7p_C + 10p_I)(1+r) & = 20p_C \\ (6p_C + 3p_I)(1+r) & = 20p_I \end{cases}$$

ただし、p_C は小麦の価格、p_I は鉄の価格である。これを解くと、$p_I/p_C = 0.6, r \fallingdotseq 0.54$ となる。この生産価格の下で、小麦の生産に生産条件 $\mathrm{C_b}$ が用いられると、$\mathrm{C_b}$ が小麦部門に与える利潤率は

$$\frac{20p_C - (12p_C + 4p_I)}{12p_C + 4p_I} = \frac{7}{18} \fallingdotseq 0.39$$

となる。小麦生産に $\mathrm{C_a}$ を用いた方が、$\mathrm{C_b}$ を用いるよりも高い利潤率を得られるので、$\mathrm{C_a}$ の方が $\mathrm{C_b}$ よりも優等な条件ということになる。

このことを、価格ベクトルを使って、先のベクトル図上で確認してみよう。一般に、横軸と縦軸にそれぞれ第一財の量と第二財の量をとった図中において、任意の点から正規化されたベクトルに対し下ろされた垂線の足と原点との距離は、その点が表す第一財と第二財の組合せをそのベクトルで評価した価額になる。$\overrightarrow{\mathrm{ON}} = (x, y), \overrightarrow{\mathrm{OP}} = (p_x, p_y)$, $|\overrightarrow{\mathrm{OP}}| = 1$ として、$\overrightarrow{\mathrm{OP}}$ への $\overrightarrow{\mathrm{ON}}$ の正射影を OH、$\overrightarrow{\mathrm{ON}}$ と $\overrightarrow{\mathrm{OP}}$ がなす角度を θ とすると、

$$\begin{aligned} xp_x + yp_y &= (x, y)(p_x, p_y) \\ &= \overrightarrow{\mathrm{ON}} \cdot \overrightarrow{\mathrm{OP}} \end{aligned}$$

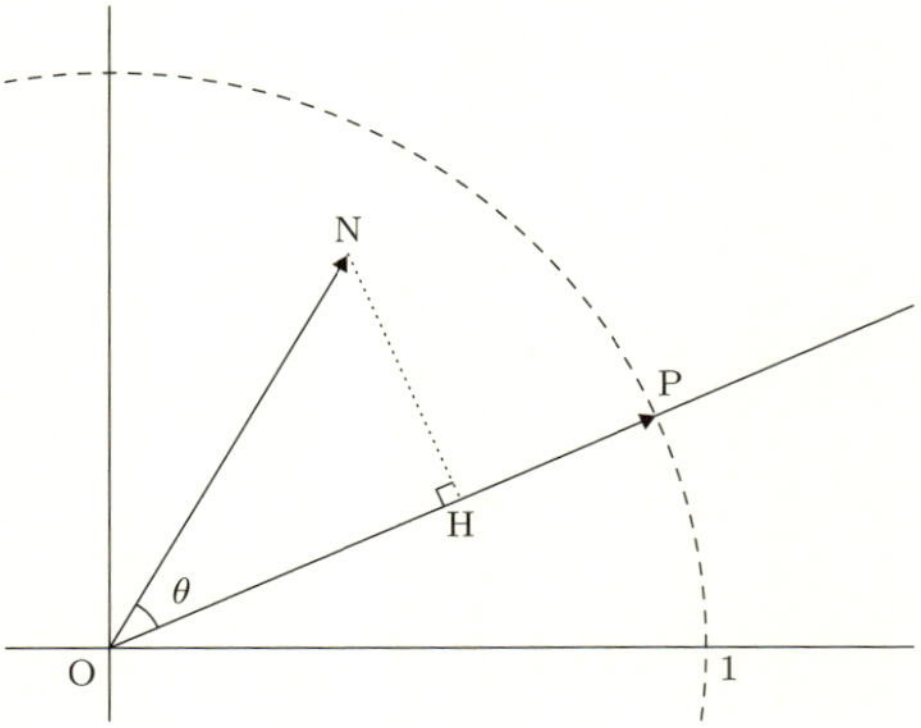

図 2−2　価格ベクトル

$$= |\overrightarrow{\mathrm{ON}}||\overrightarrow{\mathrm{OP}}|\cos\theta$$
$$= |\overrightarrow{\mathrm{ON}}|\cos\theta$$
$$= \mathrm{OH}$$

となる（図2－2参照）。この$\overrightarrow{\mathrm{OP}}$が、価格ベクトルである。

先の図2－1から、今関係のない鉄生産条件$\mathrm{I_b}$を取り除いて、小麦生産条件$\mathrm{C_a}$と鉄生産条件$\mathrm{I_a}$から計算された生産価格をそこに描き込むと、図2－3のようになる。価格ベクトル$p = (p_C, p_I)$上で、同じだけの産出を得るのに、$\mathrm{C_b}$は$\mathrm{C_a}$よりも多くの額の投入を要する、つまりコストが大きいということが、第三象限に示されているのがわかる。

続いて、$\mathrm{C_a}$と$\mathrm{I_b}$とが生産価格を決める状況を考えてみたい。このときの価格方程式は、次のようになる。

$$\begin{cases} (7p_C + 10p_I)(1+r) & = 20p_C \\ (5p_C + 11p_I)(1+r) & = 20p_I \end{cases}$$

これは、$p_I/p_C \fallingdotseq 0.93, r \fallingdotseq 0.22$を与える。このとき$\mathrm{C_b}$が小麦生産部門にもたらす利潤率を、先と同様に求めてみると、

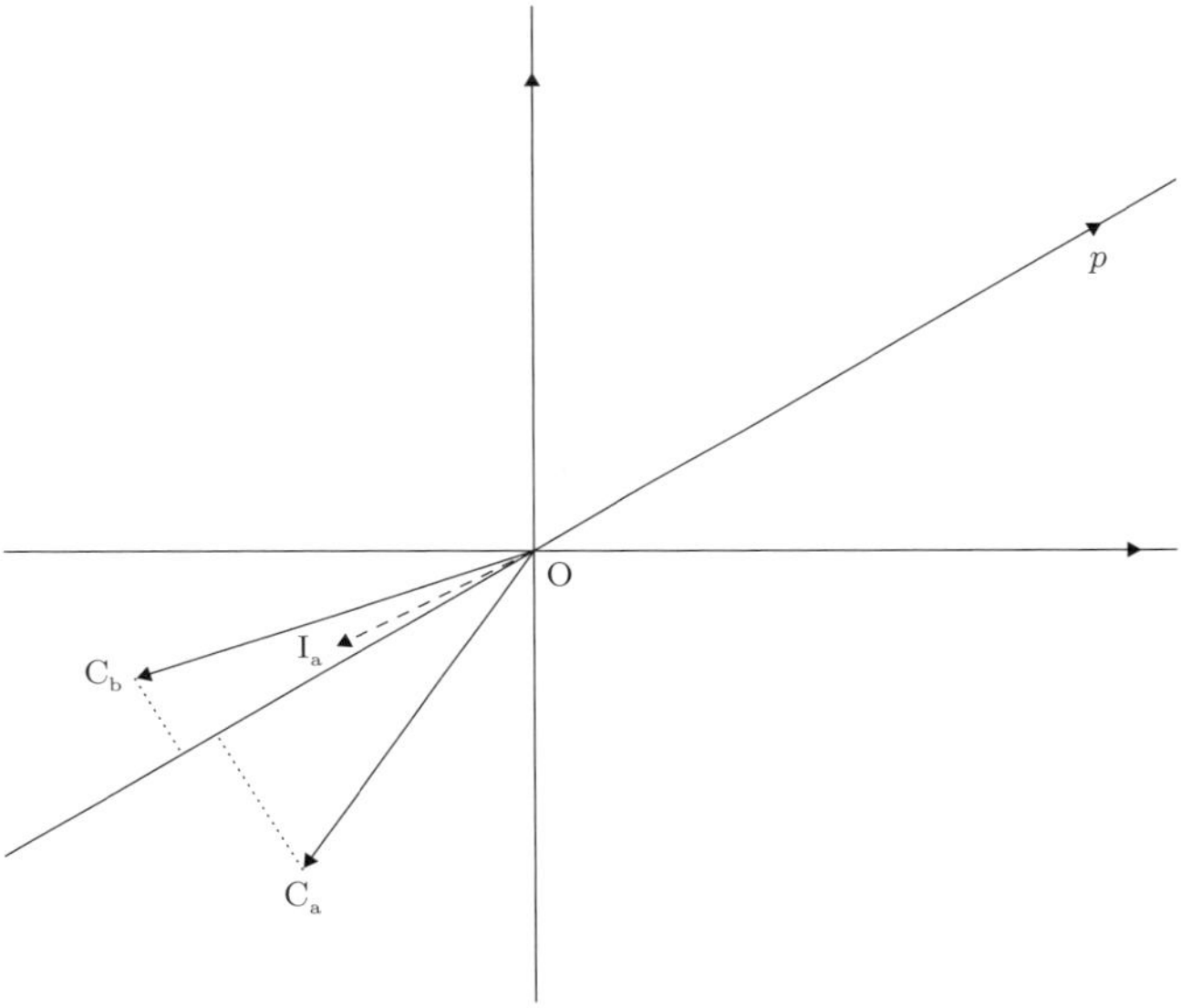

図２−３　C_a が C_b より優等なベクトル図

$$\frac{20p_C-(12p_C+4p_I)}{12p_C+4p_I} \fallingdotseq \frac{107}{393} \fallingdotseq 0.27$$

となり、小麦生産においてC_aを用いるよりも有利となる。したがって、小麦の生産条件としてC_aが、鉄の生産条件としてI_bが、小麦と鉄の間の交換比率である生産価格を決定する場合には、C_bの方が、C_aよりも優等条件となり、その間の優劣が逆転することになるのである。

先ほどと同様に、このことをベクトル図で見てみると、図２−４が描ける。今度はC_aの方がC_bよりも多額の投入を必要としているのがわかる。このように、同じ生産条件でも、それが他部門との関係で、どのような生産価格を成立させるかによって、その優劣が入れ替わってしまうことがありうる。(36)

2　生産条件の優劣の不可知性

このような生産条件の優劣が個別産業資本にとって問題となってくるのは、投資の際に新たに生産

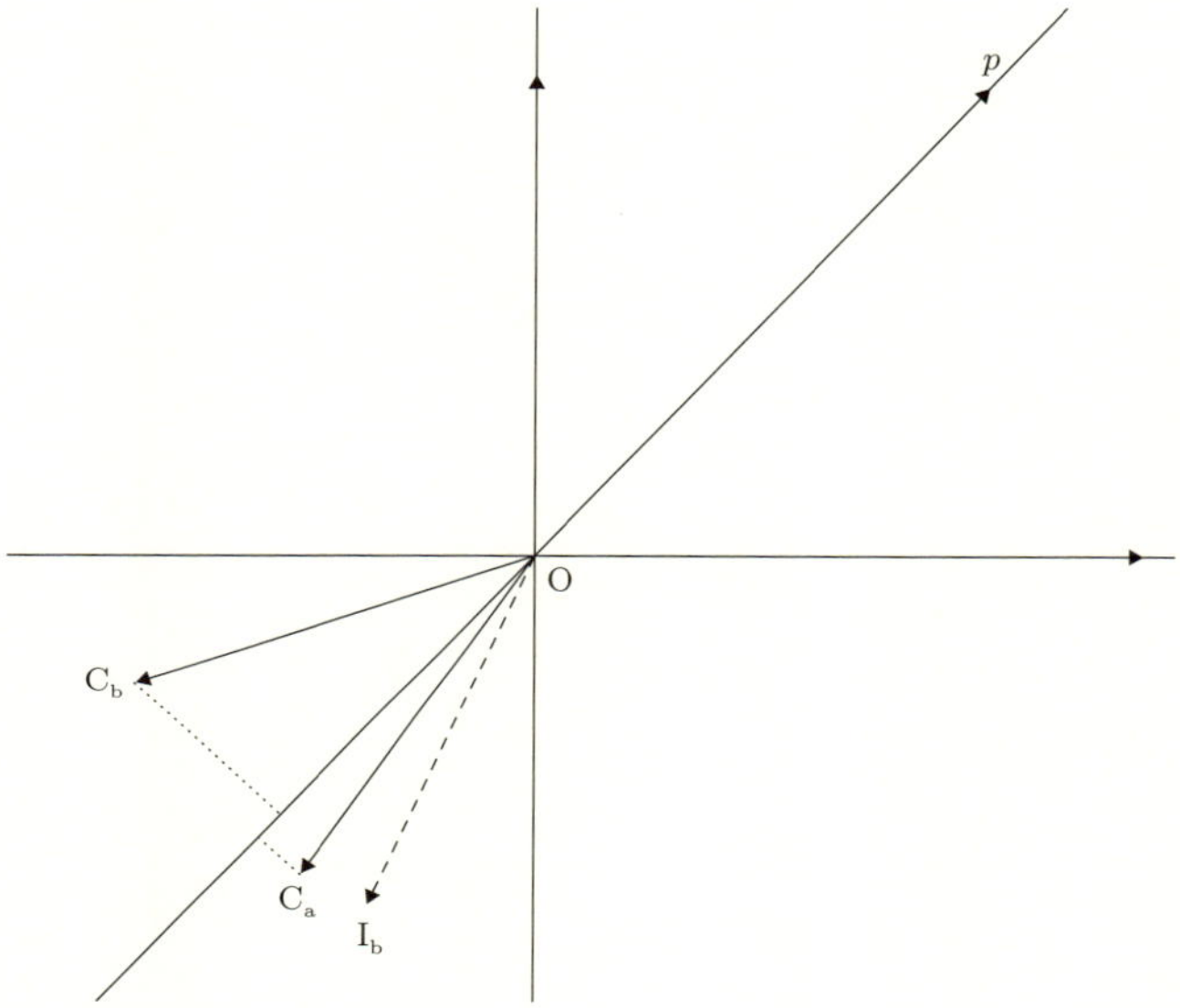

図2−4　C_b が C_a より優等なベクトル図

条件を選定しなければならない局面である。生産条件の選択といっても、原材料の品質等、流動資本レベルに限定されるものであれば、個別資本も比較的手早に切り換えてゆくことが可能であり、さしたる困難はないと言ってよい。したがって、あらゆる種類の生産条件の選択が投資行動と関係しているわけではないが、特に固定資本を投下する場合には、投資部面の選択を含む戦略的な判断が求められ、その際の固定設備の採用にあたっては、それによって規定される生産条件の選択が問題となってこよう。固定資本投下は、生産条件の選択を伴うのである。

　とすれば、固定資本投下の際には、個別産業資本が当該部門における生産条件の優劣について知悉していることが必要となる。現実には、いくら生産条件そのものが技術的確定性を持っていたとしても、生産条件の選択を伴う投資行動には様々な障害がつきまとう[37]。しかし、資本主義における市場の特性に照らして、個別産業資本にとっての根源的な問題として取り上げるべきポイントを考えようとすれば、資本の価値増殖という脈絡に、いかに生産条件というそれ自体市場外的な要素を組み込んでゆくのかという、市場と社会的再生産の臨界面をなす問題に自ずとその焦点は絞られてこよう。価格評価による生産条件の優劣は、産業資本が資本であるがゆえに直面するものとして、原理的な問題となるのである。

今、各個別産業資本は、自部門で用いられている生産条件についてのみならず、他の部門において稼働している生産条件についても全て把握しているとしよう。すなわち、自部門や他部門についての生産条件に関する情報の不足は、考慮しないこととする。この場合、各部門でどの生産条件が選択されれば、一般的利潤率が最も高くなるかは、個別資本にとっても判然としていることになる。例えば、小麦生産部門にも鉄生産部門にもそれぞれ二種類の生産条件がある先の例において、個別資本がこれら四つの生産条件の存在を正確に認知していれば、小麦の生産条件としてC_aが、鉄の生産条件としてI_aが、それぞれ生産価格を規定するとき、社会的再生産全体にとって最大の一般的利潤率が達成されるという認識に到達できる。

もちろんこれは二部門に二つの生産条件しかない非常に単純な状況であり、無数の生産部門に無数の生産条件がある、より現実的なモデルにおいては、この計算は累乗的に複雑になる。しかしこの計算の困難さも、今は問わないことにしよう。それでもなお、個別資本がこの社会的に最適な生産条件の組み合わせを実現し、その下で生産条件の優劣の判定を行うことは困難なのである。それは、とりもなおさず複数の生産条件が同時に稼働しているという、当初の問題設定に起因する。個別資本にとって、この生産条件の差異は独力では動かしがたい事実として立ちはだかる。自らの生産ラインにおける生産条件の差異すら、その違いが固定資本の違いによるものであるとすると、それは固定資本の制約を受け、容易に解消することはできない。ましてや他人が用いている生産条件については、それが自分の稼働させている生産条件よりも劣等であるからといって、打ち棄てるように仕向けることはできない。

むろん、劣等条件を用いる資本は、部門内において原則として不利な競争を強いられることになり、それは生産条件の差異を解消していく方向に働く。しかし繰り返し強調してきたように、無規律な市場においては、生産条件レベルの優劣が、直接流通過程における純利潤率の高低として現れるわけではない。劣等条件を用いていても、流通過程の偶然的・一時的要因により、高い純利潤率を達成する余地が十分ありうるのが、無規律性の意味するところである。こうした状況では、他部門はおろか、自部門においても、競争を介して個別資本が単独で生産条件を斉一化させるということはあり得ない。個別資本が分散的に社会的再生産を編成する資本主義的生産様式においては、複数の生産条件の併存は個別資本にとって所与であり、その状況下で個別資本は自らの利潤が最大になるよう動く。社会的再生産全体を鳥瞰し、最適な生産条件の組み合わせが判明したところで、それは個別資本にとってはいわば理想社会に過ぎず、そこに自力で到達することはできないし、その実現を俟って行動するわけにもいかない。個別資本は、まずは生産条件が複数ある現状を直視し、それに取り組むより外ないのである。

とはいえ、仮に生産条件の差異があらゆる部門において存在するとしても、全ての商品の価格は基本的に一つであることが、本書においては前提されている。商品はそれに内在する価値に規定された一つの価格を持ち、そこから散発的に値下げが行われることはあるとしても、大部分の商品はその安定的な相場価格で売買されている。相場価格が各商品で一意に定まるのであれば、その価格で全ての生産条件を評価すれば、その優劣も一意に定まる。最高の一般的利潤率を与える生産価格を生産条件の優劣の判定基準に用いることができなかったとしても、現在の相場価格は、個別資本にとってもある程度現実的に依拠できる基準となりうる。

ただし相場価格が確実であるのは、あくまで現在のところにおいてである。既に前章でも議論したように、相場価格そのものが更改される事態は、理論においても排除されるべきではない。各部門で生産条件が単一であり、かつその商品が転売に付される資産商品でさえなければ、相場価格は生産価格に規定され、かなりの安定性を示すものの、生産価格自体が変更されてしまえば、相場価格も動かずにはいられない。今ここで考えている、生産条件が部門内に複数あるような状況においても、それが前章に言う世代交代型の商品であれば、相場価格はそのうちいずれかの生産条件が規定する生産価格に相応する可能性が高いと考えられるが、その相場価格が今後維持されるかどうかは全く不透明である。特に生産条件の選択が必要となる局面が、固定資本を投下する際であるとすると、現行の相場価格が固定資本の稼働のタイムスパンにおいて継続すると考えてよいかどうか、慎重な判断を要する。

とすると、複数の生産条件が稼働していることが判明しているのであれば、固定資本の投下にあたっては、それらの生産条件が規定しうる複数の生産価格の存在を検討することが必要となってくるはずである。相場価格が一定と考えてよいのは、せいぜい数回分の流動資本の回転スパンであり、その限りでは価格は一意であると言ってよいが、固定資本を投下する場合には、生産条件の優劣の判断を現在の相場価格にのみ委ねるわけにはいかないのである。その場合、理論上個別産業資本としては、成立しうる複数の生産価格全てに基づき、生産条件の優劣を判定する必要がある。小麦と鉄の二部門にそれぞれ二つの生産条件がある例において、小麦の生産条件の優劣を判定しようとすれば、鉄の生産条件として I_a をとる場合の優劣と、鉄の生産条件として I_b をとる場合の優劣の両方を考慮しなければならないわけである。

したがってこのとき、先の設例のように、小麦の生産条件の優劣が逆転することがあるとすれば、それは流通過程の不確定性とはひとまず区別された、生産条件の価格評価が遂行される粗利潤率の位相において、個別産業資本にとって小麦生産部門での優等条件が判別できない状況を意味する。こうした生産条件と賃金という技術的・実体的要因に生産条件の優劣規定の困難が根ざす場合、それを流通過程を特徴づけるキーワードとして用いられてきた不確定性・不確実性と区別して、生産条件の優劣の不可知性と呼ぶことにする。これは、情報の不完全性や経済計算の非現実性からも独立な、資本主義的市場に固有の問題である。

3 無規律性の変容

してみると、資本による社会的再生産の編成には、流通過程の不確定性とは別に、生産条件を価格機構により処理することに起因する固有の問題が備わると言えよう。資本による社会的生産編成は資本移動を通じて行われ、それは不確定的な流通的要因に晒されながら「不断の不均等の不断の均等化」を呈するとされてきた。しかし固定資本投下に個別資本による生産条件の選択が伴うことを考慮すれば、少なくとも、生産条件の優劣が分かる場合と、その不可知性が発現してくる場合とでは、資本移動の態様が異なってくると考える必要があろう。

全部門で優等条件の判別に困難のない場合には、生産条件の優劣の判断を下しながら、部門間の需要の強弱をできる限りで見越して、資本移動が逐次的に行われていくと言ってよいであろうが、優劣が不可知な部門があれば、当該部門への資本移動の際に必要になる生産条件の選択にとって、それは桎梏となりうる。それは部門内でのマージンの相対的多さをもとにした流通部面での活動に対する支障として端的に現れ、個別産業資本にとって最も直接的な同部門内競争の見通しを悪化させることになろう。劣等条件を採用している個別資本が追随できないような販売価格の引き下げといった戦術は、その部門で自分が採用している生産条件の優劣が分からなければとりえない。

もう少し厳密に言えば、現行の相場価格が与えられてさえいれば、その時々で生産条件の優劣はつくから、その限りで値引き販売を試みること自体は可能である。しかし、生産条件の優劣が不可知となっている部門においては、相場価格の推移次第で、そうした優位性が蝕まれる恐れがある。この影響は、相場価格が生産価格とリンクしていればいるほど大きくなる。生産価格を有する商品であっても、その価格形成が生産価格ベースでなされていなければ、その生産条件の優劣の不可知はそもそも問題にならない。生産価格を尺度とした生産条件の優劣が不可知であったとしても、相場価格が生産価格に応じて決まっているわけではないとすれば、その部門で生産に従事する個別資本にとってそれは関心ごとにならないからである。そのような部門では、生産価格とは離れた相場価格の推移に即して、生産条件の優劣が決まることになり、いわば流通過程の不確定性に生産条件の優劣規定が晒されることになる。このように、転売型の商品に対しては、生産価格の規制力が弱く、したがってその生産は、ここで考察してきた生産条件の優劣の不可知性の影響をあまり受けない。それに対して、相場価格が生産価格に強く規定される世代交代型の商品については、生産条件の優劣の不可知性が、個別産業資本の移動の障害となる。こうした部門は、商業資本ならいざ知らず、生産過程を包摂し、流通と生産の両方に資本を投下しつつ価値増殖を図る、産業資本の移動先としては適当とは言えないのである。

むろん、生産条件の選択は個別産業資本の固定資本投下に際し考慮されるべき要素のあくまで一つであるから、これだけで一般にあらゆる産業資本が生産条件の優劣の不可知性を孕む部門を避けるとは断言できない。ただし、そうした不可知性が発生していない部門、あるいはそもそもそうした不可知性とは無縁の部門が他にあるにもかかわらず、敢えて不可知性の存する部門に資本投下が惹きつけられるとすれば、それは少なくとも流通過程の不確定性として発現する市場そのものの変動・分散の範囲を逸脱した、大きな利得がその部門にて予期されうる場合でなければならないであろう。市場に滞留している在庫の中身が入れ替わる世代交代型の商品については、在庫の存在によって価格の天井が重く規定されている以上、そのように流通フェーズでの判然たる利得がもたらされる場合は限定的であると考えられるから、その部門への資本流入は、やはり生産条件の優劣の不可知性の発現の影響を免れない。

このようにして、固定資本投下が生産条件の選択を伴う限り、生産条件の優劣のあり方は、個別資本の投資行動を介して、市場の様態に影響を及ぼす。流通論レベルでこれまでも考察されてきたように、市場はそれ自身のうちに変動・分散を内蔵するが、利潤論ではそうした変動そのものの資本主義固有のあり方が、投資行動を媒介に一段具体化されるのである。

個別産業資本にとって生産条件の優劣の判断にさしたる困難がない場合には、資本移動は部門間・商品種間での有利不利を均す効果を多かれ少なかれ発揮する。優等条件の採用を基礎としつつ、売れ行きが良いと個別的に予測した部門に蓄積資金・償却資金が投下されてゆくことにより、部門間で需要の格差が決定的に開く事態は例外的となろう。こうした部門間移動は、原則として労働生産物について考えられてきたが、生産価格がないタイプの商品であっても、基本的には同様である。生産価格の有無や同種性を維持する方式を問わず、資本の部門間移動は純利潤率の高低をめぐってなされ、緩やかにではあるが、結果として部門間の需要の格差を均すように働くと言ってよい。

この点について本書は通説的な考え方を大枠において踏襲しているが、本書で乗り越えようとしてきたのは、この利潤率をめぐる部門間競争の動きを、価格の動きにダイレクトに結びつける見方であった。資本主義的市場の商品の価格動向はもっと複雑であり、そこを理論的に分析することが、資本主義に歴史的に固有な市場の動態を切り出す上で不可欠な作業なのである。そこで前章では、均衡価格で取引され財がクリアされる市場に替え、同種の商品が大量に滞留している市場を設定し、そこで価値と生産価格という二つの基準の持つ規制力の表れとして、価格の動き方を考察した。こうした在庫のある市場では、価格はもちろん動かないわけではないが、多くは価値に規制された相場価格で購買される。そのため、市場の無規律性は、価格そのものより、概して販売期間と在庫の規模の数量的な変動として現れる。ある商品種に対する需要を所与としても、部門内に存する多数の個別資本は、その間でいわゆるシェアをめぐる競争を繰り広げるのであり、個別の販売量は決して均一になることはない。部門間での相対的な需要の大小がバランスしているときには、価格は安定性を見せる一方で、個別商品レベルで販売期間が無規律にばらつき、その中で個別資本の熾烈な同部門内競争が繰り広げられることになる。

それに対し、生産条件の優劣に不可知性の横たわる部門が出現し、資本移動が偏向化することになれば、市場の態様も変化を被る。ある世代交代型の商品の生産において、生産価格を評価軸とする生産条件の優劣が判別できなくなると、その部門に追加投資されるはずだった資金は、そうした障害のない、より有利な投資先を求めて、他部門へと流れていくことになる。

このとき、同じように生産価格を有し、同種商品の流出入の激しい商品種の生産へと投資が向けられることもないわけではないだろうが、多くの場合そうした商品の生産には既に多数の資本が携わっており、新たな資本の参入は容易でないと考えられる。とすると、資金の行き先は大きく二つに分かれる。一つは、同じく世代交代によって同種性を維持しているが、その生産過程に技術的確定性がなく、生産価格が成立し得ない商品の市場である。ここでも、既存の商品種についてはやはり先行する資本が多数存在するであろうが、技術的に確定的な生産過程を抱えていない分、特に労働過程におけるリストラクチュアリングを通して、さらなるコストの調整が達成されうる可能性があり、そこに新規参入が成功する余地がありうる。また、その産業が未成熟であり、それゆえに生産過程に技術的確定性が確立されていないような部門があれば、そこもやはり他部門からの資本の受け皿として格好の標的となる。いずれのパターンにせよ、新規の資本が流入してくることになれば、当該部門の中での競争は激化する。生産価格のない商品には再生産ベースの原価がないため、他に特別な条件がなければ、部門内競争の激化が、相場価格自体の下落を伴う価格競争に結実してしまう可能性が高い。そうした部門では、相場価格が低落していく中で、コスト削減を達成できた資本は利潤を確保し生き残るが、それに耐えられない資本が退出していく二極化が進んでいくことになる。

投資資金が向かうもう一つの領域は、同一の在庫が持ち手を変換されながらプールされている、転売型の商品市場全般である。こうした市場もまた、社会的再生産の領域から資本が流出してはじめて成立するというわけではない。利子や配当、あるいはより高い価格での売却による差益を求めて、ここにも既に多数の資本が入り込んでいる。しかし転売型の商品市場においては、ある商品種の売り手は、ずっとその商品のみを売り続けるわけではない。より多くの収益を得られると予想した商品に自らの資産構成を次々と変えていくことで、運用益の最大化を図るのがそこでの基本的な行動パターンである。そこへの新たな資本の流入は、世代交代型の商品市場とは異なる意味を持つ。世代交代型の商品市場では、ある部門への新規参入は、その部門内での競争の厳しさを増すことになるが、転売型の商品市場では、新たな参入者はまずはその商品種の買い手として入り込む。したがって、その部門に先行者が既に存在することは、転売型の商品市場では問題にならない。ただし、買い値よりも高い価格で売れなければ、転売型の商品を買う意味はない。そのため、転売型の商品市場が投資のターゲットになるのは、原則としてそこで相場価格の上昇が予想される場合に限られる。世代交代型の商品市場に新規参入するのが、そこでのコスト的な優位性が確保できる場合であるのとは、ちょうど逆の関係になるのである。

もちろん、価格上昇の予想は予想でしかなく、外れることもあるが、こうした資本の動きは、転売型商品の価格の上方推移を実現する原動力になる。予想に反して価格が上昇しなかった場合には、値引きをして売り抜けなければならない資本も出てくるが、他部門からの資本流入がある程度継続する状況では、全体としては相場価格の上昇が基調として現れることになろう。既に前章にて述べたように、転売型の商品市場は、本来的にこうした価格の上方推移がなければ駆動しない市場であるが、資本主義的市場の一部として資本の価値増殖運動に組み込まれ、資本の移動が全ての部門に関して自由かつ円滑に行われうる限り、そこでも大量の同種商品が価値に規制された比較的安定的な相場価格で売買されていると考えてよい。それに対して、資本の配分が全部門に無差別に行き渡るのでなく、社会的再生産の物的連関に属する部門から投資資金が移動してくる場合には、この相場価格の安定性そのものが揺らぎ、価格の水準が押し上げられることになる。

資金が生産価格の成立しない世代交代型の商品市場に向かうか、それとも転売型の商品市場に向かうかは、その時々の条件による。もし複数の部門において、ある程度の長期間にわたり生産条件の優劣の不可知性が産業部門への投資を妨げるようなことがあれば、この二つのルートの両方が活用されることで、社会的再生産ベースの領域に比してそれ以外の経済領域のウェイトが大きくなり、資本主義的市場の構造全体が変質することになろう。その場合、資本主義的市場の無規律性も、販売期間や数量的な変動から、価格の変動へと発現の態様を変容させる。確かに、いずれの商品市場においても、同種大量の商品が市場に詰め込まれているという構造は共通であり、その限りで販売期間の無規律的な変動は避け得ない。しかし、社会的再生産の領域外で資本の運動が展開されると、世代交代型の商品では価格の下落、転売型の商品では価格の上昇という別々の方向にではあるが、いずれにせよ個別資本の競争が価格の変動となって顕著に現れてくるのである。このように、生産条件の優劣規定は、資本主義的市場の下で生じうる、二つの異なった形の無規律性の態様を、理論的に区分するメルクマールとなる。

＊　＊　＊

無規律性というタームは、流通過程の不確定性を、特に生産の無政府性と区別して強調するものである。個別資本が私的に生産に従事しており、部門を超越して生産をコントロールする主体が不在であるから流通過程が不確定になるのではなく、それは個別的にばらつく判断に基づき利潤を追求する資本主義の市場自体に備わる性質なのである。その無規律的な市場の下では、同部門内に複数の生産条件が並在する市場価値論の舞台設定は、むしろ自然な想定となる。とすれば、個別産業資本は、流通過程にて有利な部門を求めて競争するだけでなく、優等な生産条件が利用可能な部門かどうかも精査しつつ、投資すべき生産部門を決めると考えるべきである。生産への投資が有利かどうかは、そうした二重の判断基準を持つのであり、したがって社会的再生産の状態次第で、個別資本の投資行動は変わり、市場の無規律的な態様もそれに伴って変化する。生産条件の優劣が不可知になる場合には、資本は市場における価格関係の相違をとりわけ積極的に攫おうと試みるのであり、無規律性は特に価格変動として現出しやすくなるのである。需給均衡論的な価格理論は、こうした資本主義的市場の局部的な特徴のみを一般化したものと言ってよい。

資本主義における市場は、資本と労働の実体的関係を隠蔽するベールに過ぎないわけでもなければ、技術的確定性を持つ生産過程に対して、単に不確定性を呈するに尽きるものでもない。流通論次元の市場そのものに認められる無規律性の内容は、社会的再生産の資本による全面的包摂を踏まえて、もう一度捉え返されなければならなかった。市場の無規律性は、複数の生産条件とそれをめぐる個別産業資本の判断についての分析を梃子にしつつ、市場の様態を掘り下げて捉えうる理論的展開を要請するのであり、それは単に市場価格の重心としての生産価格を措定することに解消されない、資本主義的市場の動態に迫る基礎理論となるのである。

註

（1）続く段落では、二つの分業の違いは「社会的分業の無政府性 Anarchie とマニュファクチュア的分業の専制 Despotie」（K., I, S.377）とも言い換えられている。Hilferding[1910] でも「商品生産社会の無政府性」（S.36）が強調され、資本主義における変動・分散の問題が、社会的生産の位相に吸収され集約されることとなっている。

（2）宇野 [1962] 二〇一および二二五、二二六頁参照。

（3）宇野 [1930] 七三、七四頁では、先の Hilferding[1910] の「無政府性」の観点が、ヒルファディングの貨幣論の誤謬の根底にあるとして批判されている。また、貨幣論における市場の無規律性の意義に、マルクス自身の議論の発展を追いつつ、古典派との対抗関係から照射した論考として、小幡 [2013] 第四章がある。

（4）本間・富塚編 [1994] の第三部では、洋の東西を問わずマルクス経済学の研究が包括的にサーベイされているが、欧米の論者の名前は生産価格論と利潤率傾向的低落論に集中しているのが分かる。

（5）こうした立場は青才 [1990] viii 頁にて「生産価格論史第二期の諸見解」として挙げられている、岩田 [1964]、大内 [1964]、櫻井 [1968]、鈴木編 [1960,62]、降旗 [1965] 等において見られる。伊藤 [1981] では、本書第一章でも見たように、そうした「次元の相違」論を批判する企図から「価値の実体による価値の形態としての生産価格の規制の原理」（二七八頁）を究明し、労働量と生産価格の関係を掘り下げて追究すべきとしているが、その基本的な市場像にはやはり「一物一価」の成立が想定される。伊藤 [1989] 三六、三七頁も参照。

(6) 山口 [1987] 三五–三七、六六–七〇、一六二–一六七頁、渡辺 [1984] 一八四頁参照。
(7) この区別については鈴木 [1952] 二二一頁参照。
(8) 既に Розенберг[1931] 邦訳一二九–一三一頁では、先の「平均説」と「支配大量説」の二重規定について「実際にはこのばあい、なにも二つの規定があるのではない」(一二四頁) と述べられ、水準決定の問題を「社会的必要労働時間」の規定問題として立論していく理論展開が試みられており、そこに需要の契機が取り入れられている。こうした「社会的労働時間」概念をめぐる諸説については、城座 [1977] を参照。この議論は、需要の変動が市場価格のみならず市場価値をも変動させるように述べられている、後に「不明瞭な箇所」と呼ばれることになる部分を説明するものとして、横山 [1955] 等に受け継がれた。「不明瞭な箇所」をめぐる論争については、宇野編 [1968] や小黒 [1977] 参照。
(9) 前者の誤記説としては山本 [1962]、後者の一般規定・特殊規定説としては大島 [1965] がある。
(10) 伊藤 [1989] 一三七–一四一頁、鈴木編 [1960,62] 三〇二–三〇八頁、櫻井 [1968] 二五四–二六一頁参照。その立場からの宇野批判としては、大内 [1982] 四八〇–四九〇頁が最も網羅的かつ徹底的である。
(11) 宇野 [1971] 三五–三八頁では、宇野の主張する純粋資本主義とマックス・ヴェーバーの「理念型」との違いが市場の理解に即して論じられ、同じ需給均衡論的な市場であっても「資本主義の発展過程の内に確立された概念」(三六、三七頁) であるか否かに決定的な相違が求められている。また、宇野編 [1968] 二九〇頁では、同じ市場であっても、独立小生産者から成る市場に比して、資本主義における市場では個別資本の競争のために需給の調整速度が速いという形で、資本主義的市場の特性が押さえられようとしている。そうした資本主義の歴史性への視角そのものは正着であるが、そうだとすればそこから構築される市場理論そのものについても、調整速度のような程度問題に止まらない、商品経済一般とは区別された枠組みを原理論は提供すべきである。
(12) 宇野 [1950,52] 三三一頁参照。
(13) 櫻井 [1968] 二三一–二四〇頁では、『資本論』の市場価値規定について、二重の規定が二箇所にわたり繰り返されるテキストの構造が解読されている。二重の規定のうち第 I 規定と呼ばれているのは、需給一致の想定下で生産条件の差異を導入しつつ、その組合せを所与として生産された商品の個別的価値をもとに市場価値を規定しようとするものである (K., Ⅲ, S.187,188 および 190–194)。それに対し、需給の変動が市場価値を動かすことを加味した上で市場価値規定を与えようとするものは、第 II 規定と呼ばれている (K., Ⅲ, S.188 および 195)。
(14) 櫻井 [1968] 二三二頁では、この引用部前半を引用し「市場価値が市場価格の重心点であることがあきらかにされる」という点が強調されている。

(15) 新田 [2014] は、この市場価値論の前提について、「通常は優位、中位、劣位の三条件が仮定されるが、もちろん、これはいくらでも数を増やしてもかまわない」(八八頁) として、市場価値論に限界分析を適用している。しかし、限界分析は微分可能性を前提し、微分可能性はここでは無限数の生産条件を前提するのに対して、市場価値論における生産条件の数は有限である。ここには微分可能性や無限をめぐる概念的な問題が分厚く横たわり、簡単に市場価値論の前提を限界分析へと転換してしまうわけにはいかない。

(16) この点には、価値と投下労働量を概念的に重ね合わせ、それらが同時に規定されると考えると、さらなる困難が追加される。個別的価値の市場価値への均一化の結果、市場価値の示す労働時間に個別的価値のそれが変造されるとすると、投下労働時間の持つ客観的性格はもはや担保されない。宇野 [1964] 一六二頁では、市場でそうした労働の評価替えが生じるとされるが、こうした量的な意味での労働時間による価格決定の無理が、そこではむしろ露呈されていると見るべきである。

(17) 宇野 [1963] では、山本 [1962] への反批判の文脈で「もちろん〔生産条件の〕「組合わせ」自身は、「供給=生産の側」のことであるが、どれだけの社会的需要量かによって、その「組合わせ」自身に変化のありうることを考慮しなければ、片手落ちというものであろう」(三七一頁、原文ママ、ただし〔 〕内は引用者) とされている。

(18) 小幡 [1988] 二五四頁参照。

(19) 宇野 [1956] 八八–九〇頁では、市場価値論と地代論とは、劣等条件による価格決定を原因とする特別利潤の発生に、価値実体としての労働が含まれるか否かという「虚偽の社会的価値」に関する点において区別されるとしながら、その一方で「資本主義的生産様式の基礎の上で競争を介して貫徹される市場価値による規定」(K., III, S.673) という点においては、市場価値論と地代論とは相通ずるとされている。しかし差額地代の形成は、採用そのものが制限された優等条件の獲得をめぐる個別産業資本の競争に負うのであり、そうした競争は市場価値論では発生しない。したがって、競争論の観点からしても、両理論領域は区別される必要がある。

(20) 日高 [1983] 一七八、一七九頁では、市場価値は市場価格の「収斂する安定的な点」であるという認識の下、その論証の無理が指摘される。そこでは、生産条件の差異の中長期的な解消傾向が強調され、市場価値論の展開は放棄されている。

(21) 植村 [1991] では、市場価値論での資本移動の取り扱い方が問題とされ、固定資本の制約を強調した理論構成の必要性が指摘されているが、その下では資本移動が多様化する可能性を言及するに止められている。

(22) 宇野 [1956] 七二頁では、この引用部の前半が引かれ「価格としての運動を通していわゆる事後的の訂正によって価値を基準とする規制を受ける」とされる。

（23）こうした市場価格の変動と部門間移動とを表裏一体とみる競争観は、古典派（例えば Ricardo[1817]pp.90, 91）にも見られる。それに対し Steuart[1767] 第二編では、需要増大の場合には価格が上昇するか、あるいは「他の市場で調達される」ことになると述べられている (p.291)。ステュアートの「他の市場」というのは、輸入が増大することを意味しており、需要増大に対する市場の反応が、市場価格の上昇に集約されるわけではないことを例示したものと言えるが、二つの場合の理論的連関は追究されてはいない。

（24）小幡 [1988] 二六五、二六六頁では、ここから時間をかけて商品を販売する過程を内包した、在庫のある市場への視座が読み取れるとされる。

（25）宇野 [1962] 二二三–二二五頁では、［Ⅱ］と［Ⅴ］では重要な論点が指摘されていると評価されつつも、マルクスの市場価値規定の不十分さが、需給による価格調整メカニズムをより徹底させる方向で批判されている。

（26）『資本論』第三巻第十章では幾度か生産価格論が再論されているが、資本移動がその文脈で明示されるのは、章末付近 (K., Ⅲ, S.205,206) になってからである。しばしば平均利潤の獲得を目指す奇妙な「競争」として批判の的になってきた「その他の全ての資本は、その構成がどうであれ、競争の圧力の下で、これらの〔中位の有機的構成を持つ〕資本に均等化しようとする傾向がある」(K., Ⅲ, S.183.〔　〕内は引用者) という第十章冒頭の叙述も、均等化の過程に競争が前提されただけであり、そうした不合理な「競争」を通した資本移動を素描したものと読むべきではない。『資本論』第三巻の「主要草稿」(K., Ⅲ, S.11) である Marx[1863-67] にあっては「競争の圧力の下で」というフレーズもなく、その過程に対する視角そのものも弱い一文となっている (Marx[1863-67]S.249)。それゆえ、小林 [1979] 九〇–九五頁のように、第十章冒頭の生産価格再論部分と、章末の「不断の不均等の不断の均等化」論とを、いずれも「価値的出発点から競争過程を通して均衡化を説く競争論的議論」として一括してしまうと、市場価値と資本移動の関係が考察される中で、後から資本移動という要素が生産価格論に練り込まれる形になっている、第十章後半のテキスト構造が見逃されてしまう。

（27）この区別は、従来利潤率均等化が固定資本の制約の下でどのように実現されうるかという論脈で浮上してきた論点である。植村 [1997] 第六章、山口 [1983a] 二五二頁、[1985] 一八五頁等を参照。勝村 [2008] 一五一頁では、これまでの市場価値論は「流動資本的対応」に議論が限定されてきたとの評価が下されている。

（28）この意味で特別利潤の概念を切り出すこと自体は、ここのオリジナルではない。伊藤 [1989] 一四一頁、小幡 [2009] 一九九頁参照。

（29）Рубин[1930] 邦訳一六七、一六八頁では、均衡について目的論的で論証そのものには首肯しかねる記述ではあるが、市場価値水準の決定に、優等条件による特別利潤の獲得を目指した部門間移動が係る点が指摘されている。

(30) 西部[1995]一一三―一一六頁では、技術革新によって「生産条件の不断の分散化」が発生することを重視し、それを梃子に需給均衡論とは異なる不均衡的な競争観の提示が試みられている。しかし、新たな技術が導入されるということがなくても、複数の生産条件が賦存する状況は、それ自身需給均衡論的な競争観とは反りが合わない。市場が不均衡であるのは、技術革新が発生するからではなく、複数の生産条件の並存を許容する、市場本来の性質と見るべきである。この性質を備えた資本主義的市場が、技術革新という要因でどのような動態を展開するかは、本書第Ⅱ部の課題となる。

(31) 生産条件の差異について、宇野[1950,52]三三二頁では対象化された労働量による区別が採られていたのに対し、宇野[1964]一五六頁では「資本の大小による規模の相違」が少なくとも残存すると言及されており、そこには若干の相違が看取できる。とはいえ、その違いは詳説されているわけではない。

(32) 滞貨と稼働率の流通的要因に対する類義性については小幡[2009]二五九頁、塩沢[1990]一八―二三頁参照。

(33) 明石[2017]は、『資本論』第三巻「主要草稿」等を検討し、そこでマルクスが費用価格を分母とするものと、投下総資本を分母とするものの二つの利潤率概念を重視していたことを明らかにしている。

(34) ある商品を生産する生産条件の優劣が、その部門だけでは決定できず、生産体系全体に依存することは、Sraffa[1960]を以って嚆矢とするネオリカーディアンらによって主張されてきた論点である。Mainwaring[1984]邦訳一一七、一一八頁、Pasinetti[1977]邦訳一八八頁参照。この論点は、当初マルクス経済学の側には必ずしも適切に受け止められなかった。Dobb[1970]では、後に見るネオリカーディアンの「技術の切換え」の問題は「単に、剰余価値率の変化に伴って、価格（マルクスの「生産価格」）の価値からの相対的乖離が変化することに帰着する」(p.350)と述べられているが、この「乖離」は資本による技術選択の問題とは直接関係がなく、この要約は的を外したものと言わざるを得ない。Rowthorn[1974]でも、技術の理論的処理について「マルクスとリカードのアプローチの間にはほとんど相違が見られない」(p.84)として、ネオリカーディアンの問題提起は看過されている。日本でも、この点がマルクス経済学の理論体系に即した形で省みられることはほとんどなかったが、小幡[2009]一九八頁には、この問題が市場価値論の舞台設定に潜むことへの論及がある。

なおネオリカーディアンのこうした観点を継承する論者の一部は、生産条件の差異を投下労働量で規定しようとするとそれが不定になるケースを挙げて、投下労働価値説を論駁した。Morishima[1973]邦訳二三八―二四〇頁、Steedman[1977]pp.64, 65参照。それに対してItoh[1980]p.178では、そうした場合であっても「市場の競争の動態的役割」によって労働量は決定しうるとされたが、むろんそのことは、個別資本の観点から見た生産条件の優劣も労働量の大小として規定してよいことまで保証せず、ここでの問題を直接解決するものではない。

(35) 式(1-1)を用いてこのことを示したものとして、付録Bを参照。

(36) 式(1-1)を用いて、二部門それぞれに二つの生産条件がある場合に、生産条件の優劣の逆転が起きうることをより一般的に示したものとして、付録Cを参照。

Pasinetti[1977]邦訳一九九、二〇〇頁、Sraffa[1960]pp.82-85では、利潤率を連続的な独立変数とみた上で、その変化に応じた「技術の切換え」が論じられている。これは、利潤率を所与とすれば、常に生産条件の優劣を特定できることを意味し、その点では内容上Samuelson[1951]にて「非代替定理」として定式化されたものに相当する。この定理は、Samuelson[1961]に示唆された方向性でMirrlees[1969]によって動学化されており、Morishima[1964]第三章でも動学的レオンチェフ体系における産出係数の決定問題として深化されている。本書の基本的な立場は、価格決定を生産規模から独立と考えるMorishima[1964]の立場にどちらかと言えば近い。しかしそこでは「価格の変化は産出係数の変化を通じて産出に影響をおよぼす」(Morishima[1964]邦訳七七頁)と述べられているのに対し、本書では生産価格がこのような形で生産規模を動かす変数とは考えられていない。生産価格は、生産規模から独立な生産条件の優劣規定に用いられる一方で、各部門の生産規模は、生産条件の優劣の状況に応じて別個に変動するのみならず、流通過程の不確定性や資産市場の変動からの影響に晒されており、生産価格の決定と同レベルの定式化にはそぐわぬものと、本書では解されている。加えて、このような認識を徹底するなら、先のネオリカーディアンによる「技術の切換え」の発想とも決別することが不可避である。すなわち、技術選択に係る限りでの利潤率として、流通過程の不確定性から区別された粗利潤率をとるならば、それ単独での連続的変化は認められない。複数生産条件の同時稼働下では、複数の非連続的な粗利潤率が成立し、そこに生産条件の選択の問題が生じると考えることになる。理論値としての生産価格の成立に続いて、固定資本の制約下での部門間競争を考慮に入れ、そこから複数生産条件の問題にアプローチしてきた本書にあっては、生産条件の選択が、「非代替定理」をめぐる議論と異なり、固定資本という重荷を抱えた個別産業資本に突きつけられる戦略的課題として立ち現れるのである。

(37) この問題を原理論との関連で考察したものとして、植村[1997]二九〇、二九一頁や宮澤[2011]九一–九七頁参照。

第Ⅱ部　資本主義的市場と景気循環

第3章　景気循環における相の二要因

ビジネスの世界には景気の良いときと悪いときがあり、周期はともかくとして、それらは交互に入れ替わる。好景気または不景気が比較的長く持続することはあるが、いずれの状態も永遠に続くわけではなく、どこかで反転するというのが、現在の一般的な認識である。「景気循環」という用語は、こうした認識を漢字四文字で的確に言い表している。そしてその理論、すなわち景気循環論は、そうした景気の浮沈が発生する原因を考察する領域として、特に景気循環の経験が蓄積されてきた二〇世紀以後、経済学の大きな関心の的となってきた。

しかし、「なぜ」景気循環が起きるのか、という原因究明の問題に比して、景気循環とは「何」であるのか、という対象認識の問題は、さほど強く意識されてきたとは言えない。とりわけGDPや物価等の統計情報やそれらを処理する手法が整備された現在においては、景気の対象そのものについては、実証データを丹念に追うことでかなり具体的に確認することが可能であり、また仮説と検証を軸とする実証主義的な方法論からしてみれば、それが当然踏まれるべきプロセスであるということにもなる。とはいえ、苟も景気循環の理論を標榜するのであれば、その対象の概念規定において、生の実証データにそのまま依存し切るのは理論的態度とは言いがたい。現実に用いられている経済指標と完全に乖離した理論に意味も説得力も生まれないのは当然であるが、だからといって現実の経済の動きを分析するための基準となる理論を、分析対象からまずは切り離して構築することが放棄されてよいことにはならない。これは景気循環論においても同様である。

景気循環の概念規定問題は、資本主義経済を特殊歴史的社会として切り分けて考察の対象としてきた、マルクス経済学にとっては特に拘るべき論点となる。対岸の主流派経済学の理論は、ミクロ経済学とマクロ経済学とに分かれ、景気循環論はマクロ経済学の領域とされている。その役割分担を前提として、景気循環論が例えばミクロ経済学の価格理論との対応関係を鋭く問われることは少ないようである。しかし、そうしたミクロとマクロの区別のないマルクス経済学の理論においては、経済学における基礎的な諸概念が、一つの体系のうちに互いに有機的な関連を持ちつつ、論理的に位置づけられなければならない。景気循環論も、それが理論として展開されるならば、価値論や信用論といった他の理論領域と同様に、理論のうちに体系づけられなければならないはずであり、そこだけ不断に変わりゆく現象に寄りかかっていてよい理由はない。景気循環論も、まずはその他の理論領域の展開との関わりにおいて、論理的に構築される必要があるのである。

この必要性は、畢竟資本主義の歴史性をどう描き出すかという、マルクス経済学の存在理由《レゾン・デートル》に関わる。マルクス経済学は、資本主義を段階的に発展する経済社会として考察に付す歴史理論の一つとして、学問的な発展を遂げてきた。そして景気循環は、資本主義経済の総体的な運動であり、そのときどきの資本主義社会の歴史的特徴を端的に紡ぎ出す。資本主義の歴史理論を構築することを目的とすれば、景気循環の態様の分析は欠くべからざる作業であり、そのためには資本主義の歴史的発展の考察基準となる景気循環論が、まず以って展開されていなければならない。

してみると、『資本論』にまとまった形で展開された景気循環論がないのは、そこでの資本主義の発展段階論の不在と無関係ではないことに思い至る。マルクスの抱いていた資本主義の歴史観については、種々の論考や草稿があり、一つに断定することは難しいが、こと『資本論』のテキストそのもののメインフレームに関して言えば、資本主義の歴史は不連続的に発展するものというより、ある一方向への傾向を持つものとして描かれていると解せよう。第一巻第七編「資本の蓄積過程」では、資本規模の増大とともに機械化が進み、労働生産性の上昇に伴って産業予備軍が累進的に増大していく「資本主義的蓄積の一般法則」が説かれる。また第三巻第三編「利潤率の傾向的低下の法則」では、労働生産性が上昇していくにつれ、逆説的に利潤率が下がっていく、資本主義の長期傾向が論じられている。

むろん、段階的変化について言及している箇所はあるが、独自の編が立てられ論じられているのは、こうした傾向的変化に関してである。後に見るように、その中にも、より詳細な動態論が展開されているとはいえ、「法則」としての長期傾向に重きを置いた資本主義史観は、やはり印象深い『資本論』の一つの読み方であろう。特に「資本主義的蓄積の一般法則」を、続く第二四章「いわゆる本源的蓄積」のラストシーン、資本主義社会の崩壊説につながるものとして読むとき、不可避的な破綻に突き進んでゆく資本主義の長期トレンドが、ストーリーとしてそこに浮かび上がってくる。

このような崩壊に向かうプロセスにおいて、景気の循環的認識とその歴史分析が果たす役割はあまり大きくならない。資本主義の総体的運動が傾向法則として措定される以上、その過程での景気の浮き沈みは、いわば大河の流れの中に時折生じる小さな渦に過ぎない。スポットが当たるのは、社会システムそのものの破綻を思わせるような大規模激発恐慌の発生のみであり、したがって恐慌現象は景気循環の一過程というより、それが資本主義の最後を告げる鐘の音なのかどうか、という文脈で議論の俎上に載せられることになる(1)。

それに対して、特に日本においては、以上のような傾向的歴史観に再考を加え、『資本論』の成果をベースに資本主義の歴史的発展段階を跡づけていく試みが、マルクス経済学における景気循環論の独立を世界的にも早い時期から促したと言える。重商主義・自由主義・帝国主義の三段階を資本主義の「生成・発展・没落」の歴史として描く、宇野弘蔵の『経済政策論』（宇野［1971］）に示された発展段階論はその代表であり、『恐慌論』（宇野［1953］）における周期的恐慌の論証は、その発展段階論を基礎づけるものとして重要な役割を担った。

すなわちまず、一九世紀イギリスにて発生した一〇年周期の恐慌現象を「典型的恐慌現象」として取り出し、それを原理的な論証対象に据える。そのように、自由主義段階の資本主義に見られた恐慌現象をもとに構築された原理的な景気循環論に照らして、自由主義段階以前の資本主義と、それ以後の資本主義とが段階として切り分けられる。自由主義段階以前の重商主義段階は、資本がまだ社会的再生産を包摂するに至っておらず、専ら遠隔地交易に見られるような、安く買って高く売る活動に利潤の源泉を求めていたために、景気循環も法則性を得ることなく、偶然的・個別的事情による投機とその破綻によって特徴づけられる。他方で、一九世紀末以後の帝国主義段階においては、固定資本規模の増大や株式市場の発達に伴い、恐慌の激発性が鈍化するとともに、恐慌後の固定資本の整理が長引き、不況が慢性化する。本論でより立ち入って検討するが、このような景気循環の変遷は、資本主義の段階を画するのに一役も二役も買っている。したがって、景気循環の概念規定は、それが基礎づける歴史理論の姿をかなりの程度決めていることになる。(2)

この宇野の三段階論は、傾向法則的な資本主義の歴史観に収まり切らない、社会的・制度的な諸要因を、資本主義の発展の一側面をなすものとして理論的・歴史的に評価することを可能としてきた。しかし二〇世紀も四分の三を終えた頃からの資本主義の現実は、宇野の歴史理論、特に帝国主義段階を広い意味で基礎にした現代資本主義に対する認識の説得力を急速に損なっていった。それは社会主義を掲げたソ連をはじめとする諸国家の崩壊それ自体によるものというより、とりもなおさず資本主義についての歴史認識を、歴史理論が見失ってしまったということに外ならない。

顧みれば、帝国主義段階が一九世紀末に始まってから、既に一世紀以上が経過している。むろんその間、宇野が描いた帝国主義段階、あるいは「社会主義への過渡期」(3)規定がそのまま用いられたわけではなく、現代資本主義論としてのアップデートがなされはしたが、それらは歴史理論の全体を塗り替えるわけではなく、宇野が打ち出した資本主義の「生成・発展・没落」のシナリオは、半世紀近くにわたり大体において維持されてきたのである。(4)それだけの時間が経てば、歴史観の遷移が起きるのはむしろ自然であり、既に前世紀の末頃には、宇野の歴史理論そのものに何らかの見直しが必要であるという意識が生まれ、それは次第に多くの論者に共有され、また深化してきているように思われる(5)。今を知るには過去を理解する必要があり、その総体的な認識の枠組みが歴史理論であるとするなら、我々には今こそまさに歴史理論の再建が求められているのである。

そのためには、発展段階論のシナリオだけでなく、その背後の原理に対する批判と改革がどうしても欠かせない。原理論を大枠として堅持したまま、二〇世紀後半の新たな事態の発生に応じて、段階を細分化したり、追加したりする、いわばパッチを当てるような修正は、原理論と実証研究の関係を疎遠にし、原理論の存在意義を希薄化させる。原理論と発展段階論を峻別することは必要であるが、それ自体が自己目的化されれば、理論と実証を両輪とする経済学体系は空中分解を免れない。そして原理論のうち、特に景気循環論は、歴史的発展段階論の再構成に伴う見直しの必要性が大きい。宇野の経済学体系においても、発展段階論と景気循環論とは密に連携してきたのであって、だからこそそれらは理論および実証研究の肥沃な土壌を形成し、広範な説明力を発揮し得た。景気循環論の内容に手を入れることなしに、発展段階論を増築・改変することはできない相談なのである。

本書では、重商主義段階・自由主義段階・帝国主義段階からなる資本主義の歴史的三段階論がどのように再構成されるべきかというグランドセオリーの問題について、立ち入って論じることはしない。それは原理論だけでなく、実証研究とともに相並んで進められなければならず、原理的な景気循環論のみから新たな歴史理論を打ち出すのは難しい。ただ、発展段階論全体を再構築するに至るほどの抜本的な改革が必要とされるとき、既存の景気循環論のどこをどう再考すればよいのかという問題は、新たな発展段階論の青写真そのものとはひとまず切り離して論じることができる。これまで説かれてきた景気循環論のうち、発展段階論の規定にとってクリティカルな部分、すなわち理論の歴史性を特定し、そこに改変を加えた場合に論理的に構築しうる新たな理論像を示すことまでは、原理論本体の課題である。

そこでまず本章では、『資本論』の景気循環像を確認した上で、それを基礎に構築された宇野の景気循環論を起点とする諸研究を振り返りつつ、その中から発展段階論の基本構成を左右する論点を抽出する。具体的には、それは特に一九九〇年代以降に進められた、不況論研究に求められ、そこを足がかりにして景気循環論総体の再構築へと歩を進める。そこで、景気循環の原因論以前の問題として、景気という概念そのものの理論構成を再検討に付した「相としての景気循環」（小幡［2014］第六章）のアイデアを批判的に検討し、相の概念およびその間の転換の概念を独自に組み直してゆくことを試みる。

第1節　景気循環論の歴史性

1　『資本論』の景気循環像

資本主義の傾向法則を論じながらも、『資本論』では、資本主義経済がもっとダイナミックな動きを見せることが排除されているわけではない。例えば「利潤率の傾向的低下の法則」の中では、次のような事態が発生することが述べられている。

社会的総生産物のうち資本として働く部分の増加から生ずる種々の刺激が労働者人口を現実に増加させる作用をすると同時に、ただ相対的でしかない過剰人口を作り出す諸作因も作用する。

利潤率が低下すると同時に諸資本の量は増大し、またこれに伴って既存資本の減価が進み、この減価は利潤率の低下を妨げて資本価値の蓄積に促進的な刺激を与える。

生産力の発展と同時に資本構成の高度化、不変部分に比べての可変部分の相対的な減少が進展する。

これらの色々な影響は、ときにはより多く空間的に相並んで作用し、ときにはより多く時間的に相次いで作用する。抗争する諸作因の衝突は周期的に恐慌にはけ口を求める。恐慌は、常に、ただ既存の諸矛盾の一時的な暴力的な解決でしかなく、撹乱された均衡を一瞬回復する暴力的な爆発でしかない。（K., Ⅲ, S.259）

ここでは、利潤率が単調に低下し続けるのでなく、その過程ではもっと複雑な様相を呈するとされている。今、なぜこうした複雑な運動が生じるのかと理由を問うのではなく、どのようにその運動が描写されているかということに限定して、この箇所を読んでみたい[6]。「利潤率の傾向的低下の法則」に照らして最も目を引くのは、やはり第二段落である。そこでは利潤率が低下しながら、それを妨げるような「既存資本の減価」が発生し、それがまた「資本価値の蓄積」を推進すると言われている。つまり、投下資本の価値の増減が交互に起きるというわけである[7]。もしこの動きを景気の指標としてとってよいとするなら、ここで既に「利潤率の傾向的低下の法則」の中に、景気循環がそのまま観測できることになる。全体としては長期的な右肩下がりの利潤率のグラフは、細かく見ると上下に揺れており、それを景気循環の理論像と同定するようなアプローチになるわけである。

ただ、引用部のはじめの三つの段落は、資本の蓄積のうちに、二つの異なる方向性を持つ力が働くことを対比的に述べる文章構造になっている。そして第四段落で、その二つの力のぶつかり合いが「周期的に恐慌にはけ口を求める」とされている。そうした全体構成からみると、ひとまず恐慌は、利潤率をめぐる二つの動きからは区別されているように読める。とすれば、少なくとも恐慌については、利潤率の動きだけからは十分に理論化できないとされていることになる。実際、利潤率の低下とそれを妨げる要因の二つがあるというだけでは、なぜそれが静止状態ではなく、恐慌という撹乱を導くのか、明らかにならない。相反する要因の併存に止まらず、それが「衝突」し「暴力的な爆発」を引き起こすのはなぜか、もう一段掘り下げていく必要があるわけである。そのためには、景気循環の理論は利潤率の動態論とぴったり重ね合わさるのではなく、二つのパートから構成されなければならないことになる。先の引用部全体は、反対要因を含みつつ、傾向的には低下するとされる利潤率の動向によって描かれる原則領域と、それだけでは説明し切れない不安定性をいわば例外規定的に処理する領域とに分けられていると解釈できるのである。(8)

景気循環論を傾向法則論の部分理論にしてしまわずに、別領域として立てる視点は、『資本論』第一巻の「資本主義的蓄積の一般法則」についてはよりはっきりと看取できる。その第二三章第三節「相対的過剰人口または産業予備軍の累進的生産」は、資本主義的蓄積が進むにつれて、資本の有機的構成が不断に高度化される結果、失業が累積的に生み出されると論じる章であるが、そこでは「逆にまたこの過剰人口は、資本主義的蓄積のテコに、実に資本主義的生産様式の一つの存在条件になる」(K., I, S.661) として、それと景気循環との関わりが次のように述べられている。

> 近代産業の特徴的な生活過程、すなわち、中位の活況、生産の繁忙、恐慌、沈滞の各時期が、より小さい諸変動に中断されながら、十年ごとの循環をなしている形態は、産業予備軍または過剰人口の不断の形成、その大なり小なりの吸収、さらにその再形成にもとづいている。この産業循環の変転する諸局面は、またそれ自身、過剰人口を補充するのであって、過剰人口の最も精力的な再生産作因の一つになる。(ebenda)

「産業予備軍または過剰人口の不断の形成、その大なり小なりの吸収、さらにその再形成」というように、「産業予備軍の累進的生産」と題されながら、その反対の「吸収」効果を挟んだ表現がなされているのは、「利潤率の傾向的低下の法則」がその反対要因を含みながら貫かれるのと同様に、「資本主義的蓄積の一般法則」も、あるときは一定の産業予備軍の「吸収」を伴いながら、傾向的に成り立つものと考えられているからであろう。それに「もとづいて」「中位の活況、生産の繁忙、恐慌、沈滞の各時期」からなる景気循環が発生するという限りでは、景気循環もやはり、「資本主義的蓄積の一般法則」の一部として起きるということになる。[9]

　しかしこの景気循環は、逆に「過剰人口の最も精力的な再生産作因の一つになる」とも言われる。単に法則的に形成される過剰人口の態様に規制されるだけではなく、それ自身として「一般法則」の内容を実質的に補完するものとも見られているのである。そうした能動的側面を強くとるなら、景気循環は「一般法則」に包含されるというより、それを強化する別の現象ということになる。顧みるに、「産業予備軍または過剰人口の不断の形成、その大なり小なりの吸収、さらにその再形成」というのも、整理してしまえば、産業予備軍の吸収期と形成期の二パターンしかないのに対して、景気循環は「中位の活況、生産の繁忙、恐慌、沈滞」の四つの時期から成り立っており、この時期区分のズレを説明するためには、「一般法則」そのものから進んで、景気の時期を特定する何らかの追加要因が必要になるはずである。

　そうだとすると、恐慌だけでなく、景気循環の諸局面全体が必ずしも「一般法則」からそのまま導出できるわけではないことにもなる。例えば、産業予備軍が吸収されるのが好況、排出・形成されるのが不況であり、そうした「一般法則」のうちにも観測される運動に還元できない事態が恐慌に相当する、といったような分かりやすい対応関係はここには見出せない。景気循環の説明において、産業予備軍の動態が重要な役割を果たすことは間違いないであろうが、そうした原因論以前の問題として、景気循環の時期区分まで含めた、景気循環の認識枠組み自体が、実は理論的な課題となるということにもなってくるのである。

　しかし、「利潤率の傾向的低下の法則」であれ「資本主義的蓄積の一般法則」であれ、何らかの傾向法則論の部分領域に景気循環論を落とし込むとなると、どうしてもその経済学上のプレゼンスは低められることになる。資本主義の歴史は一定の傾向に支配されている以上、景気の浮き沈みは、畢竟一時の表層的現象に過ぎないことになる。さらに、より理論的な問題は、これらの傾向法則の成立条件が必ずしも一般的ではないことである。景気循環論を傾向法則論のサブ領域に置くと、これらの法則の論証可能性が、景気循環論の成否を左右してしまうことになる。そして周知のように、「利潤率の傾向的低下の法則」も「資本主義的蓄積の一般法則」も、未だに論争含みの問題であるがゆえに、結局景気循環論は傾向法則論の後景に退いてしまうことになるのである。

そうだとすると、傾向法則論を認めるか否かを、その景気循環論がマルクス経済学のそれたりうるかの踏み絵のように扱うのではなく、景気循環論自身としての理論的研究を深化させておくことも重要な作業になろう。その意味で、戦後早くにマルクス経済学の景気循環論をそれ自体として体系的に扱った宇野の研究を踏まえ、議論を進める必要がある。

2　景気循環論の独立化

宇野を嚆矢とするマルクス経済学の再構築のプロジェクトは、景気循環論と歴史理論との関連性において突出していた反面、景気循環論と資本主義の基礎理論の関係については、宇野自身の著作にも不分明なところが残されていた。その最も端的な表れは、景気循環に理論的に迫る、それぞれ独立した体系が二つ存在するという点である。資本主義の基礎理論を扱った『経済原論』は、資本がその所有に基づき利子をもたらす「それ自身利子を生むものとしての資本」として成立し、資本主義の階級性が資本―利子、労働―賃金、土地―地代という所得についての対応関係のうちに隠蔽されることを暴露する結論部で締めくくられており、景気循環については、体系のうちで関連性の強い箇所、特に利潤論と利子論において、各々の領域の視角から言及がなされていた。

しかし『恐慌論』では、景気循環のみに焦点が当てられ、一方で「原理論は、その最後に規定される「諸階級」の関係の内にその発端の「商品」が与えられるという形で体系化される」（宇野［1953］一八頁）と、『経済原論』の体系の論理の自己完結性が強調されながら、他方では「恐慌論は、先に述べた典型的恐慌現象を基礎にして、資本の蓄積の増進とともに、資本にとって一定の限度をもった条件の下に商品化し得る労働力を中心として、周期的にその矛盾が爆発し、またその矛盾が現実的に解決されるという関係がいかにして必然的に生ずるかを明らかにするものとして、経済学の原理論のいわば結論をなすのである」（宇野［1953］九三頁）、「恐慌が理論的に明らかにされるとき初めて商品から始められる全体系が明確に正しく展開される」（同二〇六頁）と述べられており、同書の内容が原理論の分析対象ではなく、それ自体として原理論の一部、それも結論部分を構成するという見解が示されている。ここから、原理論のうちに、景気循環論をどのように位置づけるべきかという理論体系上の問題が生じることとなった。

その後の研究の流れを現時点でまとめるならば、後の論者たちによって原理論は、宇野が『恐慌論』で示したような好況──→恐慌──→不況のサイクルを、体系の末尾で説くよう整備されていくことになった。『恐慌論』の理論内容は、『経済原論』の体系に内部化されたのである。このように、原理論体系を景気循環論で締める体系に組み替えたことは、景気循環の変化をベースとした発展段階論に照らして、プラクティカルな意義を持っていたと言ってよい。宇野の『経済原論』では、景気循環への論及はなされるものの、それらは原理論で説かれた諸機構の動き方のいわば例証として、局所的・断片的に触れるに止められる嫌いがある。「資本主義の発展の個々の段階については、……世界史的にその資本の支配的形態を明らかにし、その階級的構成の推移を分析しなければならない」（宇野［1950,52］五二一頁）と言われるように、『経済原論』をそのまま資本主義の歴史的発展を説く基礎理論として用いるならば、資本主義社会の階級構成の内容や所得分配の実証が発展段階論の中心となるのが自然であり、景気循環はそのサブテーマとなるはずである。その場合、『恐慌論』の役割は補助的なものに退くことになる。

しかし実際には、商人資本・産業資本・金融資本からなる「資本の支配的形態」のトリアーデよりはむしろ、景気循環の実証研究こそ、一九世紀イギリスの景気循環を「典型的恐慌現象」としてその歴史的変化を明らかにしていく『恐慌論』の歴史理論を下地としながら、多くの成果を上げてきた。(10)「福祉国家」といった国民経済単位の政策や社会構造の実証分析を行う場合も、その時々の資本蓄積の総体的動態として、景気循環の態様を軽視するわけにはいかなかった。[11] こうした実証研究の分析基準たりうるには、原理論はまとまった景気循環の理論像を提供する『恐慌論』を媒介とせざるを得ない。やや乱暴な言い方にはなるが、景気循環論の原理論への内部化は、発展段階論と『恐慌論』の関係から原理論に要請されたものであり、だからこそ宇野の研究の流れを汲む諸論者は、各々の方法論レベルでの相違にもかかわらず、大枠としての発展段階論の積極的意義を認める限りにおいて、この原理論体系の仕様変更には大筋で合意できたのである。[12]

このような経済学体系全体の構造ゆえに、原理論で扱われる景気循環論には、予めその論証対象が設定されることとなった。すなわち、一九世紀中葉のイギリスに観察された、周期的な激発恐慌を伴う景気循環が、原理的恐慌論にとって事実上のモデルケースとなったのである。中でも、激発恐慌の論証には特に多くの努力が注がれた。資本主義の下での蓄積過程が好況を永続し得ないばかりか、恐慌という急激な景気後退を伴わざるを得ないのは、資本主義の理論像において極めて重要な特徴と見なされたからである。

その認識の下で、信用論の発展を受け、信用機構の動態についての理論認識は分けても長足の進歩を遂げたと言ってよい。宇野自身のテキストにおいては「利潤率と利子率との衝突」という象徴的なフレーズで以って恐慌の勃発が画されていたが、そこでの利潤率と利子率の概念の曖昧さや、銀行券の増発といった信用機構に独自のダイナミズムに対する評価が見直され、好況末期に信用取引がその規模を増大させながらも、労賃騰貴を根本原因としたクラッシュを免れない機制を説くことが目指された。その中で、宇野自身は排除していた商業資本による投機的活動も積極的に理論のうちに取り込まれるようになり、労賃騰貴から恐慌の勃発に至る一連の流れが、原理的な恐慌論のハイライトとして描出されることとなった。

しかし本来、理論から導出される概念は演繹的なものであるはずであり、景気循環もその例外ではない。周期的な激発恐慌を特徴とする景気循環というのも、もともとはただの現象に過ぎず、なぜそれが唯一の論証対象に据え置かれるのか、理論的に考え直す余地はあった。景気循環ベースの発展段階論を理論で下支えするにあたり、原理論から新たに景気循環論を説き起こし、『恐慌論』で宇野が展開してみせた景気循環論の内容を、それで以って入れ替えるという方途もあり得たのである。

言うまでもなく、このような全面的な再構築というのは全くの後知恵でしかない。とはいえ、原理論で景気循環論を展開するにあたり、理論で説き得る範囲を現象としての「典型的恐慌現象」から切り離して考えようとする試みもなかったわけではない。例えば、景気循環の周期について、一九世紀イギリスに見られたような一〇年周期の恐慌をロジックだけで導こうとすれば、資本主義一般の前提のみでは不足するという事実を直視すべしという主張はなされていた(13)。そこでこのような立場からは、原理的恐慌論の次元で論理必然的に説けるのは、恐慌の周期そのものではなく、好況──→恐慌──→不況のサイクルが生じることまでであるとされた。

しかし、仮に原理的に恐慌の周期が論証できなかったとしても、全面的な激発恐慌を中心とする景気の浮き沈みを導出することとさえできれば、自由主義段階の恐慌現象の典型的性格が失われることはない。原理的な景気循環像と「典型的恐慌現象」との間にはなお論理で埋められない溝があるが、理論像に最も接近していたのはとりもなおさず自由主義段階の景気循環であり、そのことに変わりはないからである。

これは裏を返せば、周期性の論証対象からの除外は、『恐慌論』の景気循環論の部分修正でしかないことを意味する。原理的に説ける景気循環像を論理必然性に徹して明らかにしようとすれば、景気循環論をどの景気局面からスタートさせるべきかという周知の論点から、さらに論理の川上へと遡っていき、そもそも景気循環はいくつの局面から成るのか、循環という認識は論理的に支持しうるか、といった概念の検討を迫られるはずである。このような概念レベルの問題をスキップできるのは、『恐慌論』に示された景気循環論を原理論にドッキングさせ、それで以って原理論と発展段階論との間の橋渡しを成し遂げた所以であろう。そうした景気循環論は、一九世紀イギリスの現実の景気循環を理論のタームでなぞるだけの没理論的なものとは言わないまでも、それでもやはり理論の内部に強い歴史性を内包している。それは、理論と歴史の関係について、もう一歩踏み込んで考え直す余地を有しているのである。

しかしこうした処理は、激発恐慌を中心とした景気循環論の論証スタイルの有効性が損なわれない限り、さしたる問題として表面化することはない。実際、恐慌の周期性を除外し、激発恐慌の論証に的を絞った景気循環論も、宇野の三段階論とは概して整合的に運用されてきた。とすれば、恐慌の理論的要因を探求するのみでは、発展段階論全体の再構築には中々つながっていかないことになる。仮に恐慌の要因として従来説と異なるものが理論的に提示され得たとしても、発展段階論にとっては、「典型的恐慌現象」から抽象された、激発恐慌をそのうちに含む景気の三局面という全体像が重要なのであって、そのイメージが覆されない限り、発展段階論にも直接的な影響は及ばない。むろん、恐慌の要因は資本主義の歴史的発展において注目すべきメルクマールであり、それが違えば景気循環の姿も異なってこようが、そうした景気循環の種差を歴史的に評価するための基準は、恐慌の要因論そのものだけからは形成されない。それは、景気循環の概念自体を再構築することによってしか成され得ないのである。この作業は恐慌の論証以前の問題であり、したがってこれまで積み重ねられてきた恐慌論研究とは、必然的に関心の所在がズレることにならざるを得ない。

そうはいっても、これまでの研究の蓄積のうちに全く手がかりがないわけではない。特に近年では、恐慌のような急激な景気後退だけでなく、それとは区別された、持続する景気の停滞が現実にも問題視されるようになり、理論的関心をも惹きつけることとなっている。(14) そこでは、不況を恐慌からはっきり峻別し、理論的規定を与えることが求められる。これは一見、取り立てて論じるほどの問題でもないように見える。いかなる景気循環論とて、恐慌と不況を景気後退局面として同一視するほど不分別でない。宇野の『恐慌論』も、一応は恐慌と不況にはそれぞれ独立した章を割り当て、両者を別の過程として取り扱っている。この区別が理論的に矛盾なくなされているかどうかは、もちろん問われてよいし、その不十分さを批判し、不況の概念を論理的に詰めていくことは、原理論として必要な作業である。しかし、この原理的な不況論というのは、単にそうした景気循環論内部の論点と関わるに止まらない意味を持っている。恐慌の要因にフォーカスするのみでは発展段階論の新たな姿が浮かび上がってこないのであれば、今まで以上に恐慌の原因を厳密化していったところで、その発展段階論へのインプリケーションは大きくないことが予想される。それに対して、恐慌と区別された不況それ自体に理論の焦点を当てることは、激発恐慌を中心に据えた景気循環の全体像そのものを問い直すことにつながる可能性を秘めている。発展段階論と景気循環論の関係を再考するという本章での目的からすると、原理的な不況論の有する歴史性を洗い出し、景気循環論の再構築への契機として評価することは、極めて重要度の高い論点となるのである。(15)

3　景気循環論における不況の意義

不況それ自体の歴史理論における位置づけを考えるべく、近年のマルクス経済学の不況論の多くがベースとしている、宇野のテキストにもう一度立ち返ってみよう。『経済原論』でも『恐慌論』でも、不況に関する考察の分量は非常に乏しいが、ひとまず『恐慌論』の不況章を見てみると、そこには不況の捉え方について異なる二つの見方が伏在していることが読み取れるのである。不況章の冒頭は、次のような文章で始まる。

恐慌によって攪乱せられた社会的再生産過程の回復は数年にわたる不況期における過剰資本の整理過程を通して準備せられる。……しかしこういう一定の期間における過剰資本の整理は、単なる整理ではない。生産方法の改善による生産費の低下をもって資本家と労働者との新たなる関係をつくりつつ行われる整理である。数年の期間を要するのもそれがためにほかならない。それは個々の資本の困難なる競争と労働者の犠牲とによって行わ

れる過程である。（宇野［1953］一六三頁）

この第一文では、不況は「過剰資本の整理」を通して、恐慌によるダメージからの回復を準備する期間として捉えられている。「過剰資本の整理」の具体的内容については、ここの引用の限りでははっきりしないが、それによって個別資本は競争の中で費用を引き下げ、恐慌の後に販売価格が低迷する中でも利潤率を高めていき、それが次なる好況につながっていくことになる。不況は先行する恐慌との関係でまず把握されており、いわば恐慌の後始末の過程として位置づけられるのである。こうした不況の基本規定は、『恐慌論』全体の景気循環論の構成、すなわち好況──→恐慌──→不況という三局面の継起的展開方法にも整合的であり、後の論者による不況論研究にも一つの重要な基本像を供することとなった。

しかし「過剰資本の整理は、単なる整理ではない」と言われる。これは生産費を引き下げるとともに、「資本家と労働者との新たなる関係」を作るとされる。この「新たなる関係」が何を意味しているのかも、やはりここだけでは確言することはできないが、少なくともこれが恐慌時と比べて「新たなる」と言われているわけではないのは確かであろう。恐慌のみならず、先行する好況局面まで含め、景気循環全体、あるいは資本主義経済全体をそれまでとは異なる資本―賃労働関係の下へ導くとされているのである。これは「数年の期間を要する」とされている以上、あくまで数年で終わるような、恐慌後の処理が進められる過程の範囲内で起きる事態として想定されているに過ぎない。それでも、この整理にかかる期間というのは、不況の理論規定にしたがうべき変数であり、本来ならば所与とすべきものではない。期間の問題をひとまず措いて、引用の後半部分を重視して読めば、不況は恐慌の付属物というより、景気循環のうちでそれ自身独立した意義を担う局面であるという認識が読み出せる。

こうした二通りの不況の見方が不況論としてどのように展開されるかは、繰り返しになるが、発展段階論との関係次第である。宇野の発展段階論のうち、自由主義段階から帝国主義段階への移行においては、不況のあり方にスポットが当たっていた。すなわち、恐慌の激発性が後景に退き、資本主義が慢性的な不況に陥るようになることが、帝国主義段階の景気循環の特徴とみなされていたのである。ただしこれだけなら、景気循環の形態の違いを確認しているだけである。これが一つの歴史理論として、従来の発展段階論において自由主義段階から帝国主義段階への移行が意味づけられていたように、資本主義の発展から没落へというシナリオを構成するようになるには、不況の慢性化が資本主義の没落を示す証左として認識されていなければならない。

実際には宇野による段階規定と景気循環の関係はもっと入り組んでいるし、後の諸論者による議論はさらに多様な方向へと深化している。しかし思い切って単純化すれば、自由主義段階の景気循環を典型としながら、不況を恐慌の後始末の過程とみる不況観は、景気循環に焦点を当てるアプローチをとる限りにおいて、このような歴史認識の底流をなしていたと言い得る。自由主義段階においては、恐慌が発生しても、不況を通して景気回復への準備が進められ、それが整った時点でまた新たな好況が始まる、といったサイクルが機能しており、景気循環を通した資本主義の発展が見られていた。このように恐慌の後処理過程として不況が機能していたとすると、帝国主義段階への移行とともに観察されるようになった不況の慢性化は、恐慌の激発性の後退とともに、景気循環における回復力の低下を意味することになる。不況が長引くということは、それだけ次の好況への準備に時間がかかっているということであり、資本主義の自律性の鈍化、没落の証拠だ、というわけである。(16)(17)

しかしながら、不況を恐慌の後処理のプロセスと見る観点から、むしろ景気循環の独立した局面と見る視座を選り分けてみると、後者の観点からは、不況の慢性化を資本主義の没落と関連づける歴史認識は必ずしもサポートされない。不況がそれ自身として、資本主義を新たなフェーズに変移させる積極的役割を担っているとすれば、不況基調が慢性的に現れるからといって、それが直ちに資本主義の没落を意味することにはならない。長期の不況は、個々の資本にとっては厳しい環境として感ぜられるが、それだけ資本主義全体にとっては根本的・全面的な変革が履行されていることを意味するとも言い得るのであり、それのみでは単純に資本主義から活力が失われているとは規定され得ない。逆に、不況が短く、恐慌の後間もなく次の好況がやってくる自由主義段階の資本主義も、資本蓄積は順調と言えるかもしれないが、それだけで純粋だとか、理論に近似しているということにはならないのである。

もちろん、宇野による帝国主義の段階規定は、景気循環の形態のみでなされているわけではなく、景気循環論を再考するだけで発展段階論がオーバーホールされはしない。しかし、資本主義にとっての不況の歴史的意味を再定義しようとすれば、慢性不況をモチーフとして帝国主義段階を没落期と特徴づける見方は、少なくとも見直されなければならないことになる。不況を恐慌の後始末と位置づけるのではなく、積極的な理論規定を与えるべき事象として取り上げる作業は、発展段階論のシナリオを新たに紡ぎ出す糸口になりうるのである。

とすれば、景気循環の理論も、自由主義段階の現象と帝国主義段階の現象のいずれからも独立に再構築されなければならず、当然それは宇野の『恐慌論』に示された景気循環論を、根本から作り直すことを原理論に要求することにならざるを得ない。特に、好況──→恐慌──→不況の三局面から景気循環論を構成する方法は、好況を恐慌に至るプロセスとして描くとともに、不況の理論的位置づけを恐慌の陰に隠す、恐慌中心型の景気循環論に帰結してきたのであって、今や景気循環論は、その基本的な構成のレベルからの組み替えを求められている。そこで節を改め、景気循環論の再構成に向けた、概念整理を試みていくこととしよう。

第2節　相の概念

1　不況の因子

宇野が「資本家と労働者との新たなる関係」の形成過程として不況期を位置づけるときも、一方で景気循環における不況期の固有の意義が取り出されながらも、そのテキストは、恐慌中心の景気循環像の陰を色濃く残している。

［Ⅰ］新しい機械の採用はもちろんのこと、単なる労働方法の改良にしても資本にとってはその費用価格の低下による特別の利潤の源泉をなすものであって、資本家的経営は常に特別の利潤を求めつつ競争をしているわけであるが、不況期における競争ではそれは特に重要な手段となる。［Ⅱ］それは単なる売買過程における「力と智能の問題」ではなく、生産過程における労働者と資本家との関係の変革を含む積極的要因をなし、好況期と異なった役割を演ずるのである。

［Ⅲ］あらゆる資本にとって比較的容易になし得る生産方法の改善、例えば生産手段の節約の新たなる方法とか、容易に得られる新たなる原料品の使用とかというような固定資本の取替えを要しないものでは、原則として特別の利潤が得られるということにはならない。［Ⅳ］不況期の競争は、結局、他の資本にとっては容易に実現し得られない生産方法の改善に向かわざるを得ないのであって、それは自らの固定資本のために従来採用され得なかった新たなる方法をも採用せしめることになる。［Ⅴ］恐慌期における資本の破壊と固定資本部分の更新期とが、不況期における競争を通してそれを可能ならしめるのである。（宇野［1953］一七一、一七二頁、［　］内は引用者）

ここでは、不況章冒頭での「資本家と労働者との新たなる関係」の内容が敷衍されている。それはまず、資本家同士の競争による費用価格の低減によって呼び起こされるものとされる。［Ⅰ］では、費用価格の節減は資本主義の下で絶えず追求されるが、不況期の競争の下では、それが特別利潤の獲得方法として特に重要になる、と述べられる。その妥当性はひとまず措いたとして、これが不況期の特徴を強調した文章であるというのは間違いない。それに続けて［Ⅱ］では、費用価格の低減は「生産過程における労働者と資本家との関係の変革を含む積極的要因」をなすと言われ、また「好況期と異なった役割を演ずる」と、好況とのコントラストでその独自性がさらに際立てられることとなっている。

注目に値するのは、［Ⅱ］での「生産過程における」という修飾や、［Ⅰ］で費用価格の低下の方途として「労働方法の改良」が挙げられている点である。「労働者と資本家との関係の変革」というとき、ここでは労働力の再生産のレベルではなく、生産過程の中での労働のなされ方についての変化が問題とされている、と読む余地があるのである。さらに踏み込んで言えば、ここは費用価格の低下が労働者の生活物資の価格を下げ、賃金が引き下がる相対的剰余価値の生産のことを指しているわけではなく、費用価格を引き下げるための資本家による労働生産過程の再編を「積極的要因」としていると読めるのであり、そうだとすれば、熟練の解体や、労働組織のリストラクチャリングといった労働生産過程そのものへの介入を、不況期の特徴としてもっとクローズアップすべきことになる。少なくとも、引用部中の［Ⅰ］と［Ⅱ］の限りでは、「資本家と労働者との新たなる関係」として、単なる相対的剰余価値の生産に還元されない事態を想定しうることには留意すべきである。

しかしその次の段落では、不況期の「変革」の具体的内容は、生産手段の側に、特に固定資本の更新に引き付けられていくことになる。引用部の［Ⅲ］と［Ⅳ］で述べられているのは、不況期の個別産業資本間の競争によって、容易に追随されない固定資本の更新を伴う、生産方法の改善が追求されるようになるということである。これが「資本家と労働者との新たなる関係」をもたらすと言えるのは、「生産方法の改善は、いうまでもなく単位労働あたりの生産力を増進するものとして行われるのであって、マルクスのいわゆる相対的剰余価値の生産にほかならない」（宇野［1953］一七三頁）からであり、それが固定資本の更新によって行われると、それによる剰余価値率の増進は相当程度において不可逆的な効果を持つからである。

このような、固定資本の更新による生産方法の改善にフォーカスした不況観は、特に『資本論』第一巻との関係において、『恐慌論』の重要な理論的特徴をなしていた。『資本論』第一巻第二三章「資本主義的蓄積の一般法則」の第一節「資本構成の不変な場合に蓄積に伴う労働力需要の増加」においては、賃金の増減に伴う労働人口の増減自身が資本の過不足を生み出すとした古典派経済学に対して、それは全く逆であり、資本蓄積そのものが労働者の過剰や不足をもたらし、賃金の変動もその結果であるとする、資本主義的人口法則が提示されている。宇野は、有機的構成の不断の高度化に基づく傾向法則論的な第二節以降の蓄積論に対し、この第一節の人口法則論を高く評価し、景気循環論へ反映させた。その結果、資本の有機的構成不変の蓄積は好況期、有機的構成高度化の蓄積は不況期に、それぞれ振り分けられることとなったのである。

したがって宇野の恐慌論は、全体としては恐慌の後処理過程として不況を位置づける見方が支配的ではあるものの、生産方法の改善動向を中心として、不況を好況に対比させる視座をも持ち合わせていると言える。実際、『恐慌論』の好況章の第一節「好況期における資本の蓄積」では事実上、この資本蓄積の二様式を用いて好況と不況の二局面が規定されているのであり、好況・恐慌・不況の三局面のうちの一つをなす好況期の資本蓄積だけを考察した内容にはなっていない。そこでは常に、好況での有機的構成不変の蓄積と対比される形で、不況期の特質もあぶり出される構成になっているのである。

ただし、生産方法の改善が胎動する不況期の規定は、景気循環においてそれ自身独立した意義を持つものとして取り出されることなく、むしろその規定を梃子にして、不況を恐慌の従属項へと落とし込む方向に、『恐慌論』の議論は全体として進む。先の引用部［V］でも、［IV］とは異なり、「不況期の競争」ではなく、「恐慌期における資本の破壊と固定資本部分の更新期」が主語となって、この固定資本の更新による生産方法の改善が可能になると説明される。この引用部後半の文脈においては、不況期の特徴たる「資本家と労働者との新たなる関係」も、固定資本の更新という内容規定を与えられた後、それに先立つ恐慌の波及効果のうちに回収されていくのである。

振り返ってみると、好況章の冒頭においても、資本蓄積の二様式を好況と不況とにそれぞれ割り振りながら、好況期の資本蓄積の方が、不況期のそれよりも理論的なプライオリティは高いということが、繰り返し強調されていた。すなわち、「いうまでもなく前者［有機的構成不変の蓄積］はより単純なる、より基本的なるもの」（宇野［1953］九六頁、［ ］内は引用者）であり、「資本家的蓄積の積極的増進は好況期の蓄積にある。不況期の蓄積はむしろ消極的なるものにすぎない」（同上）というのである。『恐慌論』は、その不況論が開陳される遥か前段の好況章において、不況の理論的重要性を自己否定しており、その時点から既に不況過程を恐慌の余波のうちに押し止めて理解する方針は、規定路線であったとも言える。宇野のテキストにしたがう限りにおいては、固定資本の更新を軸とした景気循環像の再構築は、そこで早くも敗着であることになろう。

ところが資本蓄積の二様式論は、宇野以後の議論においてさらなる展開を見せており、その当初の意図はどうあれ、景気循環論の視界を押し広げることとなった。好況末期に産業予備軍が枯渇することを説くだけなら、好況期の蓄積様式を有機的構成不変の蓄積に限定する理由はなく、有機的構成が高度化することによる雇用量の収縮を上回るだけの、資本規模の増大による雇用量の増大があればよい。したがって、好況期の資本蓄積として想定すべきなのは、有機的構成が不変であることではなく、固定設備が増設され、資本規模が継続的に増大してゆく「固定資本の増設的蓄積」である。こうした批判が、宇野の好況期の規定に対しては向けられたのである[18]。

そこで企図されていたのは、好況の間に技術革新が行われ、それが固定資本の投下を通して実装されていくことを許さない、宇野の好況像の狭隘さを克服し、労賃騰貴を恐慌の根本原因とする恐慌論を一般化することであった。しかし、さしあたり労賃騰貴という要因に拘らず、好況過程一般の問題として眺め直してみると、この批判には労働市場との関連に止まらない、資本蓄積論における論点が含まれている。好況期の有機的構成の変化を容認し、固定設備の増設による新生産条件の導入を考慮すると、既存の固定設備の廃棄より新しい設備の導入の方が多く行われる限り、好況過程において増設的蓄積が進めば進むほど、それだけ多種多様な生産条件が並存して用いられることになる。次章で検討するように、この「生産条件の多層化」は、産業予備軍の枯渇を帰結する労働吸収的なプロセスとは別個に、好況末期への突入ルートとなりうる。

仮に有機的構成の変化、すなわち生産条件の変化をひとまず捨象したとしても、「固定資本の増設的蓄積」は、有機的構成不変の蓄積とはぴったり重なるものではない。「固定資本の増設的蓄積」は、既投下の固定設備が廃棄されないことを前提とするが、有機的構成が変わらないというだけなら、資本投下によって古い固定設備を同種であるが新しいものに更新しつつ、規模を拡大するような場合も含まれる。「増設的蓄積」と対比される、この「更新的蓄積」を資本蓄積と規定してよいかどうかは、後に見るように注意すべき問題を残しているが、技術革新を捨象した場合に、新規の投資がどのように行われるかという問題設定を敢えてしてみると、有機的構成不変の蓄積の方が、「固定資本の増設的蓄積」よりも広い概念であることにもなるのである。

このことは要するに、「固定資本の増設的蓄積」と「更新的蓄積」という区分が、マルクスが提示し、宇野が独自に再整理した資本蓄積の二様式説とは、根本的に異なる視座を提供していることを意味する。それは、資本蓄積論を、技術革新とそれがもたらす「資本家と労働者との新たなる関係」との係わりで論じる問題構成から解き放ち、それとは相対的に独立した形で、固定設備の更新を含めた蓄積の行われ方そのものに軸足を置いて議論することを再度要求している。

2 「相としての景気循環」の試み

そこで、景気循環論の再構築は大きく二つの方向性を持つことになる。一つは宇野が「資本家と労働者との関係」と呼んだ、労働市場と資本蓄積の関係を批判的に組み直し、景気循環の基礎概念を再構成していく方法である。もう一つは、宇野以後の論者によってクローズアップされてきた、いわば固定資本の蓄積の二様式を、恐慌中心型の景気循環論から切り出し、不況論を含めた景気循環論全体の刷新に活用していく方途である。

このうち前者については、既に小幡［2014］において実践されており、その第六章「相としての景気循環」では、これまでの恐慌中心の景気循環論が抜本的に再考に付されている。そこでの議論の最大の特徴は、好況と不況を安定的な二種類の「相」として概念化し、その間の切り替わりを「相転移」と定義するという、景気循環についての基本的概念構成の再整理である。好況─→恐慌─→不況という三局面の時系列的な展開を実質的に所与としてきた景気循環論の再構築が、宇野の提示してきた発展段階論の超克にとって欠かせないとすれば、その枠組みを全面的に組み替える「相としての景気循環」のアイデアは、最も野心的な試みであると言えよう。

「相としての景気循環」において議論の根幹をなす相の概念規定は多面的ではあるが、ポイントとなるのは、既に本書第一章でも論及した、二つの利潤率の規定である。すなわち、賃金率と生産条件で確定的に決定される一般的利潤率と、それに流通過程の要因を加味した純利潤率あるいは個別的利潤率の二種類の利潤率が、相を決める因子として働くとされる。好況においては、生産条件が改善されていきながら、同時にその成果が労働者にも分配され、賃金率も上昇するという関係を背景に、一般的利潤率の水準は概ね一定に保たれる。それとともに、商品は市場に長く滞留することなく、順調に売れていくため、流通資本と流通費用は少額で済み、個別的利潤率は一般的利潤率の近傍を推移することになる、と言うのである。

ここでの関心にとって重要なのは、こうした好況概念に対置される不況の規定である。不況では、好況期と同様に生産条件の改善がなされるものの、資本はそれによる一般的利潤率の自然回復を座して待つことはなく、積極的な賃金率の切り下げが断行される。そうした資本の側からの賃金の押し下げ圧力を実現させるには、単なる技術革新に還元されない、相応の時間を要する労働過程そのものの改革が不可欠であり、そうしてはじめて資本—賃労働関係そのものも新たに変革されてゆくのである。これが急激な景気後退である恐慌と区別された、不況という固有のフェーズの第一要因をなす。

相としての不況を規定する第二の要因が、流通過程の諸要因である。各部門で賃金率の切り下げが実行されていくにつれ、一般的利潤率は徐々に上昇していくことになるが、大量の滞貨が市場に残存する不況期においては、流通資本・流通費用の負担が個別資本に重くのしかかり、好況期に見られたような、一般的利潤率が個別的利潤率を引きつける規制力を発揮できない。そのため、一般的利潤率が漸次上昇しながら、他方で個別的利潤率はその下方に大きく分散することとなり、それによって不況期の持続性は再度特徴づけられることになる。大略このようにして、二つの相がまずは景気循環の基本構成物として取り出され、そこを起点に従来の時系列型の景気循環像が塗り替えられていくのである。(19)

この「相としての景気循環」は、不況を恐慌の後始末のプロセスではなく、景気循環のうちにあって資本主義全体に独自の効果をもたらす時期として位置づける、新たな認識を提供する理論装置であると言える。ただしまず以って注意すべきは、不況の独自性の発掘は、恐慌の理論的・実証的な重要性の低下を意味しないということである。恐慌史の分析は、慢性不況をどう位置づけるかとはまた別に、発展段階論の展開において必要とされてきたし、これからもそうであろう。また原理的には、恐慌論は「恐慌の必然性の論証」を中心的な課題として掲げてきたわけであるが、これのみが追究されるべきではないにしても、ないがしろにされてよいわけではない。むしろ「恐慌の必然性の論証」

の内容も、新たな景気循環論の下で再定義されなければならないのである。

そうだとすると、二つの相の間の転換、つまり相転移として再配置された恐慌概念が、「恐慌の必然性の論証」というこれまでの主題に、どういう形で新たな光を投げかけているかが問題になる。好況と不況とを対極的な二つの相として規定した以上、その間の切り替えにも「好況から不況」と「不況から好況」という二方向があることは自明である。そのとき、好況から不況への転換を相転移の一類型として捉えようとすると、それを好況→恐慌→不況の継時的記述のうちに示される、従来の恐慌論のプロセス的描写と、理論的に異なる領域として展開するのは困難になる。むろん、好況と不況とを恐慌に先立って定義することで、恐慌との論理次元の相違を明確化する効果は発揮されるし、それは相転移の展開にあたって、従来の恐慌論よりも高水準な精度の演繹的推論を要求することになろう。しかしそれだけでは、恐慌をはじめとする、相の切り替えを理論的に規定するレベルにおいて、時系列的展開の内容そのものに分け入るツールが用意されたとは言えない。相は時間軸を排除した理論的概念であるが、相転移そのものについては、やはりこれまで通りの継時的展開に頼るしかないことになっているのである。好況と不況だけでなく、恐慌の理論展開からも単純な時系列方式を排し、論理による概念構築を貫徹させ、以って新たな「恐慌の必然性の論証」スタイルを確立するには、相および相転移の概念はさらに立ち入って詰めるべきところを残している。(20)

相転移の位置づけだけでなく、相概念の内容自体にも、疑問がないとは言えない。相が安定的であるというのは、個々の資本の事業ないし労働者の生活が経済的に順調だという意味ではなく、各経済主体が現下の経済動向のコンディションに対して下す評価が概ね一致するということであり、そうした個別の判断にある一定の統一性をもたらす全体の状況を説明しようとしながら、同時に超越論の陥弊を回避するのは、至難の理論的作業である。これはつまるところ、景気という掴みどころのない俗語を理論的に規定しようとすることに伴う困難であり、恐らくはこの課題を真正面から引き受けてしまった、マルクス経済学に固有の難問である。

景気の状態を把握する上で考慮すべき指標は無数にあり、その選定が問題の核をなすが、その時々の資本主義経済のステータスを相として認識しようとすれば、資本の価値増殖のパラメータである利潤率を取り上げるのは正着となろう。しかし、二種類の利潤率のうち、流通要因を含んだ個別的利潤率の動向については、相の規定要因として処理する上で看過し得ない障害がある。所与の生産条件と労賃水準の下で一意に決まる一般的利潤率は、個別資本の動向とは独立して構造的に決定される以上、経済全体の状態に対する決定力を持つと言ってよいし、その決定因子もはっきりと論定できる。それに対して個別的利潤率は、第一次的には個別資本が実現する利潤率の値そのものであり、その全体の動向は、平均等の統計的処理で掴むしかない。個別的利潤率を個別の活動から離れた全体の相の規定に用いるのは、その意味で語義矛盾を孕む。

さらに、原理論は個別的利潤率がそのうちに含む流通過程の諸要因について、生産過程の技術的確定性とのコントラストで、原理的な不確定性を強調してきた。流通過程においては、ある価格を付された特定の商品に一定期間内に買い手がつくかどうかについて、確言することはできない世界が広がっている。こうした完全な不確定性が流通過程を支配しているとしたとき、一般的利潤率の推移と同じ論理水準で、流通要因を含んだ個別的利潤率の散らばりを説明するのは困難である。むしろ、一般的利潤率の個別的利潤率に対する規制力の強さでそれを説明するのであれば、その説明方法において個別的利潤率は独自に相の規定要因になっているとは言えず、規制力の源泉が遡って相の要因としてピックアップされなければならないことになる。

実際、特に不況期において一般的利潤率が回復傾向にありながら、個別的利潤率はそれに追いつかないという状況は、興味深い洞察ではあるが、説明するのは難しい。ここでの一般的利潤率の回復は、資本にとってそれ自身として必ずしも有利な状況ではなく、労働生産過程の実質的な再編成を通した賃金の切り下げにもかかわらず、抱え込まれた大量の在庫や稼働率の低迷のために、その効果が潜在的なものに止まり、個々の資本の利潤率の上昇として実感できないことを描く理論上の仕掛けだが、在庫の滞留や低い稼働率といった個別資本が直に感じる不調こそ、不況においてまず最初に説明されなければならない対象であり、いきなりそれが説明要因に据えられるべきではない。

あるいは一般的利潤率の回復が、例えば劣等条件の固定設備の廃棄によるものであれば、必ずしもそれに伴って生産規模も回復するとは限らず、流通過程は停滞したままに置かれることは確かであるが、それなら劣等な生産条件があらかた処分されてしまえば、早晩個別的利潤率も回復するはずである。その限りで、流通過程における商品の滞留は、恐慌後に劣等条件が残存していることの結果に過ぎず、やはり不況の規定要因として十分な独立性を有しているとは言えない。不況下では商品の売れ行きが悪いというのは事実であろうが、それが過渡的な現象としてしか説明されない限り、不況をそれ自体として理論的に特徴づける要因として適当ではない。(21)

3　利潤率と蓄積率による相規定

とすれば、相を捉えるための指標を、恐慌を含めたその転換局面への理論分析まで展望しつつ、今一度考え直す必要がある。まず、相転移を単なるプロセス描写としての恐慌論に還元してしまわないためには、景気循環の現象と理論の間の区別を、恐慌や景気回復という限定された局面にも徹底することが必要である。すなわち、相転移と恐慌現象等の間についても、分析手段と分析対象の切り分けを意識的に適用していかなければならない。このように、相転移も分析手段として論理的に構築していくためには、その基底をなす相の概念が、相転移の概念規定に必要な道具を十分に提供していることが要される。相は、好況および不況の分析手段であるのみならず、恐慌等の分析手段である相転移を基礎づけるのであり、いわば相と相転移は、分析手段と、分析手段の分析手段といった、入れ子の構造をなしているのである。

そのため相は、安定的なフェーズを規定する際にはさしあたり必要とされない指標をも、相転移の基礎づけのために予め具備していなければならない。今不確定的な流通の要因を排除し、その上でなお利潤率を相の指標として採用し続けるなら、労働市場と生産技術で確定的に決まる一般的利潤率しか残らない。この一般的利潤率は、本書第一部で用いた生産価格の決定式に表されているように、生産規模の変化を反映しない。したがって、こうした数量的変化のための指標は、また別途用意される必要があるのである。

利潤率のような比率で景気循環を捉えることの利点は、量の増減ではなく、その変化分の大小で好況と不況を規定できる点にある。例えば純生産物（いわゆる付加価値）の総額が増大していくシーンを好況と定義しようとすると、不況は逆に純生産物の量が継続的に減少する場面ということになる。しかし、純生産物量の減少は縮小再生産を意味し、蓄積が行われていないどころか、現存する生産設備を次から次へと廃棄あるいは停止し続けていることを意味する。いくら不況期といっても、これは資本主義経済として持続可能な状態とは言えず、理論上の想定としても無理がある。純生産物の量で言えば、その増大のペースが順調であれば好況、鈍っているときが不況といったように考えるべきであり、そうしたテンポは、例えば利潤率のような比率の高低によって表されるわけである。

さて、一般的利潤率が純生産物の総額の変化を表すのは、労賃水準と生産技術の変化を反映する限りである。しかし純生産物は、生産規模自体の拡大・縮小によっても増減する。安定的な相においては、この生産規模の変化は緩やかに推移するであろうから、ひとまず生産規模の指標を省略することができる。しかし相が変わるときには、生産規模の増大するペースは劇的に変わるし、生産規模そのものの急激な変化が起きる場合もある。こうした相転移の特徴を捉えるため、相はやはり生産規模の指標を備えている必要があるのである。もちろん、一般的利潤率の高低も、ある程度は生産規模と関係する。一般的利潤率が高ければ、それは純生産物の増加と生産規模の拡大にプラスに働くと言ってよいが、それが正しいのは、獲得された利潤が生産領域に再投資される限りにおいてである。利潤率の動向次第では、その生産への再投下を手控えるということがありうる。ここには、上がった利潤のうちどれだけを蓄積に回すかというもう一つの変数、蓄積率が隠れているのである。

数ある景気循環論のうちでも、宇野恐慌論は特に蓄積率への関心が薄い。これは、互いに競争関係にある個別資本は、利潤率の高低あるいはその動向とは無関係に、利潤をできるだけ投資するよう競争によって強制される、という理屈による。まさに「蓄積せよ！　蓄積せよ！　これがモーセで予言者たちなのだ！　……すなわち、剰余価値または剰余生産物のできるだけ大きな部分を資本に再転化させせよ！」(K., I, S.620) という『資本論』の記述を地で行く、蓄積率一〇〇％の資本家たちが想定されているのである。この「蓄積のための蓄積」を遂行する資本家像は、『資本論』第三巻の「資本の絶対的過剰生産」の規定の検討においても徹底され、利潤率が低下し始めた時点で蓄積が停止するとしたマルクスに対して、宇野は利潤率の低下それ自身は蓄積を妨げることにはならず、むしろさらなる利潤率の低下を惹起する蓄積へと資本家を駆り立てると批判した(22)。

しかし、宇野による「資本の絶対的過剰生産」批判は、あくまで恐慌の勃発に関して展開されたものであり、これを景気循環の全ての局面に一般化してよいかどうかについては、慎重になるべきである。競争の圧力下にある個別資本は、常にできるだけ大きな蓄積をしようとする。利潤率が急速に低下しているときには、この通常の蓄積衝動に加えて、今よりも利潤率が低下する前に利潤を確保しておきたいという、さらなるドライブが加わる。もし利潤率の低下が底を打ち、利潤率の推移が低空飛行を続ける状況になれば、この後者の衝動、つまり個別資本がさらなる利潤率の低落を恐れて蓄積に駆り立てられることは少なくともなくなる。確かにそれでも、個別資本が直ちに蓄積をやめてしまうことにはならない。利潤率がどんなに低くても、ゼロあるいはマイナスでない限り、蓄積への動機は働くし、そうして少ないながらも利潤を上げておくことで、利潤率が回復したときには、さらに大きな投資規模を実現できる。

ただしこのように現下の利潤率が満足いく高さではなく、いずれは回復するものと予想されているにもかかわらず、投資を積極的に続行しようということになるとすれば、それは今の不利な条件に拘束され続けることはないという前提下のみである。例えば、全体としての利潤率の上昇が労働市場における賃金率の低下によるとき、今雇っている労働者の賃金を即座に切り下げることができなければ、周囲からはとり残される。あるいは生産条件の改善が利潤率の回復要因となる場合にも、その新たな生産条件で、自分が今使っている旧生産条件を入れ替えねばならない。そのため、労働力であれ生産手段であれ、資本の運動のうちに少しでもすぐには更改できない、硬直的な要素がある限りは、相対的に低い利潤率しか得られないタイミングで投資をしてしまうと、全体としての利潤率の回復時に、その波に乗って有利な条件で新規投資をしていくことができず、競争上不利に立たされる(23)。とすれば、利潤率が低水準で停滞しているときには、全ての個別資本が競争に迫られ最大限の蓄積をなおも強行するというわけではなく、むしろ将来的な競争優位を狙うからこそ、利潤率の回復が見込まれるまで戦略的に蓄積を最小限に止めておこうとするプレーヤーが出てきてもおかしくはない。蓄積率は固定値ではなく、景気循環の相によって変わる変数なのである(24)。

そこで流通的要因に替え、蓄積率を用いて、一般的利潤率とともに相の概念を再規定していくこととしよう。生産条件の改善は景気循環を通して一律に進むと仮定すると、それは好況・不況いずれの概念規定にも関わらないため、ひとまずここでは生産条件の変化を捨象する。さらに、不確定的な流通過程についても、安定的な相の下では、それは一般的利潤率および生産価格の規制力下に置かれ、不確定性のうちに安定性を保持すると考え、相の規定に際して考慮しない。要するに、生産条件と流通過程の不確定性については、生産価格の決定と同様の前提条件を置くこととする。このとき、利潤率は生産価格を決定する価格方程式のうちに、生産価格と同時に確定される。

それに加えて、数量的変化を表す指標として、蓄積率を導入する。流通的要因に左右される個別的利潤率と同様に、蓄積率もまた確定的な決定原理を持つ値ではないが、そのことと、流通過程の不確定性とは峻別されなければならない。流通過程には、一義的に決定される一般的利潤率と生産価格とが、不確定的な変動・分散の基準として存在するが、そうした基準は蓄積率にはない。とはいえこれは、蓄積率の決定原理を分析できないことを意味しはしない。確定的な決定原理はなくとも、その決定因子を構造的に選り分けることはできる。

まず、利潤は全て投資に回されるということはなく、資本家階級の消費部分を含んでいる。この部分は、蓄積のための蓄積を進める、資本家間の競争のうちに最小化するとされ、理論的にはほぼ無視されてきた。資本家は消費のために利潤を上げるわけではなく、消費をなるべく抑えて投資を遂行するということに疑義を挟む余地はないが、この部分が無視されるのは、それが限りなくゼロに近づくからではなく、歴史的・文化的に決まる一定量が確保されるからである。利潤の資本家による消費と再投資への分割比率は、これが決定されないと資本蓄積は成り立たず、原理論では資本主義の下でこの値が少なくとも何らかの方式で決定されているものと仮定して分析が進められるという点で、純生産物の資本家と労働者との間での分配関係、すなわち階級関係に備わるそれと同類である。

次にこの再投資に回される資金は、全額が生産規模の増大に、すなわち蓄積につぎこまれるとは限らない。資本は生産部面かどうかにかかわらず、最も大きな利潤が得られそうな機会に投資していくのであり、投資資金は生産過程のほか、資産的な商品市場に投下される可能性もある。したがって、蓄積率は生産部面の指標と、資産市場の動向の両方から影響を受ける。

生産の指標としては、先に触れたように、利潤率の動向が問題となる。ただし、利潤率の動向といっても、流通要因を加味した純利潤率は不確定にばらつくのみであり、その蓄積率への影響も個別に異なる。ここで蓄積率の決定要因として重要になるのは、相全体の安定性を規定している一般的利潤率の動向である。とはいえ、一般的利潤率といえども、まだ見ぬ将来の動きに関しては、個別資本によって判断が異なってこざるを得ない。全ての個別資本にとって共通しているのは、現行の一般的利潤率の水準に至るまでの、過去の動きしかない。それゆえ、相の決定要因となりうる要素は、現行の一般的利潤率と、直前の相での一般的利潤率の水準との間の差である。将来の状況については判断が分かれるとしても、直前の好況ないし不況で経験した利潤率の水準と、今の水準とを較量する限りにおいては、個別資本が現在のビジネス環境の良し悪しについて与える評価は、基本的に一致する。[25]

他方、資産市場の動向については、やはり不確定と言わざるを得ない。しかし蓄積資金をそこに振り向けるかどうかの判断は、ある程度粘性を持つと言ってよい。蓄積資金が長期性の資金である限り、一旦資産市場に投じた資金は、しばらくそこで運用することにならざるを得ないと考えられるからである。その限りで、資産市場の動向が蓄積率に与える影響も、短期的な流通過程の変動とは性質を異にしており、個に還元されない全体的な趨勢を示すことになると見てよい。この資産市場の指標としては、代表的なものとして利子率が挙げられるが、そこでの市況は、一般的利潤率が流通過程を規制するように、利子率によって規制されているわけではない。資産市場に関しては、単一の指標ではなく、そこを構成する種々の商品の価格の動き方を、その市況の現れとしてとることにする。

好況期の一般条件は、相対的に高い一般的利潤率と蓄積率である。一般的利潤率をr、蓄積率をs、生産に投下された資本の規模の成長率をgで表すと、これらは

$$g = rs \qquad (3\text{-}1)$$

を満たすため、rとsの高さの継続は、全体の成長率を高位に保つ。[26] 一般的利潤率の相対的な高さというのは、生産条件の変化を捨象する場合、相対的に低い賃金率を意味する。賃金率が低くても好況であると言えるのは、高い成長率によって、雇用量が増大し、賃金総額が上昇しているからである。生産条件が変化しない場合、生産規模の拡大はそのまま雇用量の増大を導く。すぐにでも賃労働に従事できる産業予備軍が潤沢に存在する限りは、こうした低い賃金率に基づく一般的利潤率の高位安定が実現する。

他方、不況期に比べた一般的利潤率の高さは、個別資本に蓄積を促す。好況が永久に続くものではない以上、現行

の利潤率が不況期に予期される利潤率よりも高い水準で保持されているうちに、生産規模を拡大するのが賢明であることになる。それに加えて、好況期には順調な蓄積資金の形成を基礎に、各部門への円滑な資本配分がなされており、実物的な投資よりも資産市場への投資の方が極端に有利になるということは起こらない。その限りで、資産市場が投資資金を吸収してしまい、蓄積率を押し下げるということもなく、蓄積率も高い水準で安定する。その結果として、既存の固定設備が償却を終える以前に新たな設備投資が行われ、以って生産規模が拡大されていく「増設的蓄積」が進められることになろう。

それに対して不況期においては、一般的利潤率と蓄積率の両指標が低位に止め置かれることから、低成長が支配する。一般的利潤率は、好況期とは逆に、相対的に高い賃金率に圧迫されるが、低い成長率による雇用量の伸び悩みが、労働者に苦境を強いる。職にありつくことさえできれば、相対的な高賃金を享受できるが、そもそも就職口自体が少ないという状況である。そこからさらに賃金水準を押し下げるのは、何らかの生産条件の変化、すなわち生産技術の革新や労働過程の再編がなければ困難であり、それに多かれ少なかれ一定の時間が要されることになる。

そして、こうした好況期よりも低い利潤率は、それ自身として蓄積を将来に延期させる効果をもつ。いつかは景気が上向くという期待が抱けるときには、わざわざ現下の低い利潤率の下で生産部面に投資をするよりは、景気上昇を待つ方がよいという判断もありうるからである。これに、各部門への資本配分の遅滞あるいは偏向といった条件が加わると、事態はさらに悪化する。個別資本の部門間競争が好況期のように機能しない場合には、特に資産市場において価格変動の振れ幅が増大する。一口に資産市場といっても、そのうちには様々な種類の商品が存在し、それらの価格が皆一方向にそろって動くということはない。資産市場における価格変動の増大は、したがって種々の資産価格の個別的な上昇・下落として現れる。こうした荒い値動きは、投資資金が資産市場の内部で転売を繰り返す格好の材料となる。このとき、資金は実物投資に回らず、資産市場のうちにプールされる。これは蓄積、すなわち生産規模の増大にとってマイナスに働く。

もちろん、そのように資産市場に資金が流入し、そこが活発化することで、実物投資が刺激されることもある。また、資産市場には、種々の産業部門間での資本の再配分を促し、蓄積を活性化させる機能があることも確かである。しかし、そうした効果が発揮されるには、生産部面への投資を妨げる大元の原因の方が解消していることが前提であり、資産市場の興隆が必ず実物投資を再開させるというわけではない。むしろ、資産市場が転売による利益獲得の場を提供すること自体は、生産部面と投資資金を奪い合う関係を作り出す。

かくして蓄積率が下がるときには、固定設備の更新が規模の拡大と一体となって行われ、償却資金に利潤の一部をプラスアルファし、固定資本として投下される場合が主流になる。「増設的蓄積」と対比される「更新的蓄積」は、蓄積資金が投下される際に既投下の固定設備が廃棄されるような場合を意味するが、償却資金を投下して設備を更新する限りでは、全体の資本規模は増大せず、利潤を投資に回す資本の蓄積とは規定できないため、厳密には蓄積とは呼べない。そのため「更新的蓄積」が蓄積たりうるためには、単なる固定設備の更新ではなく、規模の拡大を伴う固定資本の更新として再定義されなければならないが、いずれにせよそれは、既存の固定設備を廃棄しない「増設的蓄積」よりも低い蓄積率の下で支配的に進む蓄積様式であると言えよう。

こうした相の区別は、あくまで相対的なものであるが、この相対性は二要因で規定されていることがポイントである。ある状況下での利潤率が以前の好況と比較して低くても、その局面に好況という評価が下される場合はあるが、そのときには直前の不況に比して利潤率が回復しているというだけでは不十分である。そこに蓄積率の回復が伴ってはじめて、不況と画される好況と認定されるべきであろう。この蓄積率の動向は、ここで見てきたように、固定資本の蓄積過程の進み方を決定づけている。固定資本の蓄積様式は、利潤率の水準とはひとまず区別された、蓄積率の分析を経てはじめて、それ自身で景気の相を規定する要素を構成する。かくして、先に触れた景気循環論の再構成に向けた二つの方向性は、相の二要因として綜合されることで、景気循環論に新たな視点をもたらす。

第3節　相の外側

1　相転移と不安定局面

このように相概念を組み替えることの目的の一つは、景気循環という現象に対する分析手段から、時間の流れに依拠した展開を徹底的に排除し、相だけでなく、相転移についても、その経過観察から要因分析へと理論の抽象度をまずは引き上げることであった。ただしそれはもちろん、相と同じ論理レベルに相転移が位置することを意味しはしない。相転移は二種類の相が析出されてはじめて概念として成立するのであって、二つの相と並び立つものではない。相の切り替えを、好況と不況という安定的な相と時の流れでつなぎ渡すことを止め、相概念を基礎に説明される派生概念として区別することが、景気循環への理論的アプローチの出発点となる。

ただし、その先には考察すべき課題が山積している。まず、安定的な相が二つ見出されたとして、そうした相の外側に残る問題は、それら二つの間の切り替えのみであると断ずるわけにはいかない。相の安定性とは、既に述べたように、個々の資本の活動や利潤率の水準の安定性や持続性ではなく、個別主体による経済のステータスについての診断が大まかに一致する状況である。そうだとすると、論理上、そうした景況判断が主体によって大きく分かれてしまう不安定局面の存在が、相の外部には推定されることになる。

一種の状態概念である相と比べてみれば、このような不安定局面は、それ自身として継続性を持ち得ず、さして重要な問題には見えないかもしれない。ほとんどの現実的な条件下において、H_2O は気体・液体・固体のいずれかの状態で存在し、そうでない不安定な局面というのはあまり科学的な関心を引かないかもしれない。しかし経済学において、好況でも不況でもない不安定局面は、それがどんなに短期間に過ぎ去ってしまうものだとしても、歴史的な画期となりうるのであり、したがって理論的に非常に重要な意味を持ちうる。景気循環という現象に相という概念を打ち立てることの効果は、むしろこの相の外側、つまり相の切り替えと不安定局面の関係をどう詰めるかというところにおいて、最大の試練を迎えると言っても過言ではない。

不安定性といえば、経済学は常にそれを市場の性質として論じてきた。第Ⅰ部から取り組んできた、マルクス経済学における流通過程の不確定性の問題も、市場の不安定性をめぐる問いの一種だと言える。しかし、相の安定性という角度から見直してみると、これは別の表情を見せる。自らが販売する商品がいつ購買されるか、個別主体は全く知りようがなく、その中で各々ばらばらの判断を下して行動する。多くの者は買い手がつくのをじっと待っている中、ある者は売り急いで値下げをし、またある者は別の主体に手数料を払って販売を委託する。彼らは皆同種の商品を保有していても、自らの手持ちの商品の売れ行きについて別々の見方をしているが、こうした個別分散的な行動はそれぞれ打ち消し合い、どれかが特別に有利な行動パターンとして台頭するということはない。不確定性のうちに、ばらばらに遂行される個別主体の動きは、全体としては安定することになる。

そのため各主体は、個別には不確定性に晒されていても、それによって景気の判断自体に困難を感じるということはない。自らの商品が今日売れるかどうかと、今が好景気なのかどうかは位相の異なる問題であり、前者についての確信が日々揺らぐものであったとしても、それに後者の景況判断が逐一釣られてしまうわけではない。相の規定から流通的諸要因を外すことができるのは、こうした不確定な流通過程の全体としての安定性に基づく。

それに対して、そうした流通過程の不確定的なばらつきがむしろ弱まるときこそ、ここで言う不安定な局面が市場のうちに立ち現れることになる。何らかの原因で、ある商品の売れ行きは良く、別の商品は売れ行きが悪いという偏向が固着してしまった場合には、もはやそれらの商品の販売は完全に不確定とは言えず、売れ行き好調な商品を扱う資本は当然に景気が良いと感じるし、逆ならば逆の印象を抱く。このように個別主体によって好景気か不景気か評価が二分されてしまう局面には、相の規定を適用することはできない。

これが典型的に現れるのは、特定の商品の価格だけが上がり続ける、累積的価格上昇の発生時である。先ほど述べたように、各個別主体が価格の動きについて異なる予想をしているときは、価格動向はむしろ安定するが、逆に何らかの原因で、一定数の個別主体が同時にある商品の価格上昇を予想するシチュエーションが生じた場合、その商品には投機的な購買が仕掛けられることになる。あらゆる商品について、そうした購買の集中が価格の上昇を帰結するとは言えないが、第一章で見たように、同一個体群に対して、繰り返し売買を行うことで価値を評価する転売型商品の市場には、投機的購買が価格の引き上げにつながる回路が備わっている。そうした商品種においては、投機によって価格が上昇し、それがまた投機的な購買を呼ぶという、累積効果が発現する。

この累積的価格上昇は、価格上昇についての予想が同期することに加え、購買の集中を価格上昇に反映させる市場の構造が発生条件になる。予想の同期がなければ投機は起きないし、押し寄せる購買を増産によって処理できてしまえば、価格上昇には至らない。累積的価格上昇は、こうした二重の条件を持つ特定の商品種に限られるのである(27)。それゆえ、このような累積的価格上昇が発生する場合には、その商品を取り扱う資本とそれ以外の資本との間で、景況判断が分かれる。累積的価格上昇を自己実現させている当事者は、市場は活況に沸いていると判定するが、その外にいる資本には、単なるバブルに見えるわけである。

しかも、この累積的価格上昇の参加者とそれ以外の主体の間の区別は、流動的なものである。一般に転売型市場においては、買い手は現行相場よりも価格が上がると見込んでいるからこそ、購買に踏み切り、それに応じる売り手の側は、それ以上の価格上昇を予想しないからこそ、その商品を売り抜けて当該商品種の市場から退出していく。累積的価格上昇に際しては、売り手と買い手のバランスが大きく崩れるとはいえ、この市場への出入りの仕組み自体は変わらない。したがって、価格上昇の累積の当事者であろうとなかろうと、投機に参加するかどうか、また参加するとして、どのタイミングで抜けるかどうか、常に決断を迫られる。そのため、累積的価格上昇が発生すると、それはバブルなのか否かという、答えのない問いが全ての主体につきまとい、それをめぐって景気の評価が安定しない局面が作り出されることになるのである。

かくして、前節にて相の規定因子から除外した流通要因を再度想起してみると、それらは相の概念に収まり切らない、不安定局面の形成要因となっていることが分かる。この不安定局面は、定義上、相と同じ論理位相に位置づき、相と同じように景気の一局面をなす。他方、相転移は、二種類ある相の切り替わりであり、相の規定に従属する。相転移は、相と論理レベルを異にしているのみならず、そもそも独自の局面を形成しない。相転移と不安定局面は、まずは概念として相互に独立なのである（図３－１）。

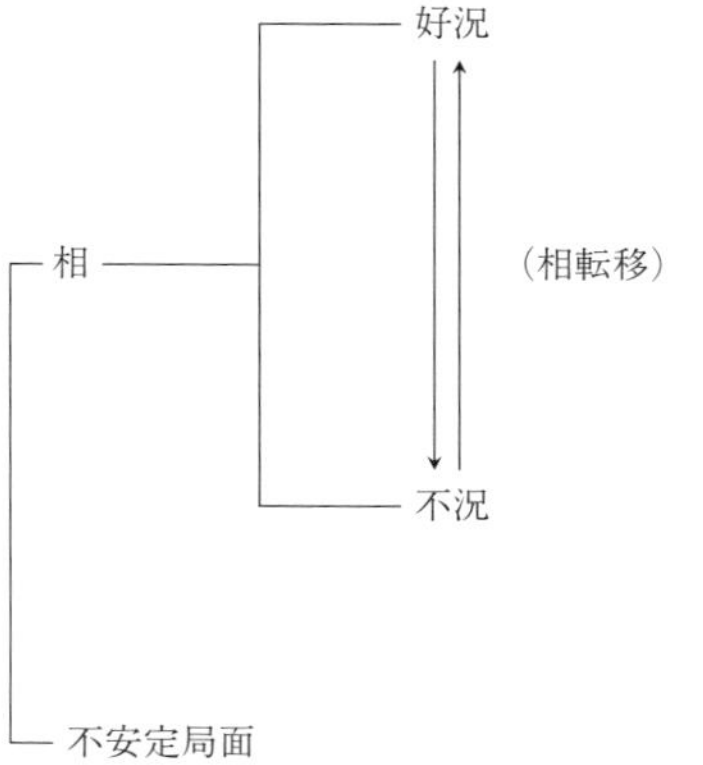

図３－１　相・相転移・不安定局面

従来の好況・恐慌・不況の継時的三局面説は、景気循環を三つの局面に分類したこと自体ではなく、経験的な景気の動きを理論にもちこんだところに、原理論としての歴史性があった。歴史性を帯びた理論は、それだけ歴史理論と密接に関わることができる分、理論的には歪みも抱え込む。この景気循環論の展開方法の場合、恐慌の反対側、すなわち不況から好況の転換を真正面から問おうとすると、途端にその歪みもあらわになってくる。不況から好況に転ずる過程に、固定資本の更新が集中すること等を契機とした「中間恐慌」を説く試みもあったが、それは原理的に一般論として論証することは困難な代物であり、好況・不況はもとより、恐慌と並び立つ一局面を形成するものではあり得なかった。(28)

これは翻って、恐慌が単に好況から不況への移行を媒介しているだけでなく、何らかの追加条件を含んでいることを意味した。不況を脱する際には必ずしも撹乱の介在を証明しないのに、なぜ逆に好況から転落するときには恐慌が説かれなければならないのか、と問い直せば、三つの局面が少なくとも押し並べて論理的に等位に置かれるわけではないことは明らかだったはずであろう。それでもこの問題が前景化してこなかったのは、歴史理論との関連性とともに、恐慌の特別さが、時系列的展開とは別個に「恐慌の必然性の論証」という形で認識されていたからに外ならない。これが景気循環論の中心命題に据えられることで、いわば最短ルートで恐慌に辿り着く景気循環論の構成が志向され、恐慌をそのうちに分析的に位置づけるための基礎固めがやや手薄になった嫌いがある。

しかし、不況の歴史性を掘り起こし、それを契機に景気循環の理論装置を再点検してきたここでの議論にとって、「恐慌の必然性の論証」を免罪符にその概念的分析を避けて通ることは許されないし、もはやその必要もない。恐慌は、好況から不況への転移に伴う不安定性の発露であり、相転移と不安定局面という、二つの異なる事象の複合態なのである。このように、相転移の発生に伴い不安定局面が生じること自体に、恐慌の特異性が示されている。投機的な累積的価格上昇は、全く商品経済的でない偶然的な要因でも勃発し、その発生と崩壊は必ずしもその前後で景気を反転させるとは限らない。不安定局面が見られたならば、必ず相転移が起きるというわけではないのである。逆に、景況判断が反転すれば、その間にはそうした評価について個別主体間で意見の一致が失われる不安定局面が必然的だというわけでもない。「中間恐慌」の偶発性は、特に不況から好況に転ずる際に、なだらかに景気が復調してくる場合もあることを意味する。

こうした相互独立性は、一旦「恐慌の必然性の論証」から距離を置いて、相転移と不安定局面とに相の外側を整理してみることで明らかとなってくるが、同時にその二つの独立した事象が重なって発生することの特殊性を際立たせることにもなる。換言すれば、好況から不況への転移に不安定な撹乱が生じること自体、それが必然的なのだとすれば、それだけを切り出して論じることが要されよう。そこで本書では、「恐慌の必然性の論証」を、「好況から不況への相転移ならば、必ず不安定局面が生じる」という命題の証明に書き換えることにする。これによって、「恐慌の必然性の論証」を恐慌の激発性・全面性・周期性の三面の論証と言い換えてきたこれまでの恐慌論と、大幅に課題設定を違えることになる。不安定局面の発生が周期的かどうかは問題にならないことはもとより、その破綻も理論的批判に耐えうる厳密性で激発的・全面的と規定できるかと詰め寄られれば、それは難しいと告白せざるを得ない。それでも、論理のレベルを異にする二つの事象が景気循環のうちで必然的に重なる瞬間があるのなら、それは特別な理論的関心に値するのである。

かくして再定義された「恐慌の必然性の論証」は、不安定局面が流通過程の不確定性の態様変化に起因するため、今流通要因を除外して再規定した相の概念からストレートに入っていける領域ではない。相転移に、流通過程の諸要因を加味した独自の恐慌論が、別途展開される必要がある所以である。本書では、次章にてその問題を取り扱う。そのときにまた、従来の恐慌の激発性・全面性・周期性の論証というターゲットの妥当性を吟味することにしよう。

2　r 転移と s 転移

不安定局面を恐慌論として次章に繰り越すならば、本章に残された課題は、相の概念に基づき相転移を分析することである。ここでの分析は、恐慌だけでなく、好況と不況の間のスイッチ全般に対する理論的アプローチの基礎となる。注意すべきは、相が二種類だからといって、「好況から不況」と「不況から好況」の二つが相転移の二類型といって済ますわけにはいかないということである。それでは、時系列順に現象を並置した従来の恐慌論を根本的に克服したことにならない。相転移は、現実には時間の流れとともに継起的に生じる現象を分析するための視点を提供するものでなければならない。そうすることではじめて、一九世紀半ばのイギリスの景気循環を「典型的恐慌現象」とし、それをもとに「生成・発展・没落」のストーリーを描く方法を、景気循環論のレベルから考え直す端緒が拓ける。

相が利潤率と蓄積率という、相対的に独立した二要因で規定されているとするなら、相転移はこの両方の値が動かなければ実現しないことになる。相転移の分析は、この複合的な動き方を考察するものである。そこでまず、相の二要因のうち、どちらが相転移において主導的な役割を果たすのかを考えることから、検討してみよう。こうした水準の変動を考えるとき、その主導性を根拠づける観点としては、大小関係や前後関係があるが、利潤率の振れ幅と蓄積率の振れ幅を比較することにはあまり意味が見出せそうにない。やはり利潤率と蓄積率のうち、どちらが先に動いて相転移に至ったのかという、前後関係に着目するのが妥当であろう。好況と不況という二つの安定局面は、利潤率と蓄積率のいずれの構造的な安定条件が先に崩れて転換するのか、これが相転移の分析課題となる。等式(3-1)の記号をとり、利潤率が先に動き、切り替えを主導する相転移をr転移、蓄積率が先導するパターンをs転移と呼び分ける。

まずr転移の方から、その特徴を考察してみよう。繰り返し述べてきたように、相を規定する利潤率は、生産条件と賃金で確定されるので、こうした実体的な要因がr転移を引き起こすことになる。生産条件の変化が捨象される前提下においては、利潤率は賃金率の水準に連動する。宇野の恐慌論で重視されてきた、産業予備軍の枯渇に伴う賃金率の急騰は、したがってr転移の重要な要因となる。このように利潤率は急落することはあるが、急上昇することはあまりない。賃金率の下落が全部門で一様に、かつ急激に発生するということは考えにくく、各部門・各個別資本ごとに、労働過程の内容そのものを変更していき、特に高賃金の労働者の役割を減じていくことで、全体の賃金率の切り下げが行われていくことになる。

高賃金労働者は一般にその熟練ゆえに高い賃金を得ていると考えられるため、資本家としてもいきなりその層を切り捨てるというわけにはいかない。まずは熟練を要する労働過程を解体し、不熟練労働者に分担できるようにするなり、機械化を進めるなりの実質的な変革が必要になる。賃金率の引き下げが可能になるのはその後である。それゆえ利潤率の上昇は、そのペースが下落時より緩やかであるだけでなく、そもそもその開始のための準備にも一定の時間がかかる。ただし、生産条件が複数存在する場合には、劣等条件の整理がまとめてなされることによって利潤率が一度に上昇することもありうる。しかし、それを今のレベルで一般的に説くことは難しい。やはり利潤率の回復は、その落ち込みに比べるとかなりの時間を要するプロセスと見るべきである。

利潤率が先に動く場合でも、最終的に蓄積率も動かなければ、相転移にはならない。基本的に蓄積率はその時々の一般的利潤率の水準からは独立に決まるので、一般的利潤率の変化の後、蓄積率の変化があるかどうかは、別途検討する必要がある。しかし蓄積率は、一般的利潤率の水準そのものからは切り離されているが、相を挟んだ一般的利潤率の変化からは影響を受ける。この利潤率の較差が及ぼす蓄積率への影響が、r転移の特徴である。

賃金率が急騰するとき、利潤率は急落するが、この短い間については、宇野が指摘したように、それによって蓄積にブレーキがかかることはないと考えてよい。利潤率が急速に落ち込む中、今の水準よりさらに利潤率が押し下げられてしまう前に、利潤を確保しようというドライブが個別資本にはかかるからである。しかし利潤率が下がり切ってしまえば、もはや焦って蓄積をする必要もなくなる。前の好況のときの利潤率の水準に比べて、利潤率が低位であるうちは、蓄積を先延ばしし、次の好機をうかがう個別資本が出てくる余地が生まれるのである。このとき、昂騰した賃金率がそのまま高止まりしていると考える必要は必ずしもない。賃金率が引き下がったとしても、それが好況期よりも高い水準で下げ止まったとすれば、やはり好況期よりも利潤率は低いままに止まる。急騰した賃金率がまた一気にもとの水準まで暴落し、利潤率の水準が瞬く間に回復されるという極端な動き方をする場合を除いて、利潤率は急落したのち停滞し、それが蓄積率をも押し下げる効果を持つ。

それに対して、利潤率の上昇は比較的緩慢に起こるが、このためにr転移も緩やかに発生するということになるわけではない。利潤率が徐々に上向くにつれて、蓄積率も次第に回復していくということにはならない。ここにも、利潤率が下がるときと同じロジックを適用する必要がある。すなわち、利潤率の上昇傾向が見られるうちは、さらなる上昇を待ってから生産規模を拡大した方が、より有利な条件で生産を始められる資本もいる。そうした資本にとって、利潤率の上昇自体は蓄積の呼び水にはならない。利潤率が好況期よりも低い場合はもちろん、前の好況期の水準を超えて回復してきた場合でも、まだ利潤率の上昇が見込まれるならば、その後に蓄積した方が投下資本はなお高い利潤率を得られることになる。そのため蓄積率は、その他に回復の契機が与えられない限り、利潤率が高位で安定することになってはじめて上昇に転ずる。r転移の条件は、蓄積率が動き出す前に利潤率に変化が起きるということであり、その利潤率の変化が急激かどうかは関係がない。利潤率に続く蓄積率の動きで以って、相の潮目は理論上はっきりと画されることになる。

r転移に対して、蓄積率が利潤率に先んじて動き始めるs転移は、また違った様相を呈する。蓄積率を決める経済的要因には、一般的利潤率の動向と資産市場の二つがあるが、前者のルートを通して発生する事態は、既に述べたr転移の場合の蓄積率の動き方と同じものになる。s転移を引き起こす独立性を発揮するのは、それゆえ資産市場の動向に起因する蓄積率の変化である。

転売によって価値を再評価しながら同種性を維持する資産市場は、その構造上生産過程を背後に持ち、技術的に価格の基準が規定される世代交代型の商品市場よりも、市場内部での相場価格の更改を受け入れやすい。個別資本の競争を通じた市場の調整機構が機能不全に陥るとき、資産市場は価格の変動を特に増幅させる部面の一つである。それが必ず累積的価格上昇を引き起こすというわけではないが、そうした極端な価格変動がなくとも、種々の資産価格の無規律な変動は、投資資金の資産市場への流入要因となる。

資産市場の価格変動を予測するのは全く不可能であるが、実現された値動きの大きさ自体は誰にでも明白である。それゆえ資産市場の動向は、それを見ながら投資判断を下す資本家の蓄積態度に明確な影響を及ぼす。資産市場が活発になれば蓄積率は落ち、停滞すれば蓄積に資金が戻ってくるといったように、蓄積に対する資産市場の影響は画然としたものになるのである。このような資産市場の自立性が持つ力は、その資産市場を構成する商品の種類や、金融制度の構造等の特殊歴史的な条件によって大きく変化し、そうした具体的な要因を織り込むことは発展段階論の重要な課題となる。

ただし、投資資金の行き先には、生産部面の状況も関係してくる。生産への追加投資で資本が有利に活動できる場合には、単純に資産市場の動向のみに応じる形で蓄積率が動くということにはならない。この生産部面の状況を規定するファクターとして、利潤率の動向は非常に重要であるが、唯一のものではない。資本が生産への追加投資を行うかどうかの判断には、固定資本の規模や生産条件の選択といった、利潤率の水準に還元できない様々な要因が絡む。s転移には、その意味でr転移よりも説明に具体的な条件が必要になる。またs転移も相転移である以上、利潤率が続いて変化しなければ、相を切り替えることにならない。相の規定要因となる一般的利潤率は生産規模から独立であるため、蓄積率の変化の影響を受けない。s転移は、利潤率の変化がまた別に発生してはじめて完結するのである。利潤率が変化することなしに、蓄積率だけが振れても、それは相転移にはならない。

しかし、このように言ったからといって、利潤率の動きがなければ蓄積率は動かないということにはやはりならない。蓄積率が相対的に独立して動く余地が理論的に認められる以上、その変化を常に利潤率の変化に追随するものと単純に結論するわけにはいかない。その限りで、蓄積率が先導するs転移は、r転移からは独立した相転移のもう一つのタイプをなすのである。実際、利潤率の動きに還元されない、蓄積率に対する資産市場の影響力は看過されるべきではなく、景気循環論には、こうした蓄積率の変化を積極的に汲みとる分析フレームワークが用意されている必要がある。s 転移は、実体的な要因から遊離して景気が左右される状況を単にイレギュラーとして処理するのでなく、歴史的に積極的な意味づけをしていくための基礎を与えるのである。

＊　＊　＊

資本主義的市場の動態は、このような相概念を基礎とした景気循環論として再構築される。これまでの景気循環論は、好況─→恐慌─→不況の三局面を等位に並べ、その中で「恐慌の必然性の論証」を目指す恐慌中心型の構成をとってきた。しかしこれは、一九世紀半ばのイギリスの周期的恐慌を「典型的恐慌現象」としながら、その後の景気循環の諸現象を「不純」とラベリングする歴史観と分かちがたく結びついており、「不純」な景気循環の種差を分析することを狙おうとすれば、その全面的な組み替えが要されてくる。

そのためにまず、景気循環のうちの好況と不況を、主体間での景気に対する評価が概ね一致する安定性を示す相として概念化し、その相の二要因として、個別主体の行動を規制する構造的指標となる、一般的利潤率と蓄積率を取り出した。ごく単純化して言えば、両指標が相対的に高い状態が好況、逆ならば不況となる。

その上で、景気に対する評価がばらつき、相を形成しない局面を不安定局面とし、相の切り替えである相転移と不安定局面を区別した。相転移そのものは、不安定局面を伴うかどうかにかかわらず、利潤率と蓄積率の動き方によって、さらに二種類に分類できる。一般的利潤率は、生産条件と賃金率によって決定されており、そうした実体的要因が主導して相転移が発生する場合もあるが、それに対して、資産市場の影響から蓄積率が独自に先行して動く相転移もありうる。相としての景気循環をめぐる諸概念は、大略以上のように整理される。これらを基礎に、いよいよ次章にて、相転移と不安定局面とが絡み合う恐慌の理論に挑んでいく。

註

（1）『資本論』の歴史認識には、こうした傾向法則とは異なる側面もある。例えば第一巻第二四章「いわゆる本源的蓄積」の第六節「産業資本家の生成」では、資本主義の本源的蓄積は、先進資本主義国が後発国に対して公信用を与えることでも推し進められると述べられ、ヴェネチアからオランダ、オランダからイギリス、そしてイギリスからアメリカへとそうした関係を通した覇権の移り変わりが見られた（あるいは、見られつつある）ことが指摘されている。ここのテキストは、二重の意味で自由なプロレタリアートの創出による本源的蓄積と、それを典型的に遂行したイギリスの資本主義を中心とした歴史観とは、かなり異なった視角を提供しており、Arrighi[1994] 邦訳四五–四七頁等で取り上げられている。しかしこうした歴史観も、独自の原理論、特に景気循環論に基礎づけられなければならない。

（2）『恐慌論』の附録の一では、『資本論』は本書第一章で見た「マルクスのプラン」のうち「資本一般」を扱うものであり、恐慌論を含まないとする久留間[1965] 第Ⅱ章が批判され、『資本論』において原理的な恐慌論が構築されなかった理由として、第三巻での利潤論と利子論の体系上の不備が検討に付されている。それに応答した久留間[1965] 第Ⅸ章は、第三巻第三編は「利潤率の傾向的低下の法則」を主題とするものであって、利子論を含めた十全な恐慌論が展開されなかったのは当然であると反論している。それ自体はやはり原理的な恐慌論が展開されなくてよい理由にはならないが、しかしそうだとすればなおのこと、資本主義に対する歴史認識の問題が、恐慌論・景気循環論の意義と不可分に問われなければならないことになろう。

（3）これは、『経済政策論』補記の「第一次大戦後の資本主義の発展は、それによって資本主義の世界史的発展の段階論的規定を与えられるものとしてではなく、社会主義に対する資本主義として、いいかえれば世界経済論としての現状分析の対象をなすものとしなければならない」（宇野[1971] 二六七頁）という記述を解釈し、現代資本主義を、資本主義の一段階としてではなく、社会主義に移行しつつある社会として規定する議論であった。

（4）一九六〇年代の高度経済成長期については、金融政策によって恐慌の原因を解消するとする独自の「国家独占資本主義」論が、大内[1970] によって展開され、広い影響力を発揮した。その後には、一九二九年の大恐慌を契機に、それを防止するための様々な社会経済的システムが資本主義に組み込まれた「大恐慌回避体制」として、現代資本主義を規定する侘美[1998] 等の見方が提示されてきた。

（5）伊藤[1990] 第一章では、二〇世紀末の資本主義の展開は「一九六〇年代にいたる戦後の資本主義世界の発展傾向に逆行しているだけではなく、より長期的視野からみるなら、一九世紀末以降の資本主義の歴史的発展傾向全体をも逆転するものとなっている。……資本主義は、いわば歴史のフィルムを逆転し、一世紀にわたる歴史の継続的な発展傾向を溶融し、いくつかの側面で、かつての自由主義段階やそれに先立つ重商主義段階をさえ想起させる様相をあらわしてきているように思われる」と述べられ、これが「逆流する資本主義」と特徴づけられている（二一九、二二〇頁）。この「逆流仮説」は、宇野が描いた資本主義の「生成・発展・没落」のストーリーを修正しながらも、その内容を構成する歴史的三段階の各規定と、さらにそれを基礎づけている自由主義段階ベースの原理論には立ち入らない。しかし最近では、宇野の歴史理論の積極的意義を認めながらも、もはや段階規定そのものの修正やむなしとする議論が登場してきている。河村 [2016a][2016b][2016c] では、資本主義の歴史を「パックス・ブリタニカ」段階と「パックス・アメリカーナ」段階の大きく二つに区分し、一九八〇年代以後の「グローバル資本主義」の歴史的位相を「パックス・アメリカーナ」段階の「変質期」と規定する試みが提起されている。Yokokawa[2013] は、独自に再構成された景気循環の三つの類型論をベースに、"Market Capitalism" と "Bureaucratic Capitalism" の二段階に資本主義の歴史を再区分している。小幡 [2012] 第二章では、八〇年代以後の「グローバリズム」の展開のコアを新興資本主義国の台頭に求めた上で、資本主義の歴史を複数回の起源を持つ「プレートの交替」として描くシナリオが打ち出されている。

（6） 宇野 [1953] 一五六頁は、この部分を引用し、恐慌の周期性が論証されていないと批評している。それはその通りなのだが、ここでは論証の成否ではなく、動態の描き方に注目して『資本論』のテキストを読む。

（7） 『資本論』第三巻の「主要草稿」では、おそらく資本の物的な量とその価値量とを区別するため、「資本価値の蓄積」の「価値」のところが強調されている (Marx[1863-67]S.323)。

（8） 現行版では削除されてしまっているものの、『資本論』第三巻の「主要草稿」では「利潤率の傾向的低下の法則」のうちに「資本のプレトラ」の発生が述べられていることを指摘し、傾向法則を基礎に恐慌論を展開すべきことを改めて主張した最近の論考として、宮田 [2011][2014] がある。この「プレトラ」論については、次章註（29）も参照されたい。

（9） 宇野 [1958] 一三四–一三六頁では、この『資本論』のテキストについて、産業予備軍の動きと景気循環の各段階との間の因果関係が明らかではないと、やはり原因論的な観点から疑問が呈されている。

（10） 膨大な研究の蓄積があり、全てを網羅するのは不可能であるが、自由主義段階の景気循環については杉浦 [1973]、藤川 [1973]、馬渡 [1973]、帝国主義段階のイギリス大不況については伊藤 [1964] や侘美 [1964]、一九二九年の大恐慌については侘美 [1994] といった論考が、今でも読み継がれている。これらは宇野の恐慌論をそのまま受け入れたわけではなく、現状分析を経てその妥当性を批判することを企図していたが、宇野の発展段階論の重要性を否定するものではなく、むしろ景気循環の形態変化の分析によって、それをより強固に展開することを目指していたと言ってよい。

（11）そのことは、多くの「福祉国家」論のプロトタイプとなった大内[1970]の「国家独占資本主義」論自体が、金融資本概念よりもむしろ宇野の『恐慌論』を重要な媒介項としていたことに端的に示されていよう。

（12）景気循環論で原理論体系を終える構成が確立されてくるのは、日高[1983]、山口[1985]の頃からである。小幡[2009]や菅原[2012]といった最近の原理論のテキストでも、景気循環論が最終章を構成しているが、それぞれの中身は以前にもまして多様化している。

（13）山口[1983b]一六一－一六四頁参照。

（14）不況の理論について包括的な議論を展開した先駆的業績として、中村[2005]がある。そこでは、実質賃金率の切り下げには限界があることが、不況の持続性の要因として強調されている。それに対して、固定資本の過剰やそれによる部門間不均衡を、不況の原因として論じたものとして、田中[1995]や宮澤[2003][2007][2010][2011]がある。

（15）宮澤[2015]では、不況を資本過剰の処理ではなく、部門間不均衡の調整過程として捉える立場から、帝国主義段階についての諸見解が不況論との関わりで整理されている。

（16）『経済政策論』では、次のように景気循環の形態変化が資本主義の没落と関係づけられている。

「根本的には労働力の商品化を基礎とする恐慌として現れる資本主義社会の基本的矛盾がむしろ資本家社会的に、したがって部分的に回避されるだけに、その体制自身の難点としてなんぴとにも否定しえないものとなって現れてくる。しかもそれは単なる経済的再生産過程の基本的関係――つまり資本と労働人口との対立――に基づく矛盾としてではなく、したがってまた原理的に解明されるというものとはいえない種々なる社会的部面の対立矛盾として、むしろ法律的、政治的その他あらゆるイデオロギー的矛盾としてあらわれる。そこで何か政策的に解決されうるかのごとくに考えられて、何らかの政策によって糊塗されれば、他の部面になお一層強化された対立矛盾としてあらわれ、いわば解決の根源さえ見失われることになり、それは全く解決のない発展として展開されることになる。そしてまた、そういう姑息な政策なしにはやってゆけないということがいわゆる帝国主義時代を特徴づけるのであって、資本主義はまさに没落をひかえた爛熟期に入ったものといってよいのである」（宇野[1971]一五四頁）

ここでは、不況の慢性化が没落を画する特徴として直接には挙げられてはいない。恐慌がひとまず回避され、それに伴って政策等の経済外的な力が動員されることになり、そうした側面が「没落をひかえた爛熟期」を意味するところとなる、と述べられている。景気循環は、いわば経済政策に媒介されて段階を規定するものとされており、必ずしも景気循環の形態変化そのものが直接段階規定に結びつけられているとは言えない。

他方、『恐慌論』では「十七、八世紀の資本主義の発生期と十九世紀の成長期に対して十九世紀末からは爛熟期、あるいは没落期とでもいうべき段階に入ってきた」（宇野［1953］二六頁）と述べた上で、一九世紀末以後の景気循環の特徴として「繁栄が全産業部面にわたってあらわれ、その生産力を十分に発揮するということをますます困難にし、いわゆる不況の慢性化の傾向を馴致することになった」（宇野［1953］五三頁）という点が挙げられている。第五章「資本主義社会における恐慌の必然性」においても、恐慌の必然性の論証方法を説く文脈においてではあるが、「いわゆる帝国主義の時代とせられるこの資本主義の没落期には、すでに指摘したように恐慌現象も典型的恐慌とは異なった様相を示し、いわゆる慢性的不況化の傾向や戦争のごとき形で資本家的生産方法の矛盾を発現するものとも考えられる」（宇野［1953］二一五頁）と述べられている。

（17） 不況の慢性化による帝国主義段階規定は、最も典型的には大内［1954］一五八―一六一頁や［1985］三一〇―三二二頁等に見られる。岩田［1964］第四章は、帝国主義段階における好況や恐慌が、外的要因に帰せられ度外視されるのは視野狭窄であり、むしろこの時期の資本蓄積が単一のタイプに落とし込めない点にこそ、その特徴が求められるとしながらも、「重工業を基軸とする資本主義の発展段階を「爛熟期の資本主義」として規定せざるをえないのは、根本的には、それが資本主義をして不況期の個別資本的な競争戦による過剰資本の根本的な整理の負担にたええなくし、それによって生産力と生産関係の矛盾を資本主義的生産様式の限界内で解決する現実的基礎を喪失せしめるという点以外にはありえない」（二三七頁）と述べて、一九世紀から二〇世紀への転換期における独占の形成とそれに伴う好況の背景を、やはり慢性的な過剰資本の存在に求め、それを帝国主義段階の歴史規定に結びつける理解を示している。

（18） 宇野［1953］の蓄積過程に対するこうした見直しについては、日高［1983］二四六、二四七頁、山口［1984］一六五頁、［1985］二四六頁参照。また藤川［1973］では、宇野［1953］で原理的な景気循環を最も近似的に示すとされた一九世紀イギリスの「典型的恐慌現象」においても、好況期の生産条件の改善が一般的に行われていたと実証されている。そこから進んで、日高［1983］一四五―一五四頁、［1987］一一六―一三〇頁、二四一―二四四頁といったところでは、好況期と不況期の資本蓄積を、好況期には好調な蓄積に基づき固定的な生産設備の増設が進められるのに対し、不況期にはこうした積極的な生産規模の拡張よりも、既存の固定設備の更新が主要な固定資本投下の形となるといった二様式に分類することが提起されている。この固定資本の蓄積の二様式については、後に本文で検討する。

（19） 小幡［2014］一七二―一八三頁参照。

（20） 恐慌の論証について、小幡［2014］第六章では「原理的に詰めうるのは、不連続な崩落を引きおこす商業資本や信用機構の特性までで、好況から不況への相転移が、必ず激発的な恐慌を経由するという積極的証明まではできない。……原理的に見るかぎり、相転移の現実はいくつかの可能性の束であり、現実の恐慌過程は、歴史的現象として分析すべき対象なのである」（一八八、一八九頁）

と述べられている。実際の恐慌現象のありのままの過程を論証対象とすれば、たとえそれが一九世紀半ばのイギリスで発生していたものであっても、原理的に論証することは不可能である。それは、原理論で説かれるあらゆるカテゴリが、現実には全く同じものとして見出されることはないのと同様である。仮に、ここで証明できないと言われているのは、理論内部で論理的に再構築される、いわば原理的恐慌概念であると考えてみよう。これが論証できないなら、確かに「恐慌の必然性の論証」と相転移は無縁となるが、しかしそれは、相転移を時系列的展開に委ねてよい理由にはならない。「恐慌の必然性の論証」をやらないなら、「いくつかの可能性の束」として現れる好況から不況へのプロセスを、相転移の概念がどう分析するのかが、独自に明らかにされなければならない。なお本書は、従来と同じ意味での「恐慌の必然性の論証」にはならないが、原理的恐慌概念の導出を諦めない。相と相転移を再規定した上で、原理的に可能な範囲での恐慌概念の定立を、本章から次章にかけて試みてゆく。

（21）事実小幡［2014］でも、不況期における一般的利潤率と個別的利潤率の持続的乖離について、「こうした乖離を引き起こす原因は、相の基本形を規定した論理レベルより、もう一段抽象度を下げて探るほかない。基本形と同じレベルで一つの原因に絞ることはできないからである」（一八二頁）と述べられている。もし流通過程の態様を、相の基本的な規定要因から除外するのであれば、個別的利潤率は括弧に入れられ、一般的利潤率の動向のみが相を規定することになる。一般的利潤率は労働市場と生産技術の二つを決定要因とするが、「生産技術の改善が全過程を貫いてほぼ一様に進むと仮定」（一八〇頁）すると、ポイントは労働市場のみに絞られる。しかし、資本主義経済全体の状態を指す相の規定要因を、結局労働市場に還元してしまうのであれば、そもそも相という状態概念を持ち出す必要はなく、労働市場論と区別された固有の景気循環論は不要となるのではないか。労働市場とともに、その他の原理論の領域を総合的に考慮することでしか展開できないところに、景気循環論の原理論における特別の意義が見出されなければならない。

（22）宇野［1953］二三三、二三四頁および二六〇–二六二頁参照。

（23）これらは皆、熟練の解体の不徹底や固定資本の存在といった、資本主義にとって「不純」な要因が残存しているがゆえであり、日雇いの単純労働力のみを使い流動資本のみからなる生産資本を「純粋資本主義」として想定すればよい、と断定してしまえば、蓄積率の問題は考えなくてもよい。逆に言えば、理論上、わずかでもそうした要因を抱えた資本であれば、いつもできるだけ多くの利潤を蓄積に回してさえいればよいという単純な思考回路ではやっていけないことになる。この違いは、競争が徹底されているかどうかではなく、そうした競争の前提条件の差異にある。

（24）宇野恐慌論以外のマルクス恐慌論にあっては、特に「均衡蓄積軌道」概念の登場以後、蓄積率に関する研究が進められてきた。「均衡蓄積軌道」は、再生産表式において、第一部門（生産手段生産部門）と第二部門（消費手段生産部門）の生産規模の比率が一定になる「均衡蓄積率」が維持される蓄積過程であり、過剰蓄積を検出する基準であるとされる。これをマルクス恐慌論に実装した富塚[1975]では、社会の一定の生産力水準に照応するものとして第一部門と第二部門の比率は一つに定まると述べられたが、それに対して久留間編[1972]、久留間[1975][1976]においては、恐慌の原因となる「生産と消費の矛盾」や過剰蓄積は再生産表式論ではなく、『資本論』第三巻の「利潤率の傾向的低下の法則」を前提としてはじめて問題とされうるという『資本論』解釈に基づきつつ、「蓄積率の方が独立変数で、部門間比率は従属変数」(久留間編[1972]栞・一九頁)であるという真っ向から対立する主張がなされた。この論争は、『資本論』の解釈問題とともに、恐慌論の理論問題をめぐって戦わされており、マルクス恐慌論の重要な争点の原型の一つをなしている。久留間の諸論考への直接の言及があるわけではないが、置塩[1967]でも「投資の独立性」が重視され、投資関数の設定によって蓄積率を定式化した上で、「均衡蓄積軌道」についても労働人口増加率を加味した再定義がなされており、マルクス恐慌論の一潮流を形成している。こうした再生産論ベースの恐慌論に関する議論をまとめたものとして、富塚・吉原編[1997][1998]や、最近のものとしては谷村[2014]がある。なお本書は、景気循環の規定要因として、利潤率とは独立に蓄積率を取り上げるが、景気循環の全体像、特に恐慌の理論像について、これらの諸説とは異なる理解をしている。その点については、次章にて商品過剰説的恐慌論に対する宇野恐慌論からの批判を検討する際に詳論する。

(25) 置塩[1967]一八七―一九三頁では、前期の稼働率および利潤率が、今期の蓄積率を決定する因果関係が説明されている。ただし、そこでは一般的利潤率は毎期変動するとされているのに対して、相のアプローチは、一般的利潤率のある程度の期間にわたる安定性を前提とする。この区別は、相転移を考える際に重要になる。前期ではなく、前の相との比較で蓄積率が決まる場合には、利潤率が下がり始めた途端に蓄積率が低下し始めることにはならない。

(26) 式(3-1)は、ポストケインジアンが「ケンブリッジ方程式」と呼ぶものと形の上では同じである。かつての「ケンブリッジ資本論争」にて、「ケンブリッジ方程式」は、利潤率rを決定する式として、資本の限界生産性が利潤率を決めるとする新古典派に反論する役割を担っていた。しかし本書では、rは別途価格方程式(1-1)によって決まると考え、式(3-1)をrの決定式とは考えない。また、ポストケインジアンらはsを「貯蓄率 saving rate」として、貯蓄と消費の分割関係を示す値とするが、本書ではむしろ、実物投資と資産市場への投資との間の関係に主たる関心が置かれている。

(27) 投機と累積的価格上昇の部分性については、小幡[2009]二六六、二六七頁参照。

(28) 「中間恐慌」の代表的な研究として、中村[2005]第八章を参照。

第4章　資本主義的市場における恐慌

資本主義経済はその成立以来恐慌現象を随伴してきたが、その発現形態は一様ではない。それはその時々の資本主義の歴史的段階に応じて異なるし、また危機の発現部面や様相の相違に応じて、産業恐慌や信用恐慌といった派生語を生んだ。このように様々な形をとりうる恐慌現象に理論的にアプローチしていくとすれば、単に現象を横並びに比較するのではなく、まずは分析の基準となるべき恐慌概念が定立されなければならない。恐慌論は、景気循環の全般的な態様を理論的に捉えるための概念を準備するだけの領域ではない。そうした景気循環の理論は、資本主義経済の下で原理的にその発生を導出しうる、恐慌の理論像を彫琢するという目的を併せ持つ。本書を締めくくるこの最終章では、前章の景気循環の全体像を下地として、それを端的に特徴づける恐慌の理論を追究してゆく。

景気循環に比べれば、その中の一現象である恐慌については『資本論』にも少なくない数の言及が見られるが、その記述はかなり散発的である。そこでは、販売と購買の分離による恐慌の可能性（第一巻第三章）、蓄積過程と過剰人口の動態（第一巻第二三章）、拡大再生産の均衡条件とそこからの乖離（第二巻第二一章）、労働人口に対する資本の過剰（第三巻第十五章）等のテーマが扱われているが、これらの間の関連は明確でなく、『資本論』全三巻を通して体系的に資本主義経済に固有の恐慌概念が追究されているとは言えない。そこで後代のマルクス恐慌論研究は、こうした恐慌の契機の体系化と理論的一貫性の整備に努力を傾注してきた。その結果として、商品過剰説と資本過剰説の二大潮流が成立してくることとなる。前者は、市場において需要に対し商品の供給が過剰になり、以って利潤率が低下するところに恐慌の原因を求める立場であり、後者は、そうした商品の供給過剰は資本の過剰蓄積の現れであり、恐慌につながる利潤率の低下は商品の過剰に先行すると見る立場である。日本に限らず、多くの国々でのマルクス恐慌論の研究の歩みは、この二類型に即して進んできたと言ってよい(1)。

そのうち、宇野の『恐慌論』とその流れを汲む研究においては、一方で労働人口に対する資本の過剰によって引き起こされる、労賃の騰貴が恐慌の根本原因とされつつも、他方で信用機構の動態が恐慌の発現を説明するにあたり重要視されてきた。すると、原理的恐慌論としての基本構造に限ってみても、単なる資本過剰説の一種としてより、資本蓄積の動向と信用機構での進展との連携で以って恐慌を導出する総合的視角にこそ、宇野恐慌論の特徴があることは銘記されておかねばならない。宇野恐慌論は、産業部面と信用の動態とを密接に関連づけて説く体系として、研究史上先駆的かつ独自な地位を保持しているのである(2)。

ただし『恐慌論』の総合的な体系性は、原理的に解明される資本主義経済の諸領域をあまねく包含するものではない。信用機構が恐慌論に積極的に取り入れられたのとは対照的に、市場そのものに関する問題には全般的に消極的な評価が与えられている。例えば投機的活動については「真実の価格関係を隠蔽する」(宇野 [1953] 七八頁) に過ぎないとして、その恐慌論での原理的な意義が棄却されている。こうした恐慌論における市場の役割の消極化は、恐慌論を基礎づける宇野の原理論の構成から照射してみると、より際立って見える。前述のような、信用機構の動態を統合した恐慌論が展望しうるようになった背景には、原理論本体における信用論の再構築がある。すなわち『経済原論』にあっては、『資本論』第三巻第五編の冒頭にて設定されるような、産業資本に対して貨幣を貸し付けるだけで、自ら投資を手がけることはない「貨幣資本家」の存在は原理的に根拠づけられないものとして排除され、代わって産業資本の運動のうちに必然的に生じる遊休貨幣資本が、信用機構の展開の構造的基礎に据えられている。これが、好況末期に産業資本が労賃騰貴による利潤圧縮に直面する一方で、再生産に基礎づけられていた信用関係が行き詰まり「利潤率と利子率との衝突」と称される事態を描出する素地を形作っているのである。

それに対して、市場内部において安く買って高く売る運動をその利潤の源泉とする商業資本は、信用論で説かれる「貸付資本」の成立を俟ってはじめて説きうるものとされている。そこでの議論はかなり複雑であるが、「貸付資本」から商業資本を経て「それ自身に利子を生むものとしての資本」の成立を導出するという、資本の物神性の完成による原理論体系の総括が、議論の大枠であると言ってよい。その限りでは、商業資本の活動はこの物神性論の一媒介項としてのみ把握され、その結果として市場の動向も、蓄積論と信用論から構成される恐慌論においては、積極的な意義を与えられないこととなる。

しかしながら、宇野の研究を汲むその後の商業資本論では、このような「貸付資本」を前提とした商業資本の成立を説きつつ資本の倒錯的認識の発展を論じる物神性論から、産業資本の機能の一部を担う資本が分化・発生したものとして商業資本を導出する機構論が切り出され、発展されてきた(3)。そこでは、体系構成上の順序の問題を残しつつも、商業資本の原理的な出自が産業資本の運動との係わりのうちに求められ、信用機構と並んで利潤率均等化の補足機構として位置づけられることとなった(4)。物神性論を棄却する方向で精緻化されたこうした市場機構論は、商業資本ならびにその活動領域である市場の動きを、恐慌論から閉め出す隔壁の一つを破る営力を担ったと言ってよいであろう。商業資本が、原理的にはある範囲で信用機構と同様の役割を産業資本の運動に対して働かせるのであれば、信用機構の動態と少なくとも同列に、市場の動態を恐慌論にて取り扱ってよいと考えられるからである。

商業資本のみならず、信用機構についても、原理論のレベルで研究が進んだ宇野以後の見地に立ってみると、恐慌論における市場の諸問題は、単に原理論として考慮すべき余地があるのみならず、それなしには原理的な恐慌論は完成しないというべき理論的意義をも持つようになってきている。『恐慌論』においては、信用機構は基本的に産業資本の遊休資金を媒介するものとして捉えられ、それが信用関係の拡張の限度を画することとなっている。もちろん「銀行は、……産業資本の再生産の拡張が確実に予想される範囲では、その銀行券を増発して資金を自ら形成することもできる」と、信用機構内部での、特に銀行が主導する資金形成にも注意が払われているものの、「信用制度の根本的基礎をなすものは、個々の資本によって行われる社会的再生産過程における資本家社会的なる資金の融通関係にほかならない。銀行券の増発の限度もまた基本的にはこれによって規定せられるのである」と述べられ、産業資本の側からの資金供給に力点を置いた理解が示されている（宇野［1953］一二八、一二九頁）。このとき産業資本の利潤圧縮は、信用機構にて媒介される資金の減少に直接つながり、資金需給を逼迫させることになろう。「利潤率と利子率との衝突」で以って恐慌の発現を画する展開は、こうした資金媒介的な信用論に基づいているのである。

この理解はその後、返済を通じた将来の貨幣還流を先取りし、現存している遊休資金以上の資金を生み出す信用創造的な役割が信用取引において強調されるに伴い、修正を見ていくことになる。すなわち、与信者はもちろん資金的な余裕がなければ与信できないが、その遊休資金を直接受信者に貸し付けるわけではなく、受信者の所有する商品が将来の一定期間以内に現金化されるという予想をもとに、その未だ売れていない商品から現在通用する購買力を引き出し、それに対して商品を販売する。このように原理的な信用論は、産業資本間での資金媒介に代わり、信用創造の機能を中心としてさらなる再編が進められたのである(5)。

こうした原理的信用論の発展は、恐慌を発現させる信用機構の動態についても、見直しを求めることにならざるを得ない。産業資本が受信するのは、後払いで生産手段を仕入れ、既投下固定資本の運動を継続できるようにしておくためであり、その動機はわずかな流動資本部分に対する利子率の上昇によって直ちに消失するわけではない。受信資本が生産停止に追い込まれるのは、文字通りの「利潤率と利子率との衝突」によってではなく、貸付がストップされて受信そのものが不可能になるときである。

このような与信の停止を帰結する展開を、恐慌の発現として説こうとすれば、資金媒介的な信用論をベースとした恐慌論に止まることはできない。未だ価値実現していない商品をもとに資金を形成するのが信用取引の基本であるとすると、労賃コストの上昇によって産業資本の利潤が削減されたからといって、信用関係の形成が阻まれるわけではない。受信側の資本の商品販売による返済還流が信用される限り、その受信資本が実現しうる利潤が減少していようと、信用の供与自体には問題はないからである。むろん利潤率の低迷が、将来の返済還流に対する不信を呼び起こすことはあろうが、返済可能性はそれを担保している商品が無事価値を実現しうるかどうかにかかっているのであり、その価値構成に占める剰余の割合の多寡は直接係らない。

とすれば、好況末期の信用機構の動態は、商品が価値実現を試みる市場との関係で考察していかなければ、十分とは言えない。信用創造機能を発揮するような信用関係の形成が困難になる原因を考えるためには、それを基礎づけている商品市場の動態を考え合わせることが必要となるのである(6)。

続いて見ていくように、宇野以後の恐慌論研究においては、宇野による市場的要因の捨象を問題視し、これを克服する試みがなされてきている。しかし、それらはあくまで蓄積過程と信用機構の間を取り持つ、いわば通過点として商品市場を挿入するに止まり、好況末期に社会的再生産の態様とは異なる途を辿るような、市場に固有の不安定な動態的特徴を剔出するものではなかった。そこには、個別資本の利潤率をめぐる競争を通して、市場はあくまでも「均等化」に向かうのが原則であり、それ自身としては景気循環全体に影響を及ぼしうるような不安定因子を抱えていない、という認識が見え隠れする。これは裏を返せば、産業予備軍の枯渇という実体的な要因からの演繹的展開で以ってのみ、恐慌に至るような市場の不安定性が描き出されうるということにもなる。

しかし本書では、生産価格論から出発し、流通過程の不確定性としてその意味を理論的に追究されてきた市場の性質が、単に個別資本にとっての将来の不確実性であるのみならず、資本主義的市場全体の構造的な特徴として捉え直され、それ自体の現れ方も、社会的再生産との相互関係の下、単一ではないことを見てきた。この資本主義的市場の無規律性を景気循環論に組み入れようとすれば、従来の景気循環論における市場認識も問い直しを迫られることにならざるを得ない。そこでは、宇野恐慌論と商品過剰説的恐慌論の相違を、単純に労賃騰貴を恐慌の第一次的な原因と見るか否かに求め、あらゆる市場的要因を商品過剰説の領分として括る、二分法的な思考法を再考していくことも必要となってくる。宇野恐慌論への市場的要因の組み込みは、既に商品過剰説によって明らかにされた要素を、労賃騰貴説に付け足していく増築工程ではなく、原理的に措定されてきた市場の特性を、資本主義的市場の動態として、独自に恐慌論へ編み込むリノベーションでなければならないのである。(7)

第1節　不安定局面としての恐慌

1　恐慌の断絶性

恐慌の原因として市場的要因を重視してきた商品過剰説の恐慌論にあっては、蓄積のための蓄積を推し進める資本の運動が、市場において商品の過剰生産を帰結せざるを得ない論理が追究されてきた。それはさらに、資本—賃労働関係においては労働者の消費が制限されており、資本による商品の供給に対して需要が不足せざるを得ないとする過少消費説と、資本主義の下での無政府的な蓄積は、特に生産財生産部門と消費財生産部門との間に需給の不均衡を作り出すとする部門間不均衡説とに大別される。

ただし、資本家の蓄積需要まで考慮した蓄積過程の分析を含む過少消費説の場合には、労働者の消費制限を究極的な恐慌の原因としながら、それが発現する経路として、再生産表式を用いた部門間の需給関係の問題を組み込む精緻化が施されている。(8) したがって商品過剰説の全体としての特徴は、資本蓄積過程のうちに生じてくる部門間の生産規模のアンバランスの形成に着目し、それを何らかの形で恐慌論のうちに実装しようとする視座にあると要言しても大過ないであろう。かくして恐慌の市場的要因に対する理論的検討は、蓄積過程が固有に孕む不安定要因を取り出そうとする、商品過剰説によってリードされてきた。

この商品過剰説の議論に対しては、特に宇野恐慌論の立場から「恐慌の必然性の論証」としての不十分さが指摘されてきた。景気循環の中で特に恐慌に焦点を当てるとすれば、資本主義経済の分析に際し恐慌が基礎的な概念となることが理論的にも担保されている必要があり、本章にて市場における恐慌の基礎を考察する場合にも、この問題を避けて通るわけにはいかない。ただ、この「恐慌の必然性」の内容が、恐慌の市場的要因を須く排除すべきことを意味するのかどうかは、厳密に検討されてきたとは言えない。それは字句通りには恐慌が不可避的に発生する事象たることを意味するが、しばしば恐慌の「周期性」「全面性」「激発性」の三点の論証に言い換えられてきた(9)。そこで、それら三つの側面から、恐慌論にて論証されるべき対象を再吟味してみよう。

まず恐慌の「周期性」は、労働者の消費制限や再生産表式の均衡条件からのズレといった、資本主義にとって恒常的な問題に素朴に恐慌の原因を帰する「万年恐慌」説に本来対置されてきたものであった。すなわち、「万年恐慌」の対極に原理的な恐慌論における恐慌の「周期性」の論証を位置づけることで、不断にありうる「恐慌の可能性」とその法則性・必然性とが対比されてきたのである(10)。しかし翻ってそれを積極的に論証しようとすれば、商品経済的論理のみによる展開を原理論の基本とする限り、かなりの無理が伴うことにならざるを得ない。単に労賃騰貴の周期的発生の論証に限定したとしても、労働人口や資本蓄積の進行について目的論的な前提を置かなければならず、論理的な一貫性を損なう。

「万年恐慌」批判としては、恐慌が景気循環の過程において発生する恒常的変動とは異質の、不連続な変化として描出されるべき対象であることさえ確認できれば足りるのであって、その限りではそこから進んで「周期性」までを証明する必要はない(11)。この「周期性」は、むしろ自由主義段階の恐慌現象を典型として資本主義の歴史的発展を説こうとした際の象徴的性格が強く、理論に対する過剰要求であった。

他方で、原理的に論証される恐慌について「全面性」「激発性」を具備しているべきかどうかを改めて考えてみれば、こうした恐慌の現象的なありのままの特性を論証対象に据えようとすると、やはり困難に直面せざるを得ない。すなわち、全産業部門にわたり瞬間的に発生する利潤率の下落の証明といったような、景気後退の範囲・速度の問題として見ると、商品過剰説に対して宇野恐慌論が優位に立っているとは必ずしも言えない。労賃騰貴が引き起こされても、資本の有機的構成の差異や流通過程に随伴する不確定性を考慮すれば、利潤圧縮の範囲や速度は不均等な過程にならざるを得ない。恐慌の発現の契機としての利子率騰貴まで含めて考えたとしても、個別資本ごとに信用の利用の程度に違いがあれば、全個別資本がそれによって画一的な影響を被るとは考えられず、全面的・激発的な崩壊には到らない可能性が残る。さらに銀行資本による与信の個別性を重視すれば、銀行資本は個別資本ごとに異なる利子率を課す裁量の余地を持ち、利子率の引き上げや貸出停止に遭う個別資本は一部に止まることにもなろう(12)。

恐慌の要因が発揮する効果のこうした不均質性を考慮すると、恐慌現象の「全面性」「激発性」の理論での再現度については、宇野恐慌論にあっても十分とは言いがたい。それらの点に拘泥すれば、特定箇所の過剰生産による不振を描出するだけでは、それが他部門に波及し、全般的過剰生産に発展する必然性の論証は困難だとして商品過剰説を退けてきた理屈が自らにも妥当することになりかねず、それでは商品過剰説への批判もエッジが効かない。

かくして「恐慌の必然性の論証」に仮託されていた宇野恐慌論の独自性は、周期的・全面的・激発的な恐慌の描出それ自身では尽くされないとすると、恐慌論における論証対象は、景気循環過程の中の位置関係から今一度汲み上げ直される必要があろう。宇野恐慌論でも商品過剰説の恐慌論でも、恐慌が好況から不況への移行プロセスに置かれる点に相違はない。しかし宇野恐慌論にあっては、資本蓄積の結果労賃が騰貴しても直ちに恐慌が勃発するわけではなく、それから恐慌の発現の契機としての利子率騰貴に至るまでが、好況末期と呼ばれる不安定な局面をなしており、そこの論理展開が「恐慌の必然性の論証」には不可欠と目されてきた。すなわち恐慌は、それに先立つ好況末期と併せて、安定的な好況過程とは峻別された異常事態として切り出されることとなってきたわけである。こうしてみれば、全面的かつ激発的な崩壊過程の論証というのも、むしろ安定した蓄積の進行とは異質な膨張を描出したことの裏返しと捉えられよう。

このような局面の切り替えを析出しうるのは、景気循環過程のうち、ある特定の断点において集中的に効果を発現させる契機を、恐慌の原因と捉えることによる。もし恐慌の原因を、資本主義経済に恒常的に作用する要因に求め、それが好況期には隠蔽されているだけだと考えるなら、その原因の発露は、好況末期ではなく、ダイレクトに恐慌を導くものとなる。実際、商品過剰説の恐慌論においては、好況期の終わりはそれ即ち崩壊過程あるいは下方累積の始まりであり、恐慌の論証に好況期と区別された好況末期の規定が含まれることは原則としてない。好況期に繰り延べられ累積していた恐慌の原因が、何らかの理由で暴露され過剰生産となって現れるというのが、そのときの過程の流れであり、そこにはそれをきっかけにした、さらなる展開局面を描出する余地がない。要するに、景気循環についての全体像がそもそも異なっているために、商品過剰説で論証対象とされている恐慌概念自体が、宇野恐慌論のそれとズレているのである(13)。

したがって、宇野恐慌論にて恐慌の根本原因とされてきた労賃騰貴も、市場における商品過剰の裏側に看破される本質としてより、むしろ好況がその末期に突入する明確な断絶点となるという観点から、その意味を再評価していく必要がある。事実、宇野以降その発展を試みた論者にあっては、労賃騰貴に恐慌の根本原因が求められながらも、そこから生じる市場の諸変化が論じられてきたのであって、恐慌論は内容上「好況末期論」であると言ってよいと思われるほど、その点に議論は集中してきた。前章のタームを用いるならば、景気循環における安定的な相と不安定局面を識別するための断点が、恐慌の根本原因として問われてきた実質的な中身なのである。

「恐慌の必然性の論証」を、「好況から不況への相転移は必ず不安定局面を伴う」という命題の論証として再定義することで、この点はより明確化される。相と相転移の概念で理論化される景気循環論から進んで、狭義の恐慌論に固有に求められるのは、まずはこの不安定局面への不連続な転換なのである。そこで、これまでの研究蓄積のうちから、ここで取り上げるべき不安定性とはどういうものを指すのか、検討してみることとしたい。

2　産業予備軍の枯渇と不安定局面

労賃騰貴を産業資本における利潤圧縮の要因として指摘するとき、これまで幾度となく議論となってきたのは、労賃の上昇に対して、産業資本は販売する商品の価格を少なくとも同率では引き上げられない状況に置かれていなければならないことになる、という労賃と価格の比較問題である。この問題は、労賃と商品価格一般、つまり物価水準の動向とを比較して論じることを要請すると考えられてきた。そのとき、労賃騰貴説の恐慌論における市場の問題とは、それ即ち物価変動の問題であることになる。(14)

しかし、個々ばらばらに変動しうる商品価格の動向を、物価水準という形で一般的に論じるのはかなり困難である。労賃騰貴が生じる好況末期に限定してみても、それに対する個別産業資本の反応は一様にはならないし、無数にある商品品種からどのように物価水準を算定するかという、概念規定の次元の問題もある。物価変動を理論的に論じようとすれば、マクロ経済学の基礎理論のように、個別の資本や商品の概念を用いずに、打って一丸とした総資本の蓄積過程を想定するか、もう少し進んで生産財と消費財を区別した再生産表式の二部門モデルで二種の物価変動を描く枠組みを設定する等、プラスアルファの操作を加える必要がある。

ただ、そのように資本間の個別的な駆け引きを蓄積過程から取り除いてしまうとすると、物価変動は見やすくなる反面、個別産業資本が社会的生産編成を担う資本主義的市場の特徴は後景に退いてしまう。だからといって物価変動を論じなくてよいことにはならないが、少なくとも物価変動の理論は、産業資本の個別的な投資判断を重視する議論とは方法を異にしており、本書のここまでの原理的展開からシームレスに論じられないことを意識しておく必要がある。(15)物価変動論に入る前に、無数の個別資本の無政府的な蓄積過程における不安定性の態様が議論されなければならない。(15)

これまでの研究にも、そのような観点に立ち、市場の動態を物価変動の問題に還元せず、資本の個別性に着目した市場の態様を、労賃騰貴から出発して論じようとする試みは多く見られる。労賃の上昇は、単に資本家階級全体の利潤を削減するだけではない。個別産業資本が労賃の変化によって受ける影響にはばらつきがあるのであり、それを好況末期の市場の撹乱につなげて論じることはできる。その場合には、個々の商品の価格変動が激化することが市場の変化としては重要であり、それらの物価としての傾向的な変化の理論的位置は後退する。(16)

ただしこのとき、労賃上昇と商品の個別的な価格変動の関係のみにとらわれてしまうと、結局市場の不安定性は掴み切れずに終わることになる。実際、価格変動の論証のみが課題なのだとすれば、需給均衡論の発想をそのまま適用すればそれで十分ということになるであろう。労働力商品の供給制約のため、労働市場の需給が逼迫し、労賃が上昇したことに対応して、均衡価格体系が再編されると考えればよいからである。しかしそれでは、恐慌を単なる均衡点の移動に還元してしまうことになり、敢えて特別な動態局面として取り出す意義は浮かび上がってこない。不安定局面を描き出すどころか、均衡論的市場像に恐慌概念を埋没させてしまうことになりかねないのである。(17)

こうした陥弊を避けるには、労賃騰貴を恐慌の根本原因に据えた意味について、立ち戻って考えておく必要がある。労賃が騰貴すること自体は、労働力商品が資本主義の下で資本によって生産できない唯一の商品であり、規模を拡大させていく資本主義的生産にとってのボトルネックになるからと言ってよいが、そもそもそれが資本主義的生産全体を揺るがす事態に発展するのは、労働力商品が資本主義的生産の全部門において汎用的に使われるからである。労働力が全面的に商品化してはじめて、資本は社会的生産を全面的に包摂できるのであり、個別産業資本による社会的生産編成は、そうした汎用性を持った労働力の存在を与件としている(18)。

商品価格の引き上げによって相殺できない、実質的な労賃の上昇のために利潤が削減されるときというのは、資本による社会的生産編成の要となる労働力が枯渇したことで、個別産業資本の競争を通した社会的労働配分の機構が機能不全に陥り、階級的な分配関係までもが労働者に有利なように動かされざるを得ないような状況である。労働者を追加的に雇用することができなければ、資本は部門間の需要の較差に応じて生産規模を調整することは適わず、その結果として一般商品市場において部門間の不均等性を伴う需給のアンバランスが現出する。

そして、相対的に好調な部門の利潤が、全般的な労働力不足により蓄積され得ないのであれば、それは金融機構に媒介されつつ、最終的には資産市場へと流入することにならざるを得ない。ある部門での期待利潤率がどれだけ高くとも、資本規模を拡大するのに必要な労働力を確保できないのであれば、蓄積資金をそこに投下することはできない。現実的には様々な経路を通じることにはなるが、労働人口に対し全体の生産規模が過大な状況下では、それは結局のところ資産として運用される以外にない。こうして資産市場は、そこでの転売を通した価格上昇によって、そうした余剰資金を吸収するはけ口となるのである。

このような経路で、一般商品市場のアンバランスは、資本主義的市場全体の不安定性へと発展する。その根底には、労賃騰貴それ自身ではなく、その背景をなす産業予備軍の枯渇という事態がある。労働力を追加調達できないという状況が、資本の社会的な生産規模の調整を阻害し、不安定局面を醸成するのである。労賃騰貴によって利潤圧縮が生じるとき、利潤率の急落自体が必ずしも市場を攪乱させるわけではない。労賃騰貴を引き起こす産業予備軍の枯渇が、そのとき必然的に市場を不安定化させるのである(19)。

とすれば、労賃騰貴と産業予備軍の枯渇の関係も、単なる因果関係として捉えるのでは不十分であろう。利潤率を下落させるのは賃金率の上昇であるが、その原因の労働力不足は、資本主義的市場の不安定性の構造的因子という、もう一つの側面を併せ持つ。恐慌の論証において、安定的な好況期の資本蓄積からの局面転換がまず論じられなければならないとすれば、労賃騰貴と産業予備軍の枯渇という二つの事態は、ひとまず区別して考えておかねばならない。労賃騰貴が引き起こされる背後で、産業予備軍の枯渇がどのように資本主義経済の動態を変質させるのかについての立ち入った考察が、なおさら恐慌論にとっては重要となるのである。そうして単なる景気の転換点ではなく、独自の展開を含み込んだ局面として恐慌を論じることではじめて、恐慌の現れ方に着目して資本主義の発展段階を規定する歴史的視座も、理論的な素地を得ることになろう。

してみると、再規定された「恐慌の必然性の論証」にとって重要なのは、もはや労賃騰貴それ自体ではないことに思い至る。それは利潤率を引き下げる相転移の要因、それも一要因でしかなく、不安定局面の形成要因ではない。既に前章で切り分けたように、不安定局面は相転移とは別個の事態であり、したがって極論すれば、労賃騰貴が直ちに産業資本の利潤圧縮を引き起こさなかったとしても、部門間における労働力の配分への障害は、社会的生産編成にとって構造的な問題となる。労働力商品のプールである産業予備軍の枯渇は、安定的な資本蓄積の継続に対する困難として立ちはだかり、市場の不安定性を惹起するのである[20]。そうした不安定局面の導出という範囲では、市場の動態を論じることは、恐慌の論証という理論目標と背馳しない。

しかしながら、これまでの商品過剰説批判にあっては、そもそも市場的要因を起点として恐慌を説くこと自体に批判の矛先が向けられる傾向が強く、必ずしも先述のように不安定局面をはっきりと切り出すという観点から問題提起を要求してきたとは言えない。蓄積が進められるにつれて発現する不連続性の因子を探ってゆく、資本主義的市場の動態についての局面論的展開は、商品過剰説批判の死角に入り込んでしまっている憾みがある。産業予備軍の枯渇──→労賃騰貴というルートから、産業予備軍の枯渇──→不安定局面という別経路を掘り出すことができるなら、不安定局面が果たして労働力不足からのみ導出されるものなのか、改めて考察されなければならない。原理的な恐慌論における資本蓄積過程の分析は、産業予備軍の吸収過程としての側面のみならず、市場の状態との関連で追究されなければならない内容を残している可能性がある。次節では、その資本蓄積の原理的分析を再検討してゆく。

第2節　生産条件の多層化と市場の自立的動態

1　増設的蓄積による生産条件の多層化

宇野の『恐慌論』では、好況末期の労賃騰貴の導出にあたり、好況過程においては有機的構成不変の蓄積が進み、不況期に集中的な構成高度化の蓄積が展開されると説かれていることは、前章で取り上げた通りである。この想定によって、好況期の蓄積過程が労働吸収的な過程として描出されると考えられていたが、この資本蓄積の二様式に対しては見直しが進められてきている。すなわち、むしろ好況期には既に稼働している固定設備を廃棄せず、それに固定設備を増強する形で資本規模が増大していく「固定資本の増設的蓄積」が、不況期には既存の固定設備を一旦廃棄し、償却資金をも用いて新たな固定設備を導入する「固定資本の更新的蓄積」が、それぞれなされるという、再整理が試みられている。

本書では、景気循環の理論的な規定要因として、利潤率の他に蓄積率を挙げ、その高低は利潤率からは相対的に独立な変数として、好況および不況を画することを見てきた。蓄積率の動向は、宇野以後に再整理された固定資本の蓄積動向のパターンを説明するが、そのインプリケーションの全てを汲み尽くすものではない。有機的構成不変の蓄積に代わり、好況期の資本蓄積として増設的蓄積を考えることは、資本規模と雇用量の関係を明確化させる一方で、宇野による技術革新についての想定の無理を解除する意味を持っていた。この技術革新の資本蓄積過程に対する影響は、蓄積率に続き、本書においてさらなる考察を要する論点となる。

増設的蓄積には既投下固定設備と同じ生産条件が採用される場合もあるが、技術革新の結果として、より優等な生産条件が利用可能であれば、そちらの導入が選択されるはずである。増設的蓄積は、労働吸収的なプロセスであると同時に、蓄積資金の投下を通じて新生産条件を順次導入してゆくプロセスでもある。したがって、資本の有機的構成の変化についての宇野の想定を排し、好況期の蓄積を増設的蓄積、不況期の蓄積を更新的蓄積と特徴づけるとすれば、このことは、好況期には各産業部門内で生産性の異なるいくつかの生産条件が同時に稼働している状況の一般化、あるいは「生産条件の多層化」とも言うべき事態の進行を意味しよう。

もちろん、不況期の更新的蓄積も、新しい生産条件の導入を妨げるものではないが、この新生産条件は、古い生産条件に取って代わって用いられるようになるため、更新的蓄積のプロセスにおいて、部門内で同時に稼働する生産条件の種類が増えてゆくということにはならない。それに対して、好況期の増設的蓄積のうちにあっては、旧生産条件を規定する固定的生産設備の償却期間がまだ残る中で、新生産条件が固定設備の増設を通じて追加的に導入されてくることになる。これらの生産条件は、それぞれ固定資本に体化され制約されており、円滑な切り替えを許さない。それゆえ、生産条件の多層化は、同部門内に並存する生産条件の種類が増大してゆくプロセスを意味する。ここに固定資本規模の増大が加われば、古い固定設備の廃棄は遅延してゆくが、それは付加的要因に過ぎず、固定資本規模が一定でも、その廃棄より増設の方が頻繁である限り同じことが言える。労働吸収的な資本蓄積過程を増設的蓄積で以って説くとき、その裏側にはこうした生産条件の多層化を同時並行的な事態として設定していることになり、これはとりわけ好況期の資本蓄積の特徴となる。(21)

この生産条件の多層化が、増設的蓄積のプロセスにおいて単に付随的な事象に止まるのか、それとも何らかの独自性を担いうる過程なのかについては、ここで考えておく必要がある。特に市場の態様を問題にするにあたって、生産条件の多層化が市場での需要動向に追従するのであれば、それは市場の状態についての独立した説明要因にならず、適当な切り口とは言えない。そこでまず、需要と生産条件の導入の関係から考えてみると、結果として売れ行きの良い部門で生産条件の改善が速く進むように現象することはあり得よう。ある部門における新生産条件の導入スピードは、そこでの技術革新の進展が速ければ速いほど、また増設的蓄積が進めば進むほど、一般に速くなり、そして好調な売れ行きというのは、その両者を促進するように思われるからである。

しかし、こうした因果関係を理論的に立証するのは容易ではない。技術革新は、研究開発により多くの資金を費やしたからといって起きるとは言えない。また、需要が強含みで売り上げが多ければ、蓄積資金の形成もスピーディーであろうが、だからといってその資金をそれまでと同じ部門に投下しなければならないわけではない。そのためには、従前の投資先の部門にて、それ以後も他の部門に比して大きな需要を見込めることが要されるが、不確定な流通過程において、その理由を一般的に論じることはできない。したがって、生産条件の改善は、部門間の需要の格差とはひとまず独立に進むと想定すべきである。

また、生産条件の多層化の主体となる個別産業資本にとって、優等な生産条件を採用する圧力となるのは、同部門内における有利不利の格差である。優等条件を採用した資本は、劣等条件に止まっている資本に対して特別利潤を上げる力を持つ。ただし個別産業資本は、その部門で使われている中で最も優等な生産条件の採用そのものを目的としているわけではなく、可能であれば現状の最優等条件よりも、さらに効率的な生産条件を採用しようとする。そのため、部門内における最優等条件というのも不動ではない。個別産業資本の増設的蓄積によって導入される新しい生産条件は、旧生産条件よりも優等であるばかりでなく、既存の優等条件よりもさらに優等であることもありうるような、不断の革新が遂行されてゆく。生産条件の多層化は、生産条件についての既知の階層にしたがって個別産業資本が順繰りにランクアップしていくのではなく、最高ランクの優等条件自体を塗り替えていく、予測不能で動的なプロセスなのである。

かくして、宇野の『恐慌論』における資本蓄積のパターンについての想定に対する既存の批判を通じて、結果的に景気循環論の文脈に浮上してくる、好況期の蓄積過程における生産条件の多層化は、市場での需要の動向に従属的でもなければ、個別産業資本にとって所与のパスでもない。もしも生産条件の多層化が予め決まった経路を辿って進むだけであるとすれば、それは無政府的な蓄積に伴う労働吸収のプロセスに伍する蓄積過程の特徴とは言いがたいであろうが、むしろそれは、蓄積過程を通じて個別産業資本自身が創出していく、無政府的かつ動的な過程である。したがって、その動態論における固有の役割を追究されるべき対象である。

しかしこれまでの議論は、好況期の蓄積過程での労働力吸収が有機的構成不変の仮定抜きでも言えるという、いわば労賃騰貴説の一般化に止まっており、ここまで見てきた生産条件に係る変化の意義を、意識的に追究してきたとは言えない。これは結局のところ、労働力の吸収に焦点を当てている限りでは、資本蓄積と生産条件の関係は、総資本量と生産条件が規定する、資本全体の有機的構成の問題としてしか現れないからであろう。その限りでは、ある一定量の労働力を吸収するのに、単一の生産条件しか稼働していない場合と、複数の生産条件が稼働している場合とを区別して論じる積極的な意義は見出し得ないことになる。

とすれば、生産条件の多層化が産業資本に対して及ぼす影響を、その動態に即してよりつぶさに見ていく必要がある。労働力吸収の結果としての産業予備軍の枯渇も、個別産業資本による生産編成に直接的な障害をもたらすことによって、市場を不安定化させる。そうした個別資本に対する具体的なインパクトを解明しないことには、生産条件の多層化も、資本主義の動態についての考察における理論的意義を獲得するには到らない。

2　多層化する生産条件の評価

そこで、生産条件が多層化する中で、個別産業資本は絶えざる優等条件の革新を追求しているとすると、個別資本がいかにしてそうした生産条件のイノベーションを実現させるかという点がまず問われる。ここには当然、新たな生産条件を開発・導入するのにかかるコストの問題がある。しかし、そうした初期コストには確定性がなく、しかも全く同種の生産条件を二度開発するということはないため、再現性もない。それに対して、新たに開発され導入される生産条件そのものは、既存の生産条件よりも日々の生産コストを減少させるものでなければならない。個別産業資本は、新生産条件の開発については基準となるべきコストを合理的に算定し得なかったとしても、その新生産条件自体の優等性は確実であることを求めるのである。生産条件の多層化が、部門内の既存の生産条件の優劣構造に安住するのではなく、それを革新させていくプロセスであるならばなおさら、生産条件の改善の度ごとに、個別産業資本は自らが採用する生産条件の優劣を評価する必要に迫られることになる。

同部門内に複数の生産条件が並在する状況そのものは『資本論』第三巻第十章において設定されるところであり、既に本書第二章で見たように、そこでは生産条件の差異が、それで以って生産される商品に対象化される労働量で示されていた。これは市場価値の規定という問題設定の所以であり、その限りでは必ずしも的外れではなかったが、個別産業資本にとっての生産条件の優劣は、それが対象化する労働量ではあり得ない。利潤率最大化を信条とする個別資本にとっての生産条件の優劣は、その投入と産出とを価格によって評価することで明らかになる、貨幣タームでの生産性で決まる。就中、新たな生産条件が発見される場合には、それまでその生産のために充用されてきた財とは異なる投入財を使うことも多いであろう。そのときには、物量のままでは新旧どちらの生産条件の方が有利なのか判断できない。異種の投入財を用いる生産条件の優劣を判定するためには、価格による通約が必須となるのである。したがって、生産条件の多層化のプロセスは、その意味で市場と関連づけて論じられなければならず、産業資本も、蓄積過程における市場の動態を介して、生産条件の多層化の影響を被ることになる。

生産条件は、その生産過程において長期的に用いられる固定設備に強く規定される。そのため、生産条件を価格タームで評価するにあたり、不断に短期的な変動を被る市場価格によれば、固定資本投下のタイムスパンでは、あまりに不用意な評価を下すことになりかねない。生産条件の価格評価には、もっと安定的な価格体系が用いられなければならない。理論的には、それは市場価格の基準となる、生産価格によるものと考えることができよう。

生産価格体系は、利潤率最大化を目指して競争する個別産業資本の、分散的な判断による投資行動の結果として編み上げられる。しかし、生産価格の成立が自由な投資を前提とするからといって、生産価格は市場価格の変動の結果的産物に解消されてしまうわけではない。投資を実行に移す主体である個別産業資本の観点からしても、ある程度景気の見通しが立つ安定的な相の局面においては、日々変動する市場価格だけでなく、その基準となる価格を推量することは可能であり、それは個別的視点の限界を免れ得ないとしても、その限りでは投資行動に対する先行性を備える。特に固定資本投下に際しては、長期の価格動向を見越した判断が要され、それゆえ個別産業資本は、常ならざる市場価格とは峻別された、投資行動の結果として成立しうる価格体系を可能な範囲で推測しようとすると考えてよい。理論値としての生産価格は、そうした基準として模索される価格の理論上の近似値となる。したがって、個別資本による価格動向に関する推定・推測の中で、部門内に複数の生産条件が並存する場合には、それらが成立させる複数の生産価格が全て、価格評価の際に考慮されるのである(22)。

そうした価格体系においては、生産条件が生産価格を左右し、生産価格が生産条件の優劣を決定するという相互規定関係があるため、その下で進む生産条件の多層化は、その進展に伴う生産価格の変化を、生産条件を革新してゆくプロセス自身にフィードバックさせることになる。例えば、ある生産物 W を生産する部門で新生産条件が導入され、旧生産条件と並在して稼働するようになると、𝒲の生産価格は二つの候補を持つことになる。それに伴って、この生産物𝒲を投入財とする別の部門の生産条件の優劣は、ありうべき𝒲の二つの生産価格をどちらも考慮して判定されなければならなくなる。このとき、𝒲の生産条件が改善された結果、その生産価格が低落する可能性があるならば、投入財としての𝒲の物量的な節約は、価格面での節減効果を減退させてしまう。そのため、𝒲の投入量を減らすような生産条件の改善は、以前よりもそれによる優等さを損なわれる恐れが出てくる。

さらに、そこから進んで、𝒲の生産条件の多層性が深まり、多数の生産条件が並在する状況になってくれば、𝒲の生産価格のブレは激しくなり、それだけ別部門において𝒲を節約することによって達成されうる価格タームでの優等さは見通しにくくなる。要言すると、ある部門における生産条件の多層化は、そこでの生産物を投入財とする別の部門にて、その投入の節約を可能にするような生産条件の優位性を掘り崩すことになるのである。

もちろん、たった一種類の投入財の価格動向だけでは、その部門での優等条件の導入そのものを妨げる要因にはならない。生産物𝒲の節約の効果が決定的でないなら、𝒲以外のところで費用を節減する技術を採用すればよい。しかし他方で、生産条件の多層化も、特定部門には限られない。𝒲以外に、𝒳、𝒴といったさらに別種の投入財についても、その生産条件の多層化に起因する価格動向の変化が予期されることになると、やはり𝒲の場合と同様に、その物量的な節約効果が、価格タームで見て弱まってくる。

このように、生産条件の改善によって得られるメリットが見通しにくくなってくれば、個別資本にとってわざわざ新たな生産条件を開発し導入する誘因は薄れてくる。生産条件の改善による優位性を手にするためには、価格動向の変化の影響が小さく、貨幣タームでの節減が確実な生産条件を選び取る必要があるが、そうした条件を見つけ出せる余地は、生産条件の多層化が多部門にわたって進むうちに狭まってゆき、発見するのが困難になっていくからである。すなわち、資本にとっての生産条件の優等性が貨幣タームで測られる以上、それは安定的な価格体系を前提とするが、生産条件の多層化はその前提を脅かし、以って生産条件の改善とその実装を阻害する。

本書第二章では、二部門モデルにて生産条件の優劣が不可知となる場合を考察したが、それが投資行動に及ぼす影響は、無数に生産部門がある資本主義の動態においては、その複雑きわまる部門間の連関のうちに減衰していく。その限りで、生産条件の優劣の不可知性は、それだけで不安定性を作り出す要因にはならない。しかし、その資本家社会的な影響が微々たるものだからといって、個別資本にとっての生産条件の選別問題が等閑視されてよいことにはならない。多数の部門があれば、それらの部門それぞれに生産条件の優劣判断の問題があり、生産条件の多層化が進めば、それは重みを増してくる。

さらに、多層化が進む資本蓄積過程のうちにあっては、生産条件の優劣の不可知性による影響を増幅させる方向に、市場が変質していくことにもなってくる。生産条件の多層化が部門を問わず進む以上、どの部門においても生産条件の改善に対する障害は発生する。ただし、その障害の程度は全部門で一様ではない。部門ごとに投入財の種類は様々であり、かつ多層化の程度もばらつくため、投入財の生産価格の変化の影響は部門間で異なり、新たな優等条件の導入に際する困難も部門ごとに異なる。とりわけ、ある部門での生産条件の多層化が、他部門に与える影響と、自部門に与える影響との間には違いがある。$\mathscr{Z}$生産部門が生産物$\mathscr{W}$を投入財としていれば、$\mathscr{W}$の生産条件の多層化による$\mathscr{W}$の生産価格のブレが、$\mathscr{Z}$生産部門において費用価格のブレとして直接伝わるが、[23]$\mathscr{W}$生産部門自体には、自らの生産物$\mathscr{W}$を投入財としていない限り、そうした生産コストに対する直接的な影響は出ない。そのため、それによって自部門での生産条件の改善が妨げられる効果は限定的となる。

かくして好況期には、生産条件が多層化したからといって、その部門での生産条件の改善の勢いが衰えるわけではなく、むしろ部門間での多層化プロセスの格差が一層広がる。生産条件の多層化は全部門で傾向的に進むとしても、その個々の価格評価に対する影響はいわば逆進的であり、多層化の進捗状況は部門ごとに区々となる。その中で、優

等条件を見出しやすい部門と、そうでない部門が分かれ出てくると推論されるのである。(24)

このように、個別産業資本による生産条件の改善の困難さが部門間で異なるとすれば、それが資本主義的市場に与える影響を考慮しておく必要が生じてくる。というのも、資本主義の下での市場は、部門間で競争的な個別産業資本による社会的生産編成をその背後にて遂行しており、部門間の競争の態様の変化は市場のあり方を変える力を持つからである。しかし、そうした部門間競争の態様に関する従来の議論は、概して生産価格論の範囲を超えるものではなく、その課題も主として市場価格の重心決定に据えられてきたため、必ずしもそこでの個別産業資本の行動そのものに分析の焦点が当たることにはなっていない。そうした行動が論じられる場合も、利潤率最大化がどのように行われるかが問題とされるに止まり、それがなされる場の設定までは問わない。静態的な考察がなされてきた。つまり、生産価格論に見られるような、各部門に一つしか生産条件が存在しない状況から、同部門内に生産条件が複数存する状況に移行していくにつれ、個別産業資本がどういう影響を被るかというような、動態的な問題は、これまでほとんど論じられてきていないのである。

もし全ての部門で劣等条件が淘汰され、生産条件が単一に収斂してゆくのならば、原理的にはその過程が完結したときの産業資本の動き方を基本と考えることに、一定の妥当性があろう。しかし、ここで見てきたように、景気循環の蓄積過程においては、同部門内の生産条件の賦存状況についてそうした単純化が施されることはなく、よりダイナミックな変化が想定される。とはいえ、生産条件の多層化は、直ちに市場に異変をもたらすわけではない。本書第二章でも見てきたように、無規律な市場において、生産条件が同部門内に複数種類・同時に稼働していること自体は、特段の不都合ではないからである。ただし、複数の生産条件の稼働状況が、蓄積過程のうちに変化していくときも、市場にとってそれが中立的であり続けるかどうかは、改めて検討を要する。

すると、好況の初期、増設的蓄積によって生産条件の多層化が進展するより以前は、生産価格が分散的になる投入財はあまり見られず、またその程度も大きくないため、概してどの部門でも、固定資本投下の際に価格タームで優等な生産条件を採用することに支障はないと言ってよい。仮にある部門の中において、部分的な価格関係の変化を被り、従来優等であった生産条件が不利に転じたとしても、他の財の価格についての見通しがはっきりしていれば、他の生産条件で優等なものを見つけ出すことができよう。このとき、生産条件の多層化は、それ自体として個別資本の投資行動に確たる影響を及ぼすことはなく、資本主義的市場は全体として好調な蓄積に基づく規模の拡大を見る。

しかし、生産条件の多層化が全部門において跛行的に進展してゆくにつれ、先述のように部門間で優等条件の確保の難易度に格差が生じてくる。投入財の購入価格のブレが相対的に小幅で、生産条件の評価がしやすい部門では、投入財の価格動向が安定しない部門に比して優等条件が見出されやすく、生産条件の改善はそうした部門で進む。そのように生産条件の革新とその導入が活発であれば、その部門では新規参入に対するハードルも下がり、固定資本を伴う投資が惹きつけられてくることになる。

優等条件をめぐる部門間でのこのような資本移動は、部門間の需要動向からは独立に生産規模を動かすことになるため、社会的な部門間の数量バランスを変化させる要因になる。それに加え、投資を惹きつける部門も、生産条件の改良による費用の低減を無際限に行えるわけではなく、新規の参入が相次げば、いずれ同部門内の競争が激化し、価格競争に陥らざるを得ない。

こうなれば、もはやその部門にも積極的に追加投資をしていく意味はなくなるわけであるが、続いて起きることは、別の生産部門に資本を移すという、単なる揺り戻しではない。もともと、ある部門に投資が集まったのは、生産条件が全部門で多層化していくうちに、その部門で比較的優等条件を採用しやすい状況が生まれたからであり、この時点では、別の生産部門に移ったところで、優等な生産条件にめぐり会える一般的な条件は整っていない。そのため、常に最も有利な投資先を求める資本の運動は、単純に社会的生産編成のアンバランスが修正される形で、資本を再配分するということにはならない。生産領域への投資においてスムーズに優等条件を採用することができないなら、生産への投資に拘泥する必要はない。投資資金は、社会的再生産を構成しない、他の部面に向かうことになる。

このような資金の流れについて、本書では第二章で一度検討している。そこでは、この資金の動きによって、資本主義的市場の無規律性が異なる現れ方をすることを見た。ここでの課題は、その無規律性を景気循環の動きのうちに考察することである。生産への再投資が妨げられる場合、資金が参入しうる先としては、一つにはそれを提供するのに技術的確定性のない商品の販売活動があり、もう一つには資産市場が考えられた。しかし今焦点を当てている、好況期の固定資本の増設的蓄積が進んでいる時期において、この二つの領域は個別資本にとって等位に並ぶ選択肢ではない。前者の技術的確定性のない生産部門でも、固定的な設備は要されるのであり、その増設的蓄積は進んでいるはずである。その中で当該領域は、決して部門内の競争圧力が弱い部門とは言えない。社会的再生産を構成する諸部門と同様、そこでも強含みの蓄積が進行しており、新規参入はたやすくない。

それに対して、資産市場の中でも、地代や配当を資本還元して価格形成がなされる収益性資産の市場は、全体の資本規模の拡大をベースに、とりわけ好調になる。収益性資産の価格は、その状況下で上昇基調を呈することになる。そのため、生産部面に有利な投資機会を見出せなくなった資金は、特に収益性資産の転売市場に流入し、その価格上昇を実現していく。これは結果として、産業予備軍が枯渇して生産規模の部門間調整が滞る、前節で見た状況と同じシチュエーションを形成する。労働力が不足している場合には、技術的確定性のない労働過程にも労働者を充当できないから、そこは問題とならず、あぶれた資金は資産市場の価格上昇に吸収されるより外ない。生産条件の優劣評価が難しいことで生産への投資が阻害されるときには、労働力のプールに余裕がなくなっていると考える必要はないが、好況期特有の条件下で、資金はやはり資産市場に流入していくことになる。かくして、根本原因が労働力不足であれ、生産条件の優劣評価の困難であれ、好況期の増設的蓄積にとって不可避かつ不可逆な障害によって、資本主義的市場における価格の無規律性は、特定種の資産商品の価格上昇として現れ、好況期の市場を変質させる。

3　商業資本の動態

こうした市場の変質は、追加の労働力の調達あるいは諸生産条件への価格評価といった、社会的生産編成を担う産業資本の動きについての状況の変化を契機とするが、その兆候をいち早く掴み、変質を実現させるのは、市場の内部で安く買って高く売る活動を専業としている、商業資本である。増設的蓄積の結果、部門間のアンバランスが顕在化し、その中で相対的に好調な部門が見出されてくれれば、その時点で既にその部門に関連する資産の価格上昇は十分予想できる。このとき、もし価格が上昇する資産商品の種類が具体的に特定できれば、商業資本だけでなく、産業資本もその商品種の確保・増産に動くはずであり、増産が難しければ商業資本への売渡価格を上昇させるか、場合によっては自ら流通過程を担うべく、商業資本への流通過程の代位を解消しようとするであろう。しかし、売れ行き好調な部門の関連資産は通常多岐にわたり、そのうちどれが価格上昇を現実のものとするかは、思惑の世界に属する。価格上昇の程度だけでなく、そもそもどの商品を選択すべきかというところにも、投資判断が必要になるのである。

このように複数種の商品が購入しておくべき候補に上がってくる場合、基本的に特定の種類の商品生産を決め打ちしてかかる産業資本より、多様な商品を自らの資産項目に組み入れ、その間の価格変動等の流通要因を相殺することで、リスク分散を図ることができる商業資本の方が、適当な活動形態をとっていると言える。商業資本は、部門間の生産規模にアンバランスが生じるやいなや、好調な部門に関係する資産群を買い集め、生産領域からあぶれた資金の流入に先駆けて、資産市場を活性化させる(25)。

多種の商品を集積した資本自体は、景気の局面にかかわらず遍在する。商品種間の売れ行きの格差が形成されては消える、好況期一般の市場においても、複数の部門の流通過程をまとめて代位することで、流通費用を節減できると判断した個別資本は、多種の商品を取り扱う商業資本として分化する。(26) ただし、その分化に必要な条件は、実際に多種商品集積によって流通費用が節減できるという確実性ではなく、それが期待できるような市況でありさえすればよい。そのため、結果として単一種の商品しか扱っていない、専門店型の資本の方がうまく商品を売り抜き、複数種の商品を取り揃えた、百貨店型の資本よりも高い利潤率を達成していたとしても、多種の商品を集める動機がなくなってしまうわけではない。多種商品集積が必ずしも有利にならないこのような結果も十分ありうるのが、流通過程の不確定性のあり方なのである。

そもそも、部門間の売れ行きの違いが不断に交替する市場では、商品種ごとに価値実現の確率を同定することに理論上の意味はない。同種商品の間でも、その中で一つが購買されたからといって他の同種の個別商品も売れるとは限らず、購買されるタイミングは様々にばらつく。こうした状況では、一定数の商品の中における種の違いは前景化せず、畢竟個別的な価値実現の可能性のばらつきのうちに埋没してしまう。

しかし、価格によってその商品の流通の好不調が代表され、かつその上昇がいくつかの種類の商品について同時に予期されるという、限定的な局面においては、多種商品集積の効果が歴然としてくる。このときには、将来の価格上昇の候補となった商品種を一通り取り揃えている方が、特定の商品種のみを扱っているよりも、より高い利潤率を実現する見込みを得られることになるからである。価格の上方推移が、資産市場において特定の範囲内で予想されるときにはじめて、複数種の商品を扱う商業資本は市場にて有利とみなされるポジションを確保しるのである。そうなってくると、そのような資本と競争する他の資本も、いくつかの種類の商品の取引に手を出す必要に迫られる。こうした思惑的な多種商品の集積は、市場の変質を不安定なものとする、局面転換に固有の投機的活動の形態となる。

このように、ある限られた局面においてではあるが、多種商品集積が相対的に有効であるとすると、それに応じて信用関係も偏向することになる。流通過程の不確定性が個別商品単位にかかる市場の下では、受信資本の保有商品の種別構成によって一定額の売上げの実現可能性に有意な格差が生じるわけではないから、その場合の与信は販売される個別商品の価値に根ざすと言ってよい。もちろん、商品の販売を促進するべく支出された流通費用や、その部門での継続的販売を一定程度保証しうる既投下の固定資本といった要素は、単に個別商品に内属する価値に還元できない、与信者に対するアピール材料になろう。しかし、それらの情報は与信者の側で個別的に解釈され、ある程度の確からしさを持った傾向が生じる要因になるとは言えない。

それに対し、特定局面での多種商品集積によるリスク分散の有効性は、流通費用等と異なり、個別主体の判断以上の、市場全体の変異に対する予想に基づく。そうした個別商品のレベルを超えた個別資本に属する性質としての、信用を惹きつける相対的な引力を信用力と呼ぶとすると、多種商品集積に、資産市場での価格上昇に関する予想が合わさって生じるリスク分散効果は、個別資本の属性としての信用力の発生と捉え返されるわけである。信用力を得た商業資本は、それを欠く資本よりも多くの与信を集めることができる。その結果、市場は社会的な生産連関からは相対的に自立した信用関係を発展させていくことになる(27)。

ただし商業投機は、外れるのが常である。そのためのリスク分散であって、多種の商品を手がける商業資本が、実際に価格の上昇する商品を保有する一方で、値上がりしない、むしろそれどころか相場価格が下方に更改されてしまう商品を抱えるということにもなるわけである。しかし、こうした価格の上がらない商品の市場は、その売り手にとっては不利な状況でも、買い手の側から見れば必ずしもそうではない。こうした商品を売り手が売り急ごうとする場合にまず採る方法は、相場価格を下回る値引き販売であるが、これは買い手にとっては利得のチャンスでもあるからである。それだけなら、産業資本か商業資本かを問わず、あらゆる資本に妥当することであるが、このチャンスを商業資本は最も機敏に捉える。

その理由は、商業資本の方が市場において安く買う機会を広く探索しているという購買のフェーズではなく、販売過程における産業資本と商業資本の違いを考えてみるとはっきりする。産業資本の場合、生産設備を継続的に稼働させる必要から、原材料を適切なタイミングで確保してこなければならず、いくら価値を有するとはいっても、生産した商品をいつまでも買い手がつかないまま留め置くことはできない。固定的生産設備を遊休させることによる損失を上回らない範囲で、原材料を購入するための購買力を求めて、産業資本は商品を時折値引き販売する。とすれば、固定された莫大な生産資本を持たない商業資本の場合には、固定的な生産設備に確定的かつ不可避的にかかる遊休コストを気にして、販売を急ぐ必要に迫られることはない。もちろん、売れない商品を抱えたままでは実現される利潤量は減ってしまうし、信用関係を利用していれば支払手段としての貨幣を要するから、商業資本が現金の確保について無頓着だというわけではない。ただ、その点だけで言えば産業資本も同じである。生産のための固定設備を稼働させ続けなければならないプレッシャーから自由な分だけ、商業資本は産業資本に比べて相対的に市況の悪化に対する耐性が強いと言ってよい。

そのため、結果として価格が上昇しなかった商品であっても、商業資本は直ちにそれを値下げして市場に放出するということはせず、そのままの価格で購買を待機する。商業資本がこうして滞貨を保持することで、相場価格そのものが下がってしまうような商品は一部に限られ、多くの商品は、値上がりはせずとも、現行の相場価格を維持される。その中でも時折散発的な値引き販売は発生するが、それはむしろ他の資本、特に商業資本にとって好機であり、相場を割り込んで売られた商品を買い取ることに成功すれば、それをもとの相場価格で販売するだけで差益を得られる。そこで、部門全体としては価格は堅持されつつも、個別の取引においては商業資本は積極的に買い叩こうとすることになる。

こうした転売活動も、信用によって自己資本の規模を超えて興隆する。信用取引によって直ちに商品を現金化しなくても、さらなる商品の購入に向かうことができるため、商業資本は値下げの機会を捉まえやすくなり、買い叩きが一層促進される。他方、転売活動の活性化は、逆にそれに対する与信を促す。受信によって買い叩きを成功させるとともに、滞貨の価格維持も可能になり、商業資本の利潤率は高水準にキープされるからである。こうした転売と信用の相互作用は、裏側の社会的生産編成が数量的なバランスを崩していても、それとは独立して進行してゆく(28)。

かくして、固定資本の増設的蓄積によって特徴づけられる好況期の蓄積過程は、社会的再生産から遊離した、自立的な市場の動態を帰結する。その牽引力をなすのは、価格上昇を実現させた資産商品であり、その市場は、資本の種類を問わず、投資資金を広く惹きつけることになる。こうした資金の集中自身、投機と価格上昇の累積の原因となり、市場を不安定にするが、もしそうした不安定性が局部的なものであれば、その失敗によるダメージも限定的であろう。しかし、ここで市場の動態として描き出されてきたのは、価格を上昇させる商品の周辺に、底堅く値を推移させる商品の転売市場が広範に展開されるという状況である。多種商品集積と滞貨の維持機能とによって、多様な商品について活発な取引を継続し、この状況を醸成するのは、商業資本のこの局面に固有の役割である。

こうして市場は、価格を上昇させる資産商品を中心に、全般的な活況を見る。その中で、個々の転売活動は、常に売り手と買い手の間での価格動向についての見解の不一致を含みながら繰り広げられる。価格上昇頼みの転売による商品の全般的活況は、好況という安定的な相から不安定局面への転換を画すこととなるのである(29)。

したがって、市場の不安定性を発現させる因子は、資本蓄積過程のうちに二つ胚胎していることになる。一つは産業予備軍の枯渇であるが、それは唯一の要因ではなく、生産条件の優劣評価の困難も、資本による部門編成の重大な阻害要因となり、結果として市場全体を不安定化させるのである。商業資本は、そうした市場の不安定性を、社会的再生産とは相対的に独立なものとして発展させる。

ただし、これら二つの不安定性要因がともに恐慌の根本原因として並び立つかどうかは、今一度吟味する必要がある。恐慌は好況から不況への転移を画す局面であるが、不安定局面はそれ自体として相転移をもたらすとは限らないからである。そこで最後に、ここまで描いてきた不安定的な市場の動態が、好況を不況に転移させるか否かを、産業予備軍の枯渇と生産条件に対する価格評価の障害のそれぞれのケースについて検討し、両者の景気循環論における理論的意義を見定めておきたい。

第3節　恐慌の二因性

1　不安定局面における崩壊

商業資本による不安定局面の発展は、不安定性の因子が何かにかかわらず起きる。そこでまずは、商業資本の活動をベースとしつつ、転売の活性化と信用の膨張とによって全般的な活況を呈する資本主義的市場が、どのような帰結をもたらすかを考察してみよう。

これまで見てきたような、市場と信用機構の間に生ずる相補的な関係は、ある程度まではそれ自身のうちに持続する。商業資本の下に在庫商品が滞留していくとしても、商業資本が転売を続け最終的な販売価格を維持している限り、銀行が与信条件を厳格化する理由は特にない。銀行のうちには債権と債務が形成されていき、自己資本比率は下がっていくが、返済還流が続いている限りそれ自体は銀行にとって致命的ではなく、むしろ自己資本を分母とする銀行の利潤率にとってはプラスに働きさえしよう。

その一方で、商業資本がリードしながら展開される不安定局面は、市場内部に崩壊の端緒となるべき要因をも醸成していく。社会的再生産を全面的に包摂した資本が構成する資本主義的市場は、社会的生産編成のあり方から乖離した局面をいつまでも継続させることはできないのである。そのような反転の契機は、商業資本自身ではなく、産業資本までもが転売に従事するようになるところにある。商業資本は、産業資本に先んじて多種商品集積を伴う投機的活動を資産市場で繰り広げることになるが、産業資本としても、生産部面で有利な部門が見出しがたくなってくると、商業資本に続いて資産市場へ資金を供出するようになる。不安定的な市場にて興隆する転売活動には、商業資本だけでなく、産業資本のうちの固定設備に縛られない部分、すなわち蓄積資金・償却資金も流れ込むことになるわけである。この兼業的な商業資本は、自部門での産業投資のパフォーマンスが芳しくない、売れ行きの悪い部門で生産している資本に特に多く見られよう。

こうした生産と転売の兼業は産業部面への投資を鈍らせるため、部門間のアンバランスの解消をますます妨げ、市場の自立的発展を促進する。その一方で、兼業的商業資本は、ここでの市場の全般的活況のうち、最も弱い鎖の環でもある。専業的な商業資本と異なり、稼働させ続けなければならない生産設備を持つ兼業的商業資本は、現金が枯渇すれば転売活動への運用を取り止めて、原材料の確保を優先する場合がありうる。特に不調な生産部門を抱えていると、受信にも失敗し、転売を狙っていた商品を、相場価格から大幅に値下げすることによって売り急ぐ事態に陥りかねない。こうして転売に失敗する資本が出てくる可能性は、転売活動が活発化すればするほど、転売活動に手を出す産業資本も増加するため、一層高まる。

一般に値引き販売が単体の事象に止まり、同種の他の個別商品を巻き込まないのは、購買される商品の大部分が値引き前の価格で売れている状況を背景とする。商業資本が滞貨の価格を維持できるのも、上昇はしていなくとも、現在の相場価格でならばその商品が購買されているからこそである。そのため、兼業的商業資本が値下げによって売り抜けることが多くなってくると、転売対象となっている在庫商品の価格を維持しうる根拠が掘り崩されていく。すると、たとえ自らが現金確保の必要に迫られているわけではなくとも、専業的商業資本にとってもはやその商品種を扱う積極的理由がなくなり、当該部門全域での売り急ぎが誘発される。

しかも、専業的な商業資本には継続的稼働を要求する生産設備がないから、値引き幅にも再生産の観点から規定される客観的な限界はない。「架空資本」と呼ばれるような、収益性の資産商品の場合なら、原価はもともと存在しない。それでももちろん仕入れ値は判然としているが、再度同種商品を仕入れるのではなく、その商品の取扱いを止めてしまうのであれば、なるべく少ない損失で撤退することが重要になるのであり、そのためには、商業資本は仕入れ値をも割り込む価格での投げ売りも辞さない。それゆえ一旦値下げに転ずると、商業資本の方が産業資本よりも激しい引き下げを敢行する傾向が強く、この場合には本書第一章で論定した販売価格の底を突き破り、値下げが強行される。このとき価値は、販売価格に対する規制力を完全に失っている。転売によって継続的購買が実現されていた部門では、転売の失敗がその滞貨の多さを暴露するものへと転じ、一部の値下げが同種商品全体の価格崩落へと進展する。

この特定種類の商品の価格崩落は、流通過程の不確定性の下で不断に発生する個別資本の失敗には還元できない範囲の事象ではあるが、それでも未だ個別部門での失敗に止まっている。しかし、不安定局面において偏向化した信用関係は、この部分的な部門の行き詰まりを、多部門に拡大させる。市場の不安定化に際して商業資本は、どの商品の価格が上昇するか予想しつつ、自らの判断で商品種を寄せ集め、信用力を獲得してきた。そのためその中には、価格を崩落させた商品種を、自らのラインナップに含んでしまっている商業資本も存在するはずである。そうした商業資本は、価格の崩落を免れた商品種のみを扱っている資本に対して、もはや有利な立場にいるとは言えない。価格を崩落させる商品種が出てきた市場においては、単に多種商品を集積していることより、価格崩落を回避していることの方が重要であり、保有している商品を売り急がねばならない状況に直面した商業資本は、好況末期に得た信用力を失墜させることになる。

加えて、この局面で発生する価格崩落は、売れ行きの悪化を反映した、単なる値下げの頻発に止まらない。それは、その商品種の販売価格の相場を崩すような、価格の急落である。そのため価格崩落の程度は、多種商品集積による相殺が可能なものより著しくなる。すると、集積された商品種の一部が価格崩落を起こすと、既に信用力を失った商業資本は、それまでに形成した信用関係の決済手段を得るために、未だ価格が維持されている商品種をも含めて現金化する必要に迫られる。転売の失敗が露呈されていない商品種についても、多種商品を保有する商業資本を中心とした売り急ぎが勃発することとなり、多方面の商品種にわたって価格の崩落が引き起こされるのである。

このように、転売による価格維持は、結果として価格の下落を激化させ、また多種商品集積は、価格の崩落を複数部門に押し広げる結節点となる。理論的に厳密な意味で恐慌の激発性・全面性を論証するのは困難であるが、商業資本の運動を媒介に、市場内部での不安定な展開がいわば逆流することで、不安定局面の進展が特定部門のみならず、広範囲の部門を危機的状況に陥れることまでは、妥当な推論の範囲として結論できる。

ただ、原理的恐慌論の範囲内にあっても、こうした商業資本の動態は、金融機構のそれと合わせてはじめて恐慌論として完成する。ここまでの展開は、その意味でフルスペックの恐慌像を提供するものにはならないが、今ここで相転移と不安定局面の関係を考察するにあたっては、部門間のアンバランスが、資本主義的市場の動態を介して、局所的な不調でなく全面的な崩壊をもたらしてしまうことが分かればとりあえずは十分である。最後に、こうした全面的な市場環境の激変をもたらす不安定局面が、相転移とどう関わるか、その要因別に分けてまとめておく。

2　産業予備軍の枯渇と価格評価の障害

産業予備軍の枯渇を好況期の資本蓄積過程の行き着く先に見る議論は、これまでも多く論じられてきたが、既に見たように、それを不安定局面の因子として取り出そうとすると、一定の概念整理が必要になる。最も重要なのは、産業予備軍の枯渇は労賃騰貴の原因ではあるが、その労賃騰貴が利潤率を減少させることと、産業予備軍の枯渇が生産規模の部門間調整を阻害し、市場を不安定にすることとは別の事態であるという点である。この違いは、一般的利潤率と蓄積率の動向で決まる相転移と、不確定的な流通過程の態様が絡む不安定局面とを区別することに対応する。今不安定局面が、市場での全面的な価格崩落を引き起こしたとすると、それは部門・規模を問わず、様々な個別資本の活動を停止に追い込む。こうした事態はまず、資本主義経済全域にわたり雇用を絶対的に減少させ、相対的過剰人口を排出する。市場の不安定性が産業予備軍の枯渇によってもたらされている場合には、この雇用の全体的縮小によってその原因そのものが除去されることになる。これによって資本は労働力の制約によって生産規模を拡大できないということはなくなり、その限りで生産規模の部門間調整機構は回復され、市場は安定性を取り戻すことになる。

しかし、労働力が大量に排出されたからといって、好況期の水準まで一挙に賃金率が下落するとは限らない。もしそうした賃金率の激落が実現すれば、不安定局面を挟んで、一般的利潤率は好況期の水準まですぐさま回復することになるが、その場合には好況から不況への相転移は発生しなかったということになる。また、もし産業予備軍の枯渇が労賃を動かさず、単に部門間の生産規模の調整を困難にし、不安定局面だけを作り出すということがあったならば、そのときにもやはり相転移が生じたとは言えない。不安定局面は、好況を不況に転ずるとは限らないわけである。

とすれば、それ以外のパターン、すなわち労賃が暴騰した後、もとの水準までは下がり切らなかった場合の展開は、前章でのr転移に相当し、好況から不況へと相が変わることになる。そしてそれは労賃騰貴の背後に、産業予備軍の枯渇とそれに起因する不安定局面の出現を必ず伴う。好況期の資本蓄積が産業予備軍の枯渇に逢着した場合は、それによって労賃が上昇し、相転移が生じると同時に、好況末期的な市場の不安定化がもたらされることになり、これが好況から不況に転ずる際に生ずる急激な景気後退、すなわち恐慌の基本的な姿を形作る。

それに対して、好況期の生産条件の多層化がもたらす市場の不安定化は、利潤率を下落させる作用をそれ自身に随伴しない。それではこのケースにおいては、不安定局面は相転移と全く無関係かと言えば、そうではない。不安定局面は、生産部面の蓄積資金が資産市場へと流入する事態を含んでおり、それは資産市場での取引を活性化させる裏側で、蓄積率の下落を伴う。産業予備軍を動員し切る前に好況を不安定局面に転じさせるこのケースでは、労賃騰貴が発生する以前に、蓄積率が引き下がることになるのである。

それに加えて、不安定局面が帰結する危機的状況は、また独自の蓄積率への作用を持つ。仮に崩壊過程のうちに市場の不安定性を発現させた原因が除去されたとしても、だからといって速やかに蓄積率が回復するかと言えば、そうではない。不安定局面における資産市場の活性化は、好調な部門に関連する収益性資産を中心としたものであった。その崩壊過程における資金の流出は、したがって収益性資産の市場のその部分において最も激しくなる。そこから流れ出てくる資金が、個別産業資本がそこここで活動を停止しているような、危機の最中の生産領域に戻っていくというのはありえそうにない。収益性資産の市場から資金が出て行くときには、それは生産的な投資へ還っていくわけではなく、本書第一章で見たような形で収益性資産のリスクの受け皿となっている、非収益性資産へと向かうのである。

収益性資産が積極的に購買され、価格が上昇している間には、敢えて収益をもたらさない資産を購入しようとする主体は出てこないが、崩壊過程の中で資産市場全体のリスクが増大する局面では、収益性資産から、実体的な生産過程を背景に大量のプールを形成している、非収益性資産へと需要が急激にシフトする。こうした動きは資産市場内部で起こるため、いずれにせよ蓄積に資金が投じられることはない。生産部面での一般的利潤率の低迷という事態が起きていなかったとしても、このように不安定局面は、資金の移動を資産市場の内側に止め置くことで、結果的に蓄積率を下位に押し止める効果を持つ。

こうした不安定局面の展開に伴う蓄積率の独自的な変動は、産業予備軍の枯渇の結果としても発生するが、それが特に重要となるのは、そのような蓄積率の動きが、前章で述べた、利潤率よりも蓄積率が相転移を主導する s 転移をもたらしうるというところにおいてである。しかし既に考察したように、蓄積率はそれ自身として一般的利潤率を動かす効果を持たないため、s 転移は蓄積率を動かす要因以外に、一般的利潤率を動かす要因が別途発現してはじめて実現したと言える。そのため、結局労賃騰貴かまたはそれに相当するような、一般的利潤率への圧迫要因が好況期の蓄積過程に発生しなければ、生産条件の多層化は、不安定局面の形成とともに、ただ蓄積率を動かすだけに止まる。やはりここでも、不安定局面は相転移を導くわけでは必ずしもないのである。その限りで、生産条件についての優劣評価の困難は、市場の不安定化の要因にはなっても、それだけでは相転移を引き起こしはしない。

ただし、不安定局面の崩壊に際して、生産条件についての価格評価の困難という問題は、労働力不足ほど一挙に解消するわけではない。市場の不安定的な発展の崩壊過程において、個別資本がその活動を停止せざるを得なくなるのは、決済に必要な現金の用意に失敗することによって、固定設備の稼働が行き詰まるからであるが、そうした危機はどういう生産条件を用いているかにかかわらず、無差別に個別資本を襲う。特定の生産条件を体化した固定設備が稼働を止めていくことで、同部門内に並在している生産条件の種類は減少していくことになり、したがって生産条件の多層化は後退する。

このときにどの生産設備が打ち捨てられることになるかは全くのランダムになるため、この過程を経て生産条件の優劣が見通せる状態が回復するかどうかは、一概には言えない。生産条件についての評価の困難は、生産設備の稼働停止によって一度に解決されることもあろうが、更新的蓄積の過程で生産設備を少しずつ入れ替えていくことで、漸く解消される場合もある。後者の場合、生産条件の選択問題が、利潤率と蓄積率の低迷と合わせて、不況の持続性の要因となりうる。

それゆえ、s転移が起きるとき、そこでの利潤率の動きが労賃騰貴によるものだったとしても、それだけで労賃騰貴が根本的な要因だったとまとめてしまうのは早計である。生産条件に対する価格評価の障害は、それ以前に不安定局面を形成し、蓄積率を引き下げるきっかけを与えるとともに、産業予備軍の枯渇問題とは異なり、相転移以後にまで尾を引く独自の要因になる。最終的に労賃騰貴が重なり、相転移が起こっても、それは既に先行して生じていた不安定局面の展開と蓄積率の下落を、利潤率の下落によって相転移として実現させる、最後の一刺しでしかない。好況から不況への相転移のうち、s転移においては、好況期の増設的蓄積が直面せざるを得ないもう一つの困難である、生産条件の優劣に関する評価の障害が、労働市場とは独立に資本主義的市場の不安定性を呼び起こすのであり、この場合の恐慌の根本原因はそちらに求められるべきである。

従来、恐慌の根本原因が労働市場を源泉とするものに絞られてきた背景には、「恐慌の必然性の論証」という命題の設定方法のほか、労働力の全面的な商品化に資本主義の成立を見る歴史認識を底流としつつ、労働力商品に資本主義の根本矛盾を求める恐慌論が追究されてきたという事情があろう。労働力の商品化は、封建制からの資本主義の成立にとって一大画期であり、そこに資本主義のシステム全般にわたる危機の基本関係を見定めるのは正着である。

しかし、資本主義的生産は労働力さえ与えられればそれだけで成立できるわけではない。社会的再生産を全面的に包摂した資本を中心とした市場が、その安定性を保持するためには、投資が個別主体の自由な意志に基づき円滑に行われる必要がある。そうした投資行動を妨げる要因は、労働力の配分問題以外にも種々あり得るし、その中には商品経済的な要因でないものまで含まれる。ただ、原理論として考察を重ねる際には、そうした要因を単に列挙するだけでは済まされず、特殊歴史的な要因を選り分けるべく、原理的に説きうる範囲を明確化する必要がある。

だからといって、そのことは労働力商品のみに恐慌の根本原因を絞り込まなければならないことを意味しはしない。労働力以外にも、資本主義的市場の安定性を脅かし、以って好況末期を画するような撹乱をもたらす要因が、原理論の領域内部に見出される余地は残っているのであり、それは本章で行ってきたような、個別産業資本の投資行動に即した動態的展開を要請する。その結果導出される市場の撹乱は、資本主義に特有の価格システムとしての生産価格体系が運用される中で、なおも避くべくもない事態であり、資本が生産過程における価値増殖活動を利潤率として測定する限り逢着せざるを得ない、価格タームによる処理の限界である。このように、市場での価格システムを介して、資

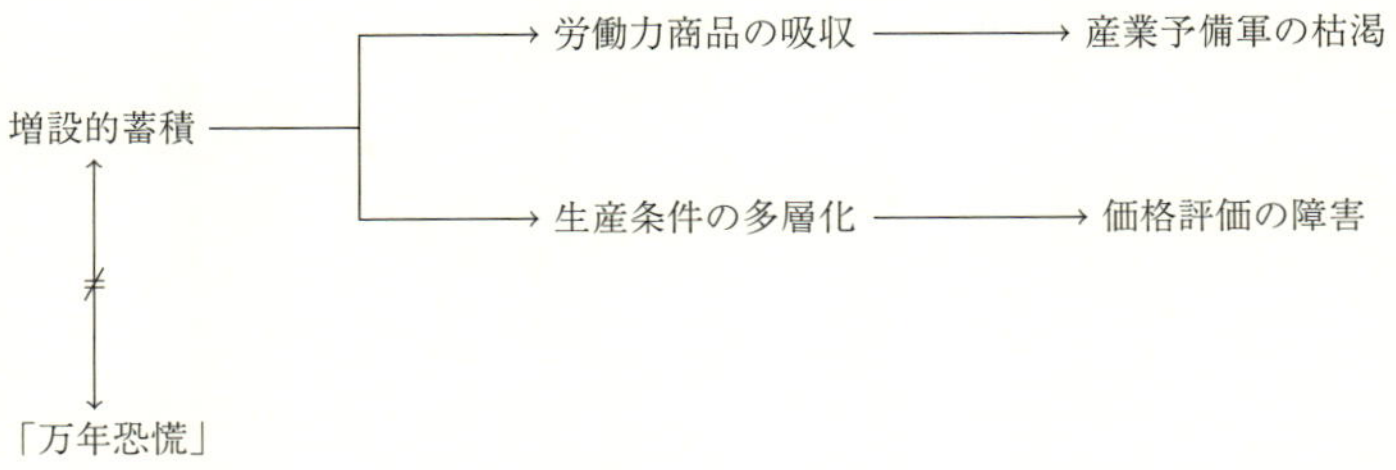

図４－１　恐慌の二因性の構図

本の運動を通じた社会的生産編成が阻害される事態は、産業予備軍の枯渇によって引き起こされる場合とは違った形で、資本による社会的再生産の包摂の無理を、価格評価の障害として露呈するものであると言えよう。この意味で、価格評価の障害はとりもなおさず資本主義的市場の機能不全の原因となるのであり、したがって景気循環プロセスのうちに断絶的な変化を画する恐慌の根本原因として、産業予備軍の枯渇に比肩する理論的意義を与えられる必要がある[30]（図４－１参照）。

＊　＊　＊

本書第Ⅱ部全体で問題としてきた「恐慌の必然性の論証」は、マルクス経済学の最重要課題の一つと目されてきた。ここではそれを、急激な景気の収縮それ自体の論証としてではなく、それを生み出す不安定性の発露の論証として再設定し、「好況から不況への相転移は、必ず不安定局面を伴う」という命題の証明を目標とした。これは従来のターミノロジーで言い換えれば、恐慌に先立つ異常事態として、好況末期を理論的に説くことと軌を一にする。

そこで好況期の資本蓄積過程を見直してみると、そこには生産規模の増大とともに労働力が吸収されていく一方で、部門内で同時に稼働する生産条件の多層化が進む過程が見出される。この生産条件の多層化は、それが進展するにつれ、常に最優等の生産条件を希求する個別産業資本の生産への投資行動を阻害し、その反面で商業資本を中心とした資産市場の活発化を促す。この場合には、蓄積率の下落が主導する好況から不況への相転移が、社会的再生産から遊離した市場の不安定的な活性化を伴って発生することになる。それに対して、労働力の吸収が帰結する産業予備軍の枯渇も、生産投資の障害と資産市場への資本の移動をもたらす。産業予備軍の枯渇は、労賃騰貴とともに利潤率を押し下げるため、それが相転移をもたらすことになるが、この場合にもやはり、同様の不安定局面が随伴することになる。

したがって、恐慌の要因は、理論的にも単一にはならない。産業予備軍の枯渇と、生産条件の優劣評価の障害とが、それぞれ独立に不安定局面の原因として並び立つ。かつそれらはいずれも同時に相転移の要因を構成し、したがって恐慌の根本原因になるのである。現実の恐慌の分析にあっては、このように理論によって導出される単純なタイプに還元できない、多くの特殊歴史的・制度的条件が加味されるべきであり、だからこそ恐慌史研究や現状分析に意味がある。しかし、そこで実証的に摘出される現実の様々な状況を受け、理論的な恐慌像が一方的に歪められるという関係にあるわけではない。原理的な恐慌論においても、そうして実証的に確認されてくる諸条件をいわば咀嚼し、自己変容を遂げる内的営力を析出しうる。原理的な恐慌論は、特殊歴史的・制度的条件と相互規定的に、現実の恐慌の歴史的発展を説明するツールとなりうるのである。資本主義における恐慌概念は、純粋な推論によって一義的な結論が得られるものではないが、だからといって理論的には分析不可能な多様性が茫漠と広がっているわけでもない。そうした恐慌の歴史的変化は、その根本原因の次元において、恐慌の二因性として理論的に再構築してゆくべき領域を内包しているのである。

註

（1）『資本論』における恐慌に関する記述の概観と、マルクス経済学における商品過剰説と資本過剰説の研究史については、大内編[1964]第一編が依然として最も整理されたものである。

（2）置塩・伊藤 [1987] 一四五頁に見られる、伊藤による置塩への反批判を参照。

（3）こうした研究の代表的な論考として、山口 [1983a] 一〇三–一〇七および一五四–一八〇頁、[1998] 三–九頁参照。

（4）日高 [1983] 二三四–二三六頁では、商業資本は自己資本ではなく信用で商品を仕入れる点で商人資本と異なり、それゆえに商業資本は信用論の後に説かれなければならないとされている。しかし、分化・発生論的アプローチにしたがい、産業資本の流通過程の代位に商業資本の基本的機能が絞られてくることになれば、そうした形での商人資本との区別は不要となろう。

（5）このような信用創造的な側面を強調した代表的な論考として、山口 [1984] 第二章や [1985] 二一八–二三〇頁参照。

（6）山口 [1983b] 一七二頁、[1984] 一八〇、一八一頁、[1985] 二五二–二五四頁等では、産業予備軍の枯渇を原因とした返済還流の不確実性の増大が、与信の停止とそれに続く銀行に対する不安へと発展し、信用恐慌をもたらすプロセスが描写されているが、まずは部分的な個別資本の破綻として生じてくるこうした不確実な局面が、いかにして全面的な崩壊に到るのかという経路に、不分明な点を残している。近年では、そうした返済還流の動きを軸とした恐慌の発現の論証方法に対して、伊藤 [1973] 二一八–二二五頁にて重視されたような銀行の準備金の流出を再評価する、いわば揺り戻しがかかっている。青才 [2007] 一五六–一五九頁、中村 [2005] 一三〇–一三九頁、星野 [2007] 二〇一–二一〇頁、吉村 [2003] 三二三–三三〇頁、[2005] 八七、八八頁等参照。しかし、銀行にとって準備金の額と与信の額との間に客観的な対応関係があるわけではないし、準備金の流出を与信の拡大によって補うことができない理由も説明されなければならない。そのためには結局のところ、準備金の流出に先行して、商品市場での何らかの異常事態が説かれる必要がある。やはり信用機構から商品市場の態様へと、考察の場を移すのが正着とみる所以である。

（7）清水 [2010] 四七頁では、宇野の枠組みについて、流通論として市場の独自な理論的意義を取り出しながら、恐慌論では投機や商業資本といった市場固有の因子を捨象することの方法論的齟齬が糾弾されている。そこではそれは「商業資本と物神性との関連づけが過度に限定的であったことに起因する」（六七頁）と、物神性論再考の文脈に回収される。「それ自身利子を生むものとしての資本」が、観念上株式資本に相当すべき概念であったことを思い起こすと、商業資本論を物神性論の筋で拡充することが、あるいはひろく資産市場の動態を恐慌論に組み込む原理的基礎となりうるのかもしれない。しかしそればかりでなく、価値論を中軸とした市場理論の文脈を引き継ぎつつ、商業資本の役割を恐慌論で検討する作業も残されている。

（8）例えば井村 [1973] 第三章第三節を参照。

（9）伊藤 [1989] 一九六頁、山口 [1983b] 一五五頁等に特徴的な叙述が見られる。

（10）宇野 [1953] 八九–九一頁では、社会的再生産の「不均等なる発展」や「賃金労働者の消費能力を超える生活資料の生産」を恐慌の原因とする立場に対し、それでは恐慌の「周期性」を明らかにすることができない旨の批判が加えられている。同二四七–二四九頁も参照。

(11) 大内 [1970] 二〇二頁では「宇野教授の場合には、ふつうに理解されているように恐慌の周期が一〇年なのではなく、不況の回復期から不況の回復期への周期が一〇年とおさえられている」と述べられているが、周期性を景気循環について言うにしても、次節にて触れる資本の有機的構成の変化に関する前提が必要となり、論理的に妥当とは言えない。

(12) 山口 [1983b] 一七二頁では、好況末期に産業資本の利潤率の不均等が拡大することから、利子率の引き上げが「選択的」になり、「利子率の不均等等に対応した信用関係の不均等な作用」が発生するとされている。

(13) 富塚 [1975] 一五九頁では「「価値増殖」を自己目的とする特殊・資本制的な蓄積と生産の自己累積的・加速度的な展開が、「直接的搾取の条件」と「搾取実現の条件」との矛盾を激化せしめて自らその限界を劃し、「諸矛盾の強力的解決」たる恐慌に突入せざるをえない」と述べられており、恐慌の原因であるこの「矛盾」は、好況の「累積」過程において「激化」するものという認識が示されている。こうした商品過剰説の文脈では、部門間の需給バランスを崩す具体的契機として、拡大再生産での固定資本の補填問題（井村 [1973] 一二四–一三四頁、富塚 [1975] 一一二–一二二頁等）や有機的構成の高度化（井村 [1973] 一三七–一四五頁、高橋 [2009] 二〇八–二二五頁等）といった論点が検討されてきた。それらはいずれもあくまで好況期の累積過程、別言すれば恐慌の原因を隠蔽している過程を加速させるものであり、資本主義の動態に対する累積論的な認識方法に則って展開されている。

また小幡 [2001] では、置塩 [1967] に見られるような、恐慌を上方累積（好況）から下方累積（不況）への「転換点」として捉える見方が「累積論としての景気循環論」と特徴づけられ、それに対して宇野恐慌論は「恐慌を景気循環の独自の局面として捉え、好況から不況への不連続な移行を典型的なかたちで示している」（小幡 [2001] 一〇頁）とされている。例えば先に引用した『恐慌論』のテキストにあるように、「恐慌論は……資本の蓄積の増進とともに、資本にとって一定の限度をもった条件の下に商品化し得る労働力を中心として、周期的にその矛盾が爆発し、またその矛盾が現実的に解決されるという関係がいかにして必然的に生ずるのかを明らかにする」（宇野 [1953] 九三頁）とされるとき、労働力商品化という「矛盾」は、「資本の蓄積の増進」の帰結として「周期的に」恐慌をもたらすものであり、商品過剰説のように、蓄積過程のうちに累積したり激化したりするとは言われていない。ただし宇野の場合、傾向法則の帰結としての、資本主義社会の崩壊論との区別は強く意識されている反面、累積論との対比的視角はない。累積論は、宇野の時代以後、崩壊論に代わって富塚 [1975] や置塩 [1967] によって商品過剰説に組み込まれてきた観点であり、それに対する宇野恐慌論の方法論的特徴は、本文で指摘するような、好況末期の認識を最大の特徴とする、いわば局面論として、新たに取り出される必要があるのである。

(14) 労賃と物価の比較問題は、宇野の恐慌論が発表された当時より提起されてきた。川合 [1957] や古川 [1959] 参照。

(15) 宇野恐慌論を下敷きに物価変動論を展開した論考としては、清水 [1985]、杉浦 [1977] 八二–八八頁、馬渡 [1973] 一二三頁等があるが、いずれも生産財部門と消費財部門、あるいは総需要と総供給といった形で、個別資本のレベルを超越したまとまりを設定した上で議論が進められている。星野 [2007] 第七、八章は、実質賃金率と名目賃金率との間の相違を明示し、その上で「実質賃金コスト」という独自の概念を用いることで、好況から恐慌にかけての動態を、物価変動をも視野に入れつつ描き出している。「実質賃金コスト」は、実質賃金率をε、消費財生産部門の生産性をα_2としたとき、ε/α_2 で表される。総雇用者数をN、そのうちの消費財生産部門の雇用者数をN_2とすると、消費財の需給が一致しているとき$\alpha_2 N_2 = \varepsilon N$ が成り立つため、これは

$$\frac{\varepsilon}{\alpha_2} = \frac{N_2}{N}$$

を満たす（一七〇、一七一頁）。そこでは「労働生産性α_2が一定なら、もっぱら総雇用者数に占める消費手段部門の雇用者数の割合（N_2/N）によって実質賃金率が決定される。……実質賃金率 $\varepsilon = w/p_2$[w は貨幣賃金率、p_2 は消費財の物価水準] であるが、貨幣賃金率と消費手段価格の上昇率の比較という困難な問題をバイパスしつつ、あるいは貨幣賃金率と消費手段価格の両者を同列に置くことなく、実質賃金率を確定する道を開かれる」（一七一頁、[ ]内は引用者）とされる。これは物価に先んじて実質賃金率を算出する方法を示したものと言ってよいが、その前提として消費財部門と生産財部門の間の区別と、労働生産性が一定であるという仮定とに強く依拠している。もし労働生産性の変化があるとすれば、消費財は様々な種類の商品から構成される以上、消費財の物価変動を一括りに論じ得ないのと全く同様に、α_2 というスカラー値で消費財部門の生産性を表すこともできなくなる。

(16) このように個別商品の価格変動の分散を強調した論考としては、伊藤 [1973] 二一一–二一五頁、[1989] 一九九頁、戸原 [1972] 九四、九五頁、馬場 [1972] 六頁、[1973] 三九、四〇頁、山口 [1984] 一八〇頁等がある。こうした観点に立つと、戸原 [1972] 九六–九八頁や山口 [1984] 一六七–一七二頁に見られるように、労賃と物価の変化の関係については、必ずしも一義的な結論が追求されないことになった。

(17) 前注にて言及した論考のうち、最も整理されている伊藤 [1973][1989] の議論を例にとって、労賃騰貴に端を発する個別的な価格変動が、均衡点の移動として回収されてしまう場合があることを見ておこう。そこでは、好況末期の労賃騰貴によって、次の三つが市場価格の変動要因として発生するとされる。

（一）利潤圧縮による蓄積を通じた需給調整能力の鈍化
（二）資本の有機的構成の違いに基づく生産価格の変化
（三）一次産品への需要増大に対応する供給増大の遅滞

しかしこのうち（二）は、他の二つとは異質である。生産価格は賃金と各部門の生産条件で決定されるため、労賃の上昇に伴い必ず変化するが、生産条件に技術的確定性があり、投入と産出が比例的に増減する限り、各部門の生産規模からは独立である。そのため、賃金率が変化したからといって、部門間の規模のバランスが変動するとは限らない。少なくとも理論上は、部門間の生産規模の比率の調整が起きずに、労賃上昇による生産価格の変化のみが生じるケースを想定することができる。もちろん、そのように需給バランスを一致させたまま蓄積過程が進むことは現実的には考えられないが、ここで重要なのは、生産価格の変化が、部門間の物量的な過不足とは独立に抽象可能であるということである。そうした価格の変化のみに着目すれば、それは単なる均衡点の移動として処理されてしまう恐れがある。

それに対して、需給の調整能力に関わる（一）や（三）のシチュエーションは、部門間での物量的な過不足の発生と切り離し得ない。（一）は労賃上昇を直接の原因として（二）と共有しているが、そこでは蓄積による生産規模の調整速度が問題となっている。つまり、（一）ではまずどこかの部門が他部門での投入量に対し過剰に供給しているということがなければ、蓄積によって解消すべき需給の不一致も生じようがない。（三）も、一次産品生産部門の規模が他部門の投入量に対して過少生産となる事態であり、そこにもやはり部門間の物量的な過不足が現出している。（一）と（三）は、（二）と異なり、価格変動に至るまでに、物量的なズレを必ず要する議論となっているのである。

なお、大内 [2005] 二一八頁では、（二）の説明が利潤率均等化作用の貫徹を前提とするのに対し、（一）は利潤率均等化作用の阻止を前提とするため「この両者が同時に成立することなどありえない」とされているが、これは生産価格の成立と部門間の物量的過不足の解消とを同一視した理解に立っており、問題がある。物量的に過不足が出てしまう社会的生産編成においても、労賃騰貴による生産価格体系の変化は、それとともに跛行的に進展しうると考えるべきであろう。

(18)　宇野 [1953] 八三頁では「資本家的商品経済は、実は資本自ら商品として生産することのできない労働力を商品化することによって成立している。しかもそういう特殊の商品によって、はじめて商品経済は徹底的に全社会を支配することができるのである」といったように、労働力が資本による生産物でないという消極的規定に続けて、労働力商品化の持つ社会的意義が指摘されているものの、両者の理論的意味が区別されて把握されているわけではない。また侘美 [1983] 七三、七四頁では、原理的な恐慌論の現実への適用にあたり、労働力商品の位置を一次産品のような生産拡張が容易でない商品で代替する議論がなされているが、その際にボトルネックになる一次産品は、その時々の資本主義の発展段階において一定の社会的影響力を担った商品に限定されなければ意味がないことに留意する必要がある。このことは、前注の伊藤［1973］［1989］における市場の変動の三要因のうちの（三）についても言える。一次産品の供給増大の遅滞といっても、当該一次産品がマイナーな商品でしかなければ、その価格変動は市場を揺るがす問題にはならないであろう。

（19） 先に触れた伊藤［1973］［1989］での市場の変動の三要因のうち、（一）は労賃上昇による利潤圧縮そのものが蓄積による部門間調整能力を減退させることを説いているが、この場合の利潤率の下落は必ずしも利潤量の減少を意味するものではなく、蓄積の原資が絶対的に削られることになるかどうかは一概には言えない。利潤率だけでなく利潤量まで減少する場合でも、それが各個別資本レベルでの蓄積資金の投下による部門間調整を阻害するまでに至るかどうかは詰めるべきところを残し、その資本家社会的な影響は明確ではない。

（20） 山口［1985］二五〇頁では「産業予備軍が枯渇しているこの時期［好況末期］には資本蓄積は労働者の引抜きによるしかないので、資本配分の調整は全体として麻痺せざるをえない」（［　］内は引用者）と述べられている。これは、労賃騰貴に起因する問題とはひとまず独立に生じる事態と見てよいであろう。また小幡［2009］一七一－一七五および二六五、二六六頁、［2014］八八－九六頁では、産業予備軍の存在は、労働者が部門間を移動する際に、自らの技能の種類を新たな生産過程に適合するよう「型づけ」し直す場として積極的に位置づけられ、だからこそ産業予備軍の枯渇は労働力の価値の規制が効かない「賃金爆発」を引き起こすとされる。そこでは利潤圧縮が生じないようなケースについては想定されていないが、このように産業予備軍に好況期の部門間移動を支えるバッファとしての役割を見るのであれば、好況期の終わりを画するにあたって、労賃騰貴とは別個に、産業予備軍というバッファの破壊による部門間移動の阻害を位置づけることも可能となる。

（21） 小幡［2001］一一七頁および［2014］一八六、一八七頁では、好況期を通して進む「生産方法の多層化」が個別産業資本の利潤率に対する規制力を弛緩するとされるが、この点は積極的に論証されてはいない。

（22） 「市場生産価格論」では、ある商品について、複数の生産条件が並存する中で支配的となる価格の一義的な成立が追究されてきており、それにしたがえば本文で述べたような問題は霧消するが、「市場生産価格論」の考え方にはそもそも方法的な問題があり、本書において受け入れられるものではない。本書第二章参照。

（23） 農産物のように、自部門の生産物を投入財に用いる場合には、そこでの生産条件の多層化が、再帰的に自部門での生産条件の改善の阻害要因になりうる。また、どの生産物の投入財にもならない奢侈財の部門における生産条件の多層化は、どの部門にも影響を与えない。

(24) 栗田 [1992] 第六章および [2008] 第三章でも、蓄積過程における新生産条件の導入についての変化が取り上げられており、好況の進展とともに投資の比重が固定資本から流動資本へ移り、新生産条件の導入が後退するとされる。しかし、なぜそうなるのかは必ずしも明確ではない。好況が進むと全般的に固定資本投下や生産条件の改善が停滞していくということを、一般論として言うのは難しいであろう。これらは、個別部門ごとの動向にブレークダウンして考える必要のある問題である。

(25) 商業資本の原理的役割を、産業資本が自らの流通資本・流通費用の節約を見込む限りで流通過程を他の資本に代位させようとする動機をもとに考察する方法に根ざし、産業資本と商業資本の間の代位関係の解消を論じたものとして、菅原 [1997] 一六〇、一六一頁や山口 [1998] 七四、七五頁等がある。これに対し、主として個々の商業資本が形成する商業組織の意義に着目し、流通過程の代位関係に一種の確定性・安定性を看取する試みが、清水 [2006] 第一章、田中 [2017] 第六章、福田 [1996] 第八章等でなされた。もし商業資本が、流通過程を各個別産業資本から引き取った上で、組織的にそれを遂行しており、その結果として個別の産業資本は、単独では自らの流通過程を再度担いがたいような状況が作り出されているとすれば、資産的な商品の価格上昇を狙った投機的活動も、かなりの程度商業資本が独占できることになろう。ただしそうした商業組織が成立している場合も、産業資本と商業資本との間には、有利な取引条件をめぐる駆け引きの力が陰に陽に働いているのであり、産業資本に対する商業組織の役割を絶対視すべきではない。

(26) 日高 [1972] 七三および一五一、一五二頁参照。山口 [1983a] 二六二、二六三頁では、商業資本の取扱い商品の可変性が、産業資本に対する独自性として切り出されている。ただし、それ自体は必ずしも多種商品集積を帰結するとは限らず、常に最も売れ行きが良い商品のみを集中的に取り扱う商業資本もありうる。そこから進んで柴崎 [2016] は、商品の集積に止まらず、商業資本が多種の産業資本から債務を集積し、実質的に貨幣取扱業務の代理業者となりうることを説いている。この場合、商業資本は事実上銀行業に手を出していることになる。なお前注で触れた商業組織は、それを原理的にどのように説くかについては難しい問題が残るものの、場合によっては多種商品集積と同等の結果をもたらす。全ての商業資本がある一時点では単一種の商品の取引のみに従事するとしても、それらの資本間に取引のネットワークが準備されており、他の商品種へのアクセスが一定の範囲で保証されていれば、組織的に多種商品集積を達成していることになるからである。

(27) この信用力という概念がマルクス経済学の信用論の射程に入ってきたのは、商業信用の限界を考察する論脈で、受信者の返済可能性が議論され始めたことに端を発する。大内 [1978] 第四章および山口 [2000] 第一部第四章参照。それを受け、この概念を手がかりとした信用価格・利子率の格差や銀行業資本の分化の解明が、浦園［1981］、竹内［1989］、松田［1996］、宮澤［1996］等で試みられた。しかしそれらの論考では、与信にあたり個別商品の販売可能性が推量されるような、単純な商品流通のレベルでも考えうる信用から、個別資本の信用関係になると信用力という独自の引力が発生してくる論理が必ずしも説得的でなく、信用力概念のインフレーションというべき状況を生んだ。そこでここでは、この概念を景気循環の特定の局面における市場に特有の、集中的な信用関係の形成に限定して用いた。

（28） 好況末期の商業資本と信用機構の相互促進的関係自体は、これまでも指摘されてきた。大内［1981,82］七一八–七二二頁や鈴木編［1960,62］四〇九–四一一頁では、そうした相互関係のうちに発生する信用インフレが、利子率高騰に到る事態として描写されている。そこでは、特定商品の価格上昇から全般的物価騰貴に至るロジックが不明確で、先に見た伊藤［1973］や山口［1985］二五一、二五二頁等の論考では、個別商品の価格変動に理論的関心が集中し、インフレ自体は論証対象から外されていく。しかし、全般的な物価上昇が導出できないからといって、市場の全体的態様も考察しなくてよいことにはならない。続いて本文で述べるような、物価上昇に還元されない形の市場の全般的活況を、恐慌論に位置づける課題はなお残っていよう。

（29） 横川［1989］一六〇–一六二、二〇七–二一〇頁では、好況末期に労賃上昇によって利潤率が下落すると、産業資本による生産拡大が鈍化し、『資本論』第三巻第五編にいわゆる「貨幣資本の過多（プレトラ）」（K., Ⅲ, S.523）が発生するとされる。そしてこの「プレトラ」を、商業資本が利用することで、好況末期には投機と信用膨張が促進されると述べられる。好況末期の商業資本が、産業資本と異なる独自の役割を果たすことを指摘した点で重要であり、本書も同様の問題を追究しようとするものであるが、商業資本も単に「プレトラ」があるというだけでそれを価値増殖に用いることができるわけではない。商業資本の運動によってはじめて活かされうる機会が市場に見出されてこそ、「プレトラ」もそこに投じられることになるのであり、それを資本蓄積過程のうちからいかにして切り出すかが、不安定局面を論じる際のクリティカルな論点をなす。

（30） 伊藤［1989］第二六章では、「景気循環の形態変化」として、資本主義の歴史的発展に伴う諸要因が、原理論のロジックに即して検討され、周期的恐慌をもたらす「典型的景気循環」がどのように変化を被るか、明らかにされている。それに対し、近年ではむしろ、理論の内部に、景気循環の変容の因子を探る研究が進められ、資本主義の歴史的発展を、理論的要因と歴史的要因の双方から分析する手法が模索され始めている。例えば中村［2007］では、一九二九年の「大恐慌」の原因について、賃金コスト要因を重んじる侘美［1994］を批判した柴田［1996］の見地が積極的に評価され、独占資本の商品価格の下方硬直性を要因として重視した「大恐慌型恐慌の理論」が、従来の労賃騰貴説に相当する「典型的恐慌の理論」とともに並置される。また新田［2013］三六–三九頁は、必ずしも複数要因説に立つものではないが、原理論次元における複数経済圏の想定によって労賃騰貴説を相対化している。しかし原理論に求められるのは、実証研究から析出されてきた要因を、そのまま理論に付け足すことではない。それでは、「景気循環と恐慌の現実分析に適用可能な、一種の道具箱」（伊藤[2009]一一八頁）と形容されるような、単なる要因の羅列に終わる。原理論は、実証研究が明らかにしたその射程不足を受け止めた上で、これまでの理論展開の不備を洗い出すことで、体系の再構築を図るべきである。

そのとき、古典的にはHilferding[1910]第四編第十六章に見られるような、『資本論』における資本過剰と商品過剰のそれぞれの視点をそのまま認めてしまう立場と、何らかの一貫した論理展開に関連づけて複数の恐慌の要因を析出していく立場とは、区別されるべきであろう。例えばHarvey[2011]では「資本の流れの連続性」（邦訳七〇頁）の分析の結果、それを妨げる要因が恐慌を形成するとして「六つの潜在的制限」（同上）が指摘されるが、これは資本過剰説と商品過剰説の単なる両論併記と断ずるべきではない。そこでは、「国家―金融結合体」（邦訳七一頁）といったような特殊歴史的・制度的な要因までもが恐慌の理論的考察に包含されており、その論旨に全面的に賛同することはできないとは言え、必要なのは原理的な恐慌論を歴史過程と十分峻別して論理的に構築することであり、恐慌の複数の要因を単一に落とし込むことそのものではない。

総括と展望

ここまで本書では、資本主義に固有に看取されるべき市場の構造分析と、それを踏まえた上での景気循環の理論的展開を試み、最終的には恐慌について二つの要因、すなわち産業予備軍の枯渇と生産条件に対する価格評価の障害が、等位に見出されることを見てきた。「はじめに」で標榜した、市場と恐慌についての理論研究としての課題は、これでひとまず最低限のところは果たされたことになろう。しかし、本書で取り扱い得た範囲は、日本のマルクス経済学が連綿と積み上げてきた、社会科学としての総合性を湛えた研究蓄積に比してみれば、あまりにも狭小である。そこで最後に本書を締めくくるにあたって、前章までの議論が、その狭小さにもかかわらず、原理論体系やそのマルクス経済学における役割に対して与えるインパクトを、それに伴って生じてくる今後の課題への展望を交えつつ、まとめておきたい。

宇野弘蔵が『経済原論』において分配論として再編した『資本論』第三巻領域は、とりわけ確定的な生産過程と不確定な流通過程との間のコントラストが明確化されて以後、個別資本が互いに競争を繰り広げる中で流通過程の不確定性にどのように対処していくかという問題を軸に、競争論としてさらに組み替えられることとなってきた。それは具体的には、流通過程の不確定性を契機に、産業資本から商業資本や信用機構がいかに分化・発生し、資本主義の下で発達する重層的な市場機構を説明するかという問題領域を、原理論体系の第三編の中心に据えていくことを意味していた。市場が不断の変動・分散を伴い、個別資本はそうした不確定性に取り囲まれながら他資本と駆け引きを繰り広げるという認識は、原理論の発展を促す強力な地盤となり、新古典派経済学はもとより、他のマルクス経済学にも類を見ない豊富さを、宇野原理論の市場理論にもたらすことになった。

しかしその反面、流通過程の不確定性と生産過程の確定性とは、それぞれ区別して把握すべきことのみが重要視され、両者はますます相互に没交渉的に捉えられる傾向を免れなかった。市場機構の展開を論じる上でそれは所与とされたのであり、その関連を問い直す必要が省みられることはなくなっていったのである。市場機構論が興隆する一方で、このように流通過程と生産過程の関係は二分法的理解に止まったままにおかれるというアンバランスさは、市場機構の原基をなす個別産業資本の概念的位相において、利潤率の規定問題として表出することになったと見ることができる。そこで本書では、その問題への回答から始め、生産価格論の位相を、労働価値説の結論部分としてではなく、資本主義的市場の理論のスタート地点として再設定した。その上で、価値と生産価格という二つの異なる概念を備えた資本主義的市場の価格理論が、需給に即応した平板な上下運動ではなく、商品種のタイプに応じた非対称性を具備するものとして価格変動を描き出すことを試みた。競争論は、単に需給の均等化のプロセスにおいて種々の市場機構を展開するだけでなく、需給均衡論的な市場理解そのものを問い直す方向へとさらに深化されうることを、価格理論のレベルから考察したのである。

このように価格の上下運動が棄却される場合に、社会的生産編成をなす個別資本の動きがどうなるのかが、続いて問われなければならなかった。この論脈にあっては、流通過程の不確定性と生産過程の確定性という二分法も、再考に付されることにならざるを得ない。生産過程における生産条件の差異は、資本によって包摂されるにあたってその運動に独特の作用を加えずにはおかないのであり、資本による社会的生産編成のあり方を通して、流通過程の不確定性の発現に影響を与える。その最も端的なケースが、第二章で論じた生産条件の優劣の不可知性であり、それは単に不確定な流通過程に定位したままでは到達できないような、資本主義的市場の無規律性についての認識の深化を可能にする。

結果として本書第Ⅰ部は、従来の原理論体系からすれば奇異に感ぜられるほど、複数生産条件の並存という舞台設定を重視した内容となっているが、このアプローチは、市場機構論の基礎となっている流通過程の不確定性の原理論における役割を位置づけ直す、体系上の意義を担っているのである。資本主義的市場の構造は、流通過程の不確定性のみならず、それを生産過程に存する不均質性の処理から捉え返すことによってはじめて包括的に明らかにされうるのであり、その内容は市場機構論の展開に還元されることはない。

このように原理論第三編の文脈に沿って第Ⅰ部の議論を振り返ってみると、そこに欠けているものも自ずと浮かび上がってこよう。すなわち、本書において完全にオミットされている地代論は、農業に限定された問題ではなく、生産過程における生産条件の差異についての処理を論じるもう一つの理論領域として捉え直されるべきであり、それが資本主義的市場の態様に与える影響は、また独自に解明される必要がほの見えてくる。地代論における生産条件の重要な特徴は、それが再生産され得ず、その利用に制限をかけることのできる排他的な所有権が設定されているところにあり、したがってそこでは、再生産できない生産条件の所有者として、資本家でも労働者でもない第三の階級（さしあたり「地主」と呼ぶ）が考察対象に入ってくることになる。本書にて論じられていたのが、個別資本間の競争が展開される場としての資本主義的市場であったとすれば、地代論まで射程に入れたより広義の資本主義的市場の理論は、資本家と地主の関係をも包含しうるキャパシティを擁していることを要求されよう。

とはいえ、再生産し得ない生産条件も、資本によって利用される以上は、価格タームによる優劣の評価に服する必要があり、地代の決定もそれに左右されることになろう。本書における生産条件の優劣に関する考察は、地代論レベルにあってもその限りで有効であり、地主の行動とその影響とを分析する基礎となると考えられる。さらにまた、従来の原理論の地代論は、その静学的な構造を解析するのみで止められていたが、こうして資本主義的市場との関連を追究していこうとすれば、それを資本蓄積の進展と絡めて論じていくことも要されてくる。特に本書のように、蓄積率を変数と見て、景気循環の相の決定要因として位置づけるとすれば、地代として資本の運動の外側を流れる資金の動きは、景気循環の態様に大きな影響力を発揮してくる可能性がある。してみると、地代論の展開に先んじて、資本主義的市場の動態論を続いて説いておくのも、やや駆け足の感はぬぐえないかもしれないとはいえ、地代論の動態的展開という将来の課題に向けて布石を打つものと考えることもできる。

その動態論は、マルクス経済学においては、急激かつ全面的な攪乱の必然的発生に特に焦点を当てた、景気循環論として展開されてきた。宇野原理論にあっては、その体系構成を踏まえながら、資本蓄積過程の進行に信用機構の動態を関連させて恐慌の必然性を論証する二段構えの造りが、その動態論の最大の理論的特徴をなしてきたと言ってよいであろう。すなわち、資本の絶対的過剰生産を、蓄積の進行の結果産業予備軍が枯渇することによる労賃騰貴として規定しつつ、それに伴って資金の需給が逼迫することで利子率が騰貴し、以って恐慌の発現が画されるという論理展開である。

宇野以後の恐慌論研究は、投機的活動等を新たなトピックとして取り上げながらも、この労働市場と信用機構の動向を両輪とする基本構成にまで再検討を迫ることはなかった。ましてや好況―→恐慌―→不況という景気循環論の全体構成は、現象からそのまま所与のものとして受け取られてきたと言ってよい。しかしその後、原理論次元で流通過程の不確定性を中心とした市場認識がますます深まってゆき、それに基づく市場機構論の成果が積み上げられてくることになれば、そうした資本主義的市場の原理論上におけるプレゼンスの増大が、恐慌論の構成に影響を及ぼさずにはいないことは容易に推察されよう。これは言易行難であり、単に原理的に構築された市場機構を、恐慌論にそのまま移植すればよいというものではない。そうした複雑な構造物を原理的な恐慌論に組み入れるためには、いわば基礎工事が欠かせないのであり、これまで労働市場と信用機構との間に埋没していた、市場の動態にまつわる諸論点を掘り起こし、理論の中核に据えるための、景気循環論の抜本的な再編成が必要になる。

本書第Ⅱ部は、第Ⅰ部での流通過程の不確定性を捉え返す原理的作業をベースに、宇野恐慌論の特徴をなしてきた基本的な構成を全面的に再検討に付し、資本主義的市場の原理的分析を、恐慌論へと拡充していく試みであった。資本主義的市場の特性は、このように恐慌論において真にその意義を発揮するものとして捉えられるべきであり、そうすることによって、これまでの宇野恐慌論には見られず、また市場的要因を重視してきたと評される商品過剰説の諸論考とも視角を異にした、市場における恐慌についての新たな理論的パースペクティブが拓かれる。

また、マルクス経済学における恐慌は、景気循環過程の一局面としてばかりではなく、資本主義の矛盾の集約的発露として考察対象にされてきた。宇野恐慌論の場合、労働力の商品化に資本主義を資本主義たらしめる契機を見定めるべきであるからこそ、資本蓄積の結果として生じる労賃騰貴が全面的な経済危機をもたらさざるを得ないという形で、恐慌の根本原因が措定されることとなっていた。こうした単因性の原理的恐慌論の確立は、景気循環現象の歴史分析の段において、景気循環の原理像との距離を検出し、特殊歴史的・制度的要因を実証的に切り分け記述していく一助となってきたと言ってよい。資本主義の歴史的発展段階論において、景気循環の歴史的形態の実証が重要視されてきた所以である。

しかし、市場の性質がまさしく資本主義的市場のそれとして、つまり資本主義であるからこそ備わる市場の性格として見出され、さらには労賃騰貴とは相対的に独立した恐慌の要因として実装されてくることになれば、こうした恐慌論の役割も変化を被る。資本主義は労働力商品化のみによって資本主義になるわけではなく、それ自身歴史的に固有な不確定性を内蔵した資本主義的市場の成立を俟つのであり、資本主義経済の不安定性は、それら二つの契機に即して理論化されることを要する。恐慌の根本原因をもたらす労働力商品は、資本主義的市場の動態を中軸として再編された恐慌論においては、その一意性を剥奪されるのである。

このような恐慌のいわば多要因説の試みは、それが厳に商品経済的論理によって構築されたものである限りにおいて、歴史分析における原理的恐慌論の意義を拡張しうる。資本主義的市場と恐慌の関連が原理的に明らかにされれば、景気循環の実証分析にあたって、資本主義的市場の内因とそれ以外の特殊歴史的因子を選り分ける作業は、少なくとも労賃騰貴による利潤圧縮が確認されるか否かという切り口しか準備されていない場合に比べれば、見通しがつけやすく、市場の動態に関する実証的見地も獲得されやすくなるであろう。かくして「恐慌の二因性」の析出は、従来の原理論と発展段階論の境界を見直し、恐慌の根本原因のレベルにおいて、多要因分析とそれに基づく恐慌の形態変化の解読とを実現する第一歩となるはずである。

ただし、それはあくまで第一歩に過ぎない。このように理論と実証の相互関係を問い糺していくことになるとすれば、それは経済学全体の問題として立ち現れてこざるを得ず、その本格的な検討は、市場と恐慌の原理的考察をテーマとする本書の範囲を逸脱する。というより、原理論のみならず、現状分析まで巻き込んだ、総合社会科学としてのマルクス経済学全域の再編を要請するものとなってこよう。そうした大きな課題の方向性について、本書から予想できる範囲は限定的であるが、さしあたり見当がつくのは、その課題における景気循環の実証研究の役割に関してである。

資本主義の「生成・発展・没落」の発展段階論を中心とする宇野の歴史理論は、第二次世界大戦後の日本において、特殊歴史的・制度的要因を含む資本主義経済の全体構造を解明するにあたり、広く有効性を発揮してきた。その中で、一九世紀半ばのイギリスに見られる周期的恐慌は、「典型的恐慌現象」として景気循環の実証分析の基準を提供してきた。本書は、宇野の「生成・発展・没落」の歴史のシナリオをそのまま支持することはできないと考えるものであるが、それは現代資本主義の歴史的構造の解明という主題と、特に景気循環に着目してそれを遂行するアプローチの重要性を否定する謂いではない。むしろ、資本主義的市場の構造論が「恐慌の必然性の論証」にあたり不可欠な基礎理論として必要とされるという本書の体系は、原理的な恐慌論の次元から、資本主義の歴史的発展段階論の展開における景気循環論アプローチの必要性を裏打ちしている。恐慌論は、資本主義経済の原理的構造と切り離されて展開される応用領域ではなく、原理論の一部、それも構造総体の運動論として結論部分を構成する領域であり、そのことは、現実の景気循環の態様が、その時々の資本主義社会を総体的に把握するのに見落とすことのできない、段階的特徴を現出させることを示唆する。

とすれば、本書の理論的成果は、景気循環の実証研究と相互に突き合わせられることによって、はじめて発展段階論の新展開へと昇華されうることになる。これまでの景気循環の実証研究が、大枠として歴史的発展段階に制約されてきたのに対して、これからは、資本主義の総体的動態である景気循環の現実が、資本主義の歴史像を新たに再構成していくにあたり、より積極的な役割を果していくことになるに違いない。もちろん、実証的に明らかにされた現象がそのまま理論になったり、理論で描かれた世界が現実に見出されたりするということはない。そうした素朴な関係性が理論と実証の間に成立しないことは、宇野の方法に教わるまでもなく、現実社会を総体として認識しようとすればすぐに分かることである。しかし、理論と現実のギャップを構造的に捉え、歴史的に位置づけるには、理論研究と実証研究の双方が必要とされる。恐慌論を変容論的に刷新しようとする本書の試みは、景気循環を理論と実証が切り結ぶ発展段階論の一大テーマとして据えることを同時に意味することになるのである。

あとがき

本書は、二〇一五年三月に東京大学大学院経済学研究科に提出した同タイトルの博士論文に、大幅に加筆・修正を施したものである。その博士論文の元となった論考は、以下の四編である。

（一）「複数生産条件下での市場の無規律性」『季刊経済理論』第四九巻第四号、二〇一三年一月
（二）「資本主義的市場における市場価値」『東京大学経済学研究』第五五号、二〇一三年三月
（三）「恐慌論における商業資本」『「宇野理論を現代にどう活かすか」Newsletter』第二期第十二号、二〇一三年十一月
（四）「恐慌の両極性――市場における恐慌の基礎」『季刊経済理論』第五一巻第二号、二〇一四年七月

（一）と（二）は本書第2章の、（三）と（四）は第4章の、それぞれ材料となっている。第1章も、博士論文の一部を元にしている。第3章は、博士論文発表後に執筆した次の論考を加筆修正したものである。

（五）「景気循環における相の二要因」『東京大学大学院経済学研究科附属日本経済国際共同研究センター（CIRJE）ディスカッションペーパー』CIRJE-J-286，二〇一七年四月

なお、本書の図表は全て著者が作成したものである。

博士論文の提出から本書の上梓まで、約三年の月日を要した理由の一つは、博士論文審査時に提示された疑問点に答えるためである。そのために、加筆を行うのみならず、博士論文を構成レベルから作り直した。全ての疑問点に十

全に答えられたかは心許ないが、より批判に耐えうる内容にブラッシュアップされていると信じたい。

その審査の際には、小幡道昭先生、柴田徳太郎先生、竹野内真樹先生、丸山真人先生、清水真志先生にお世話になっている。五名の先生方からは、博士論文審査だけでなく、学部および大学院在籍時より、講義・演習等を通して、多くのご指導を賜った。本書が、その学恩に少しでも報いるものたり得ることを願う。

しかしそもそも、今時なぜマルクス経済学の理論を研究してみようと思ったのか、と頻繁に訊かれる。私の場合、それはひとえに、東京大学教養学部駒場キャンパスにて、小幡道昭先生が担当されていた「経済原論」の講義がきっかけである。当時はまだ、小幡先生の原論の教科書は公刊されていなかったが、ほぼ形は出来上がりつつあった。あの新しい原論体系を目の当たりにした瞬間の、刺激と感動が、私の研究の原点にある。その魅力に引き込まれ、学部演習への参加が認められたときから、今日に至るまで、小幡先生から学んだことは数限りない。長きにわたるきめ細やかなご指導に対し深謝するとともに、このことを私は誇りにしたい。

河村哲二先生は、出版に際し仲介の労をお執りくださったのみならず、本書をまとめるにあたってアドバイスを下さった。大学院在籍時に触れた河村先生の「パックス・アメリカーナ」論は、私にきわめて多くの示唆を与え続けている。また、伊藤誠先生からも、本書の隅々にわたってご助言を賜った。学生の頃は、伊藤先生に自分の書いたものを読んでいただける日が来るとは、夢想だにしていなかった。文字通り、望外の喜びである。

各所の研究会でも、数え切れないほどの多くの先生方から、貴重なご教示を賜ってきた。特に年二回の「マルクス経済学の現代的課題」研究会（SG-CIME）合宿では、何度も研究報告をさせていただき、全国各地の先輩・後輩研究者から、重要なご指摘をいただいた。さらに、『恐慌論の論点と分析』（守健二編著、創風社、二〇一四年）の執筆に参加させていただいた際は、守健二先生をはじめとする国内外の先学たちから、種々の恐慌論について学ぶ機会を得ることができた。何物にも代えがたい経験であり、本書にも大いに活かされている。

現在の勤務校である大分大学経済学部、および前任校である東京大学大学院経済学研究科は、本書を仕上げるにあたり最良の環境を提供してくれた。また、定職がなく苦しい時期に、研究生活を支えてくださった、東和なぎさ国際特許事務所のメンバーたちにも、お礼を伝えたい。特に、津野孝先生と鈴木公明先生からいただいた、励ましの言葉は忘れることができない。

最後に、私事で恐縮だが、家族にも感謝の気持ちを記しておきたい。とりわけ両親と妻・歩未には、きわめて不安定な進路のために、様々な形で心配をかけることになった。

本書の上梓に際しては、平成二九年度東京大学学術成果刊行助成を得た。また、本書をお世話いただいた日本経済評論社の栗原哲也さんと新井由紀子さんにも、お礼を申し上げる。

二〇一八年一月

著　者

著者紹介

江原　慶（えはら　けい）

1987 年生まれ
2010 年　東京大学経済学部卒業
2015 年　東京大学大学院経済学研究科博士課程修了
　　　　博士（経済学・東京大学）
現　在　大分大学経済学部准教授

著書・論文
『恐慌論の論点と分析』（共著、創風社、2014 年）
「価値の量的表現論」（『東京大学経済学論集』第 82 巻第 1 号、2017 年）
「価値形態論における計算貨幣」（『季刊経済理論』第 54 巻第 4 号、2018 年）
「資本概念の現在」（『歴史と経済』第 238 号、2018 年）ほか

資本主義的市場と恐慌の理論

2018年 4 月20日　　第 1 刷発行　　定価（本体4600円＋税）

著　者　江　原　　慶
発行者　柿　﨑　　均

発行所　株式会社　日本経済評論社
〒101-0062　東京都千代田区神田駿河台1-7-7
電話 03-5577-7286　FAX 03-5577-2803
URL：http://www.nikkeihyo.co.jp
印刷＊藤原印刷・製本＊高地製本所
装幀＊渡辺美知子

乱丁落丁本はお取替えいたします。　Printed in Japan

ISBN978-4-8188-2498-0

参考文献

Arrighi, Giovanni [1994] *The Long Twentieth Century*, 土佐弘之監訳, 柄谷利恵子・境井孝行・永田尚見訳『長い 20 世紀』作品社, 2009 年.

Dobb, Maurice [1970] 'The Sraffa System and Critique of the Neo-Classical Theory of Distribution', *De Economist*, Vol.118, No.4.

Duménil, Gérard [1983] 'Beyond the Transformation Riddle: A Labor Theory of Value', *Science and Society*, Vol. 47, No. 4.

Foley, Duncan K. [1986] *Understanding Capital*, Harvard University Press.

Harvey, David [2011] *The Enigma of Capital and the Crises of Capitalism*, 森田成也・大屋定晴・中村好孝・新井田智幸訳『資本の〈謎〉』作品社，2012 年.

Hilferding, Rudolf [1910] *Das Finanzkapital*, Bd.I,II, Europäische Verlagsanstalt, 1968.

Itoh, Makoto [1980] *Value and Crisis*, Monthly Review Press.

Kliman, Andrew [2007] *Reclaiming Marx's "Capital"*, Lexington Books.

Mainwaring, Lynn [1984] *Value and Distribution in Capitalist Economies*, 笠松学・佐藤良一・山田幸俊訳『価値と分配の理論』日本経済評論社, 1987 年.

Marx, Karl [1863-67] *Karl Marx Ökonomische Manuskripte 1863-1867*, Text, Teil 2, in *Marx-Engels Gesamtausgabe*, Ⅱ-4.2, Dietz Verlag, 1992.

Marx, Karl [1867,85,94] *Das Kapital*, Buch I-Ⅲ, in *Marx-Engels Werke*, Bd.23-25, Dietz Verlag, 1962-64. （引用の際は K., I, S.95 のように略記）

Mirrlees, James A. [1969] 'The Dynamic Nonsubstitution Theorem', *Review of Economic Studies*, Vol.XXXVI(1), No.105.

Morishima, Michio [1964] *Equilibrium, Stability and Growth*, 久我清監訳，入谷純・永谷裕昭・浦井憲訳『均衡・安定・成長』『森嶋通夫著作集』第 2 巻，岩波書店，2003 年.

Morishima, Michio [1973] *Marx's Economics*, 高須賀義博訳『マルクスの経済学』東洋経済新報社, 1974 年.

Mosley, Fred [2000] 'The "New Solution" to the Transformation Problem: A Sympathetic Critique', *Review of Radical Political Economics*, Vol.32, No.3.

Pasinetti, Luigi L. [1977] *Lectures on the Theory of Production*, 菱山泉・山下博・山谷恵俊・瀬地山敏訳『生産理論』東洋経済新報社, 1979 年.

Ricardo, David [1817] *On the Principles of Political Economy and Taxation*, in *The Works and Correspondence of David Ricardo*, Vol.I, Cambridge at the University Press, 1951.

Roemer, John [1982] *A General Theory of Exploitation and Class*, Harvard Uni-

versity Press.

Rowthorn, Bob [1974] 'Neo-classicism, Neo-Ricardianism and Marxism', *New Left Review*, Vol.86.

Samuelson, Paul A. [1951] 'Abstract of a Theorem Concerning Substitutability in Open Leontief Models', in T. C. Koopmans ed., *Activity Analysis of Production and Allocation*, John Wiley and Sons.

Samuelson, Paul A. [1961] 'A New Theorem on Nonsubstitution', in H. Hegeland ed., *Money, Growth, and Methodology and Other Essays in Economics, in honor of J. Åkerman*, CWK Gleerup.

Smith, Adam [1776] *An Inquiry into the Nature and Causes of the Wealth of Nations.*

Sraffa, Piero [1960] *Production of Commodities by Means of Commodities*, Cambridge at the University Press.

Steedman, Ian [1977] *Marx after Sraffa*, New Left Books.

Steuart, James [1767] *An Inquiry into the Principles of Political Œconomy*, Book Ⅱ, in *Collected Works of James Steuart*, Vol.I, Routledge / Thoemmes Press, 1995.

Yokokawa, Nobuharu [2013] 'Cyclical Crisis, Structural Crisis, Systemic Crisis, and Future of Capitalism', *Crises of Global Economies and the Future of Capitalism*, Ch.7, Routledge.

Розенберг, Д. И. [1931] Комментарии к третьему тому „Капитала“, 宇高基輔・副島種典訳『資本論註解』第 4 巻, 青木書店, 1962 年.

Рубин, И. И. [1930] очерики ло теории стоимости маркса, 竹永進訳『マルクス価値論概説』法政大学出版局, 1993 年.

青才高志 [1990] 『利潤論の展開』時潮社.

青才高志 [2007] 「好況末期の特殊な「資本過剰」と金兌換増大」小幡道昭・青才高志・清水敦編『マルクス理論研究』第 11 章, 御茶の水書房.

明石英人 [2017] 「費用価格と二種類の利潤率――『資本論』第 3 部第 1 章の諸草稿について」『駒澤大学経済学論集』第 48 巻第 4 号.

伊藤誠 [1964] 「「大不況」――イギリスを中心とする」鈴木鴻一郎編『帝国主義研究』第 1 部, 日本評論社.

伊藤誠 [1973] 『信用と恐慌』『伊藤誠著作集』第 3 巻, 社会評論社, 2009 年.

伊藤誠 [1981] 『価値と資本の理論』『伊藤誠著作集』第 2 巻, 社会評論社, 2011 年.

伊藤誠 [1989] 『資本主義経済の理論』岩波書店.

伊藤誠 [1990] 『逆流する資本主義』『伊藤誠著作集』第 4 巻, 社会評論社, 2010 年.

伊藤誠 [2009] 『サブプライムから世界恐慌へ』青土社.

伊藤誠・桜井毅・山口重克編訳 [1978] 『論争・転形問題：価値と生産価格』東京大学出版会.

井村喜代子 [1973] 『恐慌・産業循環の理論』有斐閣.
岩田弘 [1964] 『世界資本主義』未来社.
植村高久 [1991] 「利潤率均等化作用と市場価格の調整機構」今東博文・折原裕・佐藤公俊編『現代ポリティカルエコノミーの問題構制』第 2 部第 5 章, 社会評論社.
植村高久 [1997] 『制度と資本』御茶の水書房.
宇野弘蔵 [1930] 「貨幣の必然性」『宇野弘蔵著作集』第 3 巻, 岩波書店, 1973 年.
宇野弘蔵 [1950,52] 『経済原論』合本版, 1977 年.
宇野弘蔵 [1953] 『恐慌論』岩波文庫, 2010 年.
宇野弘蔵 [1956] 「市場価値論について」『宇野弘蔵著作集』第 4 巻, 岩波書店, 1974 年.
宇野弘蔵 [1958] 「労働力の価値と価格」『宇野弘蔵著作集』第 4 巻, 岩波書店, 1974 年.
宇野弘蔵 [1962] 『経済学方法論』東京大学出版会.
宇野弘蔵 [1963] 「市場価値について」『宇野弘蔵著作集』第 4 巻, 岩波書店, 1974 年.
宇野弘蔵 [1964] 『経済原論』岩波文庫, 2016 年.
宇野弘蔵 [1971] 『経済政策論』改訂版, 弘文堂.
宇野弘蔵編 [1968] 『資本論研究』第 4 巻, 筑摩書房.
浦園宜憲 [1981] 「信用制度の組織的展開 I」『拓殖大学論集――社会科学系』第 134 号.
大内力 [1954] 『農業恐慌』有斐閣.
大内力 [1970] 『国家独占資本主義』東京大学出版会.
大内力 [1978] 『信用と銀行資本』東京大学出版会.
大内力 [1981,82] 『経済原論』東京大学出版会.
大内力 [1985] 『帝国主義論』『大内力経済学大系』第 4, 5 巻, 東京大学出版会.
大内力編 [1964] 『資本論講座』第 7 巻, 青木書店.
大内秀明 [1964] 『価値論の形成』東京大学出版会.
大内秀明 [2005] 『恐慌論の形成』日本評論社.
大島雄一 [1965] 『価格と資本の理論』未来社.
置塩信雄 [1967] 『蓄積論』筑摩書房.
置塩信雄 [1978] 『資本制経済の基礎理論』増訂版, 創文社.
置塩信雄・伊藤誠 [1987] 『経済理論と現代資本主義』岩波書店.
小黒佐和子 [1977] 「市場価値論 (2) いわゆる「不明瞭な箇所」を中心に」佐藤金三郎・岡崎栄松・降旗節雄・山口重克編『資本論を学ぶ』第 4 巻第 10 章, 有斐閣.
小幡道昭 [1988] 『価値論の展開』東京大学出版会.
小幡道昭 [2001] 「相としての景気循環」伊藤誠編『資本主義経済の機構と変動』第 1 章, 御茶の水書房.
小幡道昭 [2009] 『経済原論』東京大学出版会.
小幡道昭 [2012] 『マルクス経済学方法論批判』御茶の水書房.
小幡道昭 [2013] 『価値論批判』弘文堂.
小幡道昭 [2014] 『労働市場と景気循環』東京大学出版会.
勝村務 [2008] 「市場価値論における時間」『北星論集』第 47 巻第 2 号.

川合一郎 [1957] 「実現論なき恐慌論」『川合一郎著作集』第 6 巻, 有斐閣, 1982 年.
河村哲二 [1979] 「流通費用と利潤率均等化」山口重克・侘美光彦・伊藤誠編『競争と信用』第 4 章, 有斐閣.
河村哲二 [2016a] 「グローバル資本主義の展開と段階論」SGCIME 編『グローバル資本主義と段階論』序章, 御茶の水書房.
河村哲二 [2016b] 「グローバル資本主義の歴史的位相の解明と段階論の方法」SGCIME 編『グローバル資本主義と段階論』第 1 章, 御茶の水書房.
河村哲二 [2016c] 「グローバル資本主義の段階論的解明」『季刊経済理論』第 53 巻第 1 号.
栗田康之 [1992] 『競争と景気循環』学文社.
栗田康之 [2008] 『資本主義経済の動態』御茶の水書房.
久留間鮫造 [1965] 『恐慌論研究』増補新版, 大月書店.
久留間鮫造 [1975] 「恐慌論体系の展開方法について-1-」『経済志林』第 43 巻第 3 号.
久留間鮫造 [1976] 「恐慌論体系の展開方法-2-」『経済志林』第 44 巻第 3 号.
久留間鮫造編 [1972] 『マルクス経済学レキシコン 6』大月書店.
小林芳樹 [1979] 「市場価値と市場生産価格」山口重克・侘美光彦・伊藤誠編『競争と信用』第 3 章, 有斐閣.
櫻井毅 [1968] 『生産価格の理論』東京大学出版会.
佐藤金三郎 [1968] 『『資本論』と宇野経済学』新評論.
佐藤金三郎 [1977] 「『資本論』の成立　プラン問題を中心として」佐藤金三郎・岡崎栄松・降旗節雄・山口重克編『資本論を学ぶ』第 1 巻第 1 章, 有斐閣.
塩沢由典 [1981] 『数理経済学の基礎』朝倉書店.
塩沢由典 [1990] 『市場の秩序学』筑摩書房.
柴崎慎也 [2016]「商業資本のもとにおける債務の集積」『季刊経済理論』第 53 巻第 2 号.
柴田徳太郎 [1996] 『大恐慌と現代資本主義』東洋経済新報社.
清水敦 [1985] 「物価の循環的変動と総需要・総供給」伊藤誠・桜井毅・山口重克編『恐慌論の新展開』第 3 章, 社会評論社.
清水真志 [2006] 『商業資本論の射程』ナカニシヤ出版.
清水真志 [2010] 「「商品経済の物神崇拝的性格」をめぐって (3)」『専修経済学論集』第 44 巻第 3 号.
清水真志 [2015] 「商業資本と商品価値 (2)」『専修経済学論集』第 49 巻第 3 号.
城座和夫 [1977] 「市場価値論 (1)「社会的必要労働時間」を中心に」佐藤金三郎・岡崎栄松・降旗節雄・山口重克編『資本論を学ぶ』第 4 巻第 9 章, 有斐閣.
菅原陽心 [1997] 『商業資本と市場重層化』御茶の水書房.
菅原陽心 [2012] 『経済原論』御茶の水書房.
杉浦克己 [1973] 「産業循環の過程　1850-61 年」鈴木鴻一郎編『恐慌史研究』第 3 部, 日本評論社.
杉浦克己 [1977]「恐慌の基礎理論（続）」『東京大学社会科学紀要』第 26 巻.

鈴木鴻一郎 [1952] 『地代論論争』勁草書房.
鈴木鴻一郎編 [1960,62] 『経済学原理論』東京大学出版会.
高橋勉 [2009] 『市場と恐慌』法律文化社.
侘美光彦 [1964] 「金融資本の形成とイギリス資本市場」鈴木鴻一郎編『帝国主義研究』第 2 部, 日本評論社.
侘美光彦 [1983] 「分析基準としてのマルクス恐慌理論」『東京大学経済学論集』第 49 巻第 3 号.
侘美光彦 [1994] 『世界大恐慌』御茶の水書房.
侘美光彦 [1998] 『「大恐慌型」不況』講談社.
竹内晴夫 [1989] 「信用関係と利子率の格差」『東京大学経済学研究』第 32 号.
田中英明 [1995] 「不況の基礎理論」『東京大学経済学研究』第 37 号.
田中英明 [2017] 『信用機構の政治経済学』日本経済評論社.
谷村智輝 [2014] 「再生産論と恐慌論」守健二編『恐慌論の論点と分析』第 1 章, 創風社.
戸原四郎 [1972] 『恐慌論』筑摩書房.
富塚良三 [1975] 『増補恐慌論研究』未来社.
富塚良三・吉原泰助編 [1997] 『資本論体系』第 9-1 巻, 有斐閣.
富塚良三・吉原泰助編 [1998] 『資本論体系』第 9-2 巻, 有斐閣.
中村泰治 [2005] 『恐慌と不況』御茶の水書房.
中村泰治 [2007] 「大恐慌型恐慌の理論」小幡道昭・青才高志・清水敦編『マルクス理論研究』第 12 章, 御茶の水書房.
西部忠 [1995] 「競争と動態の概念」『北海道大学経済学研究』第 44 巻第 4 号.
新田滋 [2013] 「2008 年恐慌における資本の絶対的過剰と管理通貨制」『専修大学社会科学研究所月報』第 600 号.
新田滋 [2014] 「マルクス経済学と限界分析 (3)」『専修経済学論集』第 49 巻第 2 号.
馬場宏二 [1972] 「『恐慌論』における部門間不均衡」戸原 [1972] 別冊.
馬場宏二 [1973] 『世界経済』東京大学出版会.
日高普 [1972] 『商業資本の理論』時潮社.
日高普 [1983] 『経済原論』有斐閣.
日高普 [1987] 『資本蓄積と景気循環』法政大学出版局.
福田豊 [1996] 『情報化のトポロジー』御茶の水書房.
藤川昌弘 [1973] 「1847 年恐慌」鈴木鴻一郎編『恐慌史研究』第 2 部, 日本評論社.
降旗節雄 [1965] 『資本論体系の研究』青木書店.
古川哲 [1959] 「宇野教授『恐慌論』の疑問点」『経済評論』1959 年 4 月号.
星野富一 [2007] 『景気循環の原理的研究』富山大学出版会.
本間要一郎・富塚良三編 [1994] 『資本論体系』第 5 巻, 有斐閣.
松尾匡 [2014]「物象の世界と人間の世界の二重の把握」『季刊経済理論』第 50 号第 4 号.
松尾秀雄 [1991] 「流通の不確定性と利潤率の概念」今東博文・折原裕・佐藤公俊編『現代ポリティカルエコノミーの問題構制』第 2 部第 3 章, 社会評論社.

松田正彦 [1996] 「情報と信用制度」河村哲二編『制度と組織の経済学』第 6 章, 日本評論社.

馬渡尚憲 [1973] 「景気循環過程――1830 年代における」鈴木鴻一郎編『恐慌史研究』第 1 部, 日本評論社.

宮澤和敏 [1996] 「信用力と信用取引」『茨城大学人文学部紀要（社会科学)』第 29 号.

宮澤和敏 [2003] 「技術革新と持続的不況」SGCIME 編『資本主義原理像の再構築』第 11 章, 御茶の水書房.

宮澤和敏 [2007] 「商品過剰と資本蓄積の停滞」『広島大学経済論叢』第 30 巻第 3 号.

宮澤和敏 [2010] 「技術革新と雇用量の変動」『広島大学経済論叢』第 33 巻第 3 号.

宮澤和敏 [2011] 「固定資本投資と利潤率不均等の調整」『広島大学経済論叢』第 35 巻第 1 号.

宮澤和敏 [2015] 「資本過剰論における不況と「金融資本の蓄積様式」論」『広島大学経済論叢』第 38 巻第 3 号.

宮田惟史 [2011] 「一般的利潤率の傾向的低下法則と恐慌」『季刊経済理論』第 48 巻第 1 号.

宮田惟史 [2014] 「『資本論』第 3 部第 3 篇草稿の課題と意義」『季刊経済理論』第 51 巻第 2 号.

山口重克 [1977] 「第 3 巻「資本主義的生産の総過程」の対象と課題」佐藤金三郎・岡崎栄松・降旗節雄・山口重克編『資本論を学ぶ』第 4 巻第 1 章, 有斐閣.

山口重克 [1983a] 『競争と商業資本』岩波書店.

山口重克 [1983b] 『資本論の読み方』有斐閣.

山口重克 [1984] 『金融機構の理論』東京大学出版会.

山口重克 [1985] 『経済原論講義』東京大学出版会.

山口重克 [1987] 『価値論の射程』東京大学出版会.

山口重克 [1998] 『商業資本論の諸問題』御茶の水書房.

山口重克 [2000] 『金融機構の理論の諸問題』御茶の水書房.

山本二三丸 [1962] 『価値論研究』青木書店.

横川信治 [1989] 『価値・雇用・恐慌』社会評論社.

横山正彦 [1955] 『経済学の基盤』東京大学出版会.

吉原直毅 [2014] 「マルクス的経済理論における置塩 (1963) 以降の進展」『季刊経済理論』第 50 巻第 4 号.

吉村信之 [2003] 「信用恐慌論の方法と課題」SGCIME 編『資本主義的原理像の再構築』第 13 章, 御茶の水書房.

吉村信之 [2005] 「貨幣取扱業務の再検討」『季刊経済理論』第 41 巻第 4 号.

吉村信之 [2011] 「転形問題における単一体系解釈」『信州大学経済学論集』第 62 号.

渡辺昭 [1984] 『マルクス価値論の研究』白桃書房.

付　録

付録 A

$$\begin{cases} (k_{11}p_1 + k_{12}p_2)(1+r) &= p_1 \\ (k_{21}p_1 + k_{22}p_2)(1+r) &= p_2 \end{cases} \tag{1-1}$$

次の命題 1 の証明を通して，この等式 (1-1) が価格を一意に決定する方程式として利用可能であることを確認しておく．

命題 1. 等式 (1-1) は，p_1 と p_2 の相対比について，正の解をただ 1 つだけ持つ．

証明　等式 (1-1) は，$\frac{1}{1+r} = \lambda$ として

$$\begin{cases} (k_{11} - \lambda)p_1 + k_{12}p_2 &= 0 \\ k_{21}p_1 + (k_{22} - \lambda)p_2 &= 0 \end{cases} \tag{A-1}$$

と表せる．これより，等式 (1-1) が p_1, p_2 の正の相対比を持つ条件は，

$$k_{11} - \lambda < 0 \quad \text{かつ} \quad k_{22} - \lambda < 0 \tag{A-2}$$

である．

等式 (1-1) が $p_1 = p_2 = 0$ 以外の解を持つとすると，

$$\begin{aligned} &(k_{11} - \lambda) : k_{12} = k_{21} : (k_{22} - \lambda) \\ &\Leftrightarrow k_{12}k_{21} = (k_{11} - \lambda)(k_{22} - \lambda) \end{aligned} \tag{A-3}$$

が成り立つ．

ここで，$f(x) = (k_{11} - x)(k_{22} - x)$ は，$k_{11}, k_{22} \geqq 0$ を考慮すると，図 A−1 のようなグラフになる．

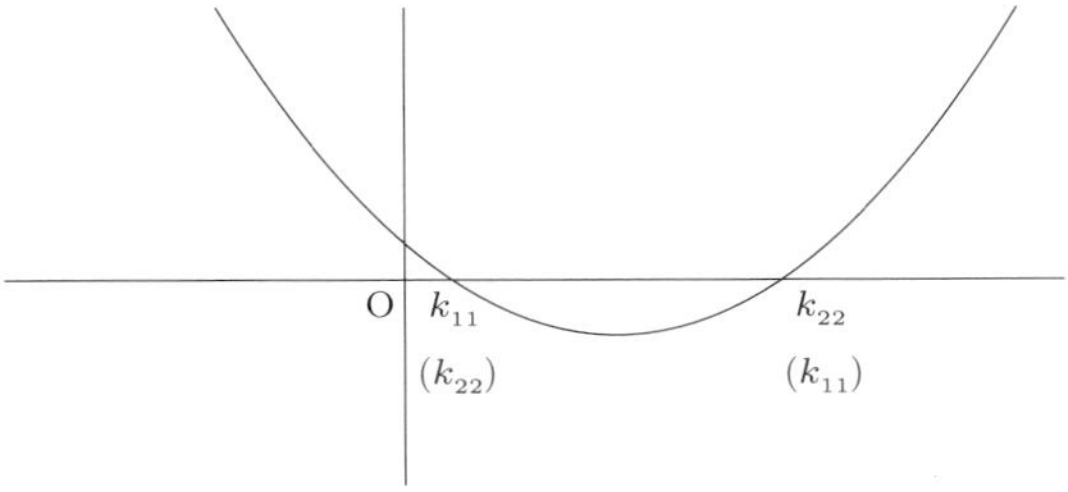

図 A−1　$\boldsymbol{f(x) = (k_{11} - x)(k_{22} - x)}$ のグラフの概形

$k_{12}k_{21} > 0$ のため，$y = k_{12}k_{21}$ の表す直線は図 A－1 に示したグラフの $x > k_{11}$かつ $x > k_{22}$ の領域では，$y = f(x)$ の表す曲線と一度だけしか交わることはない．ゆえに，等式 (A-3) は条件 (A-2) を満たす解をただ 1 つだけ持つ．

□

なお式 (1-1) は，

$$K = \begin{pmatrix} k_{11} & k_{12} \\ k_{21} & k_{22} \end{pmatrix},\ \boldsymbol{p} = \begin{pmatrix} p_1 \\ p_2 \end{pmatrix},\ \frac{1}{1+r} = \lambda$$

と置くと，

$$K\boldsymbol{p} = \lambda\boldsymbol{p}$$

と表せ，かつ $\boldsymbol{p} = \boldsymbol{0}$ では価格として無意味なので，等式 (1-1) から r と p_1, p_2 とを求めるのは，投入行列 K の固有値 λ と固有ベクトル $\boldsymbol{p}$ とを求めるプロセスに相当する．一般に，既約な $n \times n$ の非負正方行列で投入物量を表すとき，その成分が全て正の固有ベクトルは必ずただ 1 つ存在する．これはフロベニウスの定理と呼ばれる固有値と固有ベクトルに関する性質を利用して証明できるが（一例として塩沢 [1981]101,102 頁参照），Sraffa[1960]pp.26-29 では「標準体系」という生産体系の持つ特殊な性質を媒介に，独自の証明が試みられている．ここではさしあたり行論に必要な 2 部門の場合について，フロベニウスの定理に代えて，連立方程式を用

いたより簡易な証明を示した．なお，解の公式を用いて証明する方法については，伊藤 [1981]320-321 頁を参照.

付録 B

等式 (1-1) が成立している下で，$\boldsymbol{k_i} = (k_{i1}, k_{i2})$ とすると，第 1 財の 2 つの生産条件は，第 1 財を 1 単位生産するのに要される物量のベクトルである $\boldsymbol{a_1}$ と $\boldsymbol{b_1}$ の違いとして区別できるので，ここではこれを生産条件を示す記号として用いることにする．ただし以下では，

$$(a_{11} - b_{11})(b_{12} - a_{12}) > 0 \tag{B-1}$$

とする．そうでない場合は，物量のみで $\boldsymbol{a_1}$ と $\boldsymbol{b_1}$ の優劣は判定できるので，社会的再生産全体に依存した生産条件の優劣の規定という問題そのものが解消されてしまうからである．

さてこのとき最も簡単な生産条件の優劣のつけ方は，いずれかの生産条件が生産価格を規定することを前提に，その生産価格を用いてもう一方の生産条件も評価するという手法である．以下，価格は全て第 1 財の価格ではかったものとする ($p = p_2/p_1$)．第 2 財の生産条件が $\boldsymbol{a_2}$ である下で，第 1 財の生産条件として $\boldsymbol{a_1}$ が価格方程式に入る場合に決定される生産価格を p_α としたとき，p_α で $\boldsymbol{b_1}$ を評価すれば，$\boldsymbol{a_1}$ と $\boldsymbol{b_1}$ の優劣をつけることができる．生産条件 $\boldsymbol{k_i}$ をある生産価格 p で評価して得られる利潤率を $r_{ki}(p)$ と表すとすると，p_α で評価された $\boldsymbol{a_1}$ と $\boldsymbol{b_1}$ の優劣は，$r_{a1}(p_\alpha)$ と $r_{b1}(p_\alpha)$ とを比較することで判定される．

しかし，今 $\boldsymbol{a_1}$ が生産価格を決定しているとしたのは全く恣意的なものでしかない．$\boldsymbol{a_1}$ と $\boldsymbol{b_1}$ は目下の経済において同時に稼働している生産条件なのだから，各生産条件の生産規模等に関する追加的条件を何らかの形で加味しない限り，両者はいずれも生産価格を決定する資格を同等に有した生産条件と考えなければならない．生産価格は市場価格とは異なり，生産条件と賃金のみで決定される確定的な価格比率であり，それゆえに複数の生産条件が並在する場合は，複数の生産価格が並び立つ．つまり，ここまでの条件下では，第 2 財の生産条件が $\boldsymbol{a_2}$ である下で第 1 財の生産条件として $\boldsymbol{b_1}$ が価格方程式に入り決定される生産価格 p_β も，p_α と同等の論理的なウェイトを持

つのである．とすると，$\boldsymbol{a_1}$ の利潤率としても，$r_{a1}(p_\alpha)$ のみならず，p_β で評価された $r_{a1}(p_\beta)$ がありうるのであり，$r_{a1}(p_\alpha), r_{a1}(p_\beta), r_{b1}(p_\alpha), r_{b1}(p_\beta)$ という全部で 4 つの利潤率の大小を考える必要がある．

この場合 $\boldsymbol{a_1}$ が $\boldsymbol{b_1}$ に対し優等条件であるとすれば，$r_{a1}(p_\alpha) > r_{b1}(p_\alpha)$，$r_{a1}(p_\beta) > r_{b1}(p_\beta)$，そして $r_{a1}(p_\alpha) > r_{b1}(p_\beta)$ という 3 通りの判断基準を考えうる．しかし以下の命題 2 が成立するので，実のところ 1 部門 2 生産条件の場合は，恣意的に生産価格を選定し生産条件の優劣を判定する，先の方法で不都合はない．

命題 2. $r_{a1}(p_\alpha) > r_{b1}(p_\alpha) \Leftrightarrow r_{a1}(p_\beta) > r_{b1}(p_\beta) \Leftrightarrow r_{a1}(p_\alpha) > r_{b1}(p_\beta)$

証明　等式 (1-1) の各式に，以下のように記号を付す．

$$\begin{cases} (k_{11}p_1 + k_{12}p_2)(1+r) = p_1 & \text{(B-2)} \\ (k_{21}p_1 + k_{22}p_2)(1+r) = p_2 & \text{(B-3)} \end{cases}$$

式 (B-2) を $r_{k1}(p)$ という関数の形に書き直すと

$$r_{k1}(p) = \frac{1}{k_{11} + k_{12}p} - 1$$

となり，$k_{11} \geqq 0, k_{12} > 0$ ゆえ r_{k1} は $p > 0$ の範囲では単調減少である．

同様に，式 (B-3) は

$$r_{k2}(p) = \begin{cases} -\dfrac{k_{21}}{k_{22}(k_{21} + k_{22}p)} + \dfrac{1}{k_{22}} - 1 & (k_{22} > 0) \\ \dfrac{p}{k_{21}} - 1 & (k_{22} = 0) \end{cases}$$

となり，$k_{21} > 0$ ゆえ r_{k2} は $p > 0$ の範囲で単調増加である．

今 $r_{a1}(p_\alpha) > r_{b1}(p_\alpha)$ とすると，$r_{a1}(p_\alpha) = r_{a2}(p_\alpha)$ より，

$$r_{a2}(p_\alpha) > r_{b1}(p_\alpha)$$

であり，$r_{b1}(p)$ は単調減少関数，$r_{a2}(p)$ は単調増加関数であることに注意すると，

$$r_{a2}(p_\alpha) > r_{a2}(p_\beta) = r_{b1}(p_\beta) > r_{b1}(p_\alpha)$$

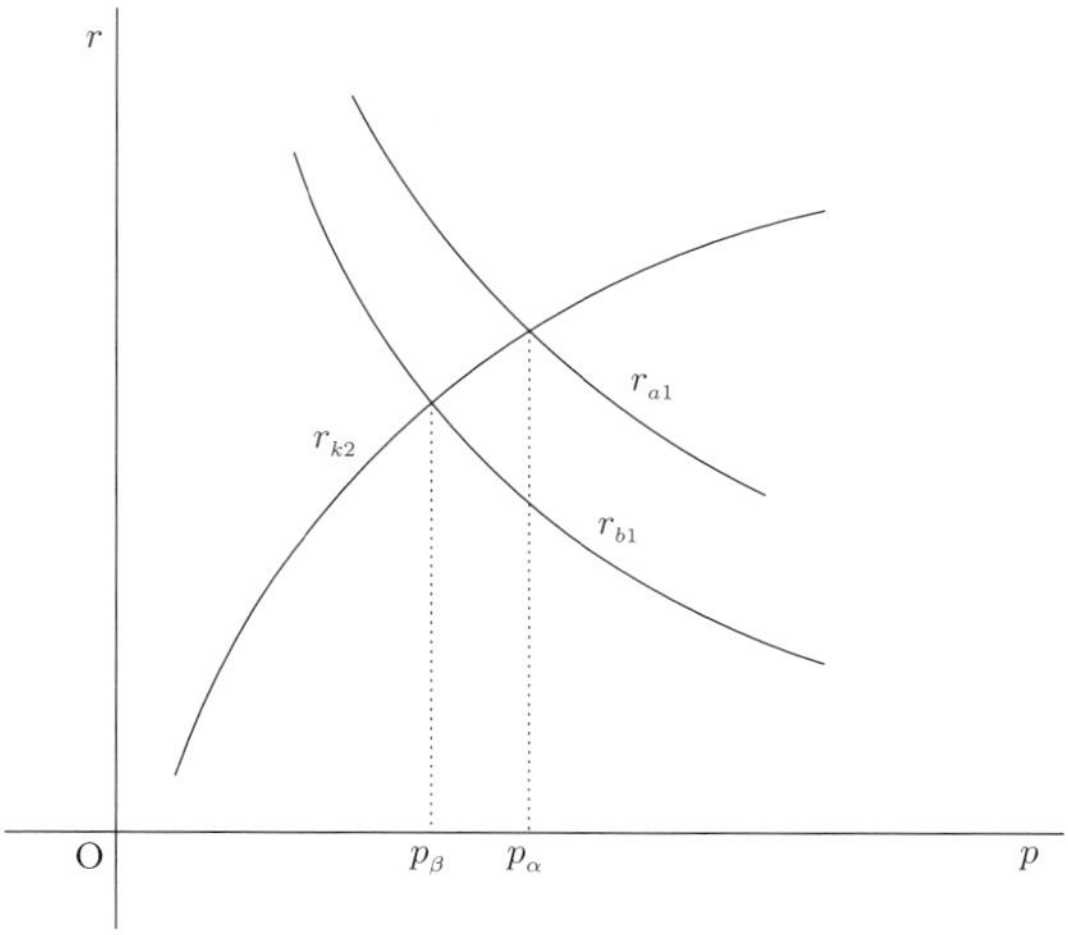

図 B−1　1 部門 2 生産条件の価格方程式の $\boldsymbol{p}-\boldsymbol{r}$ 関係

となる（図 B−1 参照）．したがって

$$r_{a1}(p_\alpha) > r_{b1}(p_\beta)$$

が成立する．

次に $r_{a1}(p_\alpha) > r_{b1}(p_\beta)$ であるとすると，$r_{a1}(p_\alpha) = r_{a2}(p_\alpha), r_{b1}(p_\beta) = r_{a2}(p_\beta)$ より，

$$r_{a2}(p_\alpha) > r_{a2}(p_\beta)$$

$r_{a2}(p)$ は単調増加関数であることから，$p_\alpha > p_\beta$．かつ $r_{b1}(p)$ は単調減少関数なので，

$$r_{b1}(p_\beta) > r_{b1}(p_\alpha)$$

したがって

$$r_{a1}(p_\alpha) > r_{b1}(p_\alpha)$$

以上より

$$r_{a1}(p_\alpha) > r_{b1}(p_\alpha) \Leftrightarrow r_{a1}(p_\alpha) > r_{b1}(p_\beta) \tag{B-4}$$

対称性より

$$r_{a1}(p_\beta) > r_{b1}(p_\beta) \Leftrightarrow r_{a1}(p_\alpha) > r_{b1}(p_\beta) \qquad \text{(B-5)}$$

式 (B-4) および (B-5) より

$$r_{a1}(p_\alpha) > r_{b1}(p_\alpha) \Leftrightarrow r_{a1}(p_\beta) > r_{b1}(p_\beta)$$

□

したがって，ある 1 つの部門のみに複数の生産条件が並在している限りでは，生産価格として成立しうるどの価格を生産条件の優劣に用いても，優劣の順序が入れ替わることはない．

置塩 [1978]108,109 頁では，数学的により厳密かつ一般的な議論が展開されている．ただし，そこでの議論は本書のように 2 つの価格体系の同時的な成立を前提するのではなく，それらをいわば別個の経済として比較していることに留意されたい．

付録 C

付録 B と同様に，等式 (1-1) の下で $\boldsymbol{k_i}=(k_{i1},k_{i2})$ として，それを生産条件を表す記号として用いる．第 1 部門の 2 つの生産条件をそれぞれ $\boldsymbol{a_1},\boldsymbol{b_1}$，第 2 部門の 2 つの生産条件をそれぞれ $\boldsymbol{a_2},\boldsymbol{b_2}$ として，以下で $\boldsymbol{a_1},\boldsymbol{b_1}$ の優劣を考察する．ただしここでも，$\boldsymbol{a_1}$ と $\boldsymbol{b_1}$ については式 (B-1) が成立しているものとする．

このような，両部門にそれぞれ 2 つの生産条件が存在する場合には，生産条件の優劣を判定すべき生産価格として，表 C−1 に示すように，4 つが同時に成立する．複数生産条件の同時稼働という舞台設定は，このように生産条件の評価基準がいくつもあるような状況での，生産条件の優劣の規定についての検討を要請する．

表 C−1　両部門 2 生産条件下で成立する生産価格

	$\boldsymbol{a_1}$	$\boldsymbol{b_1}$
$\boldsymbol{a_2}$	p_α	p_β
$\boldsymbol{b_2}$	p_γ	p_δ

ただし，表 C−1 にある 4 つの価格比率を全て取り上げる必要はない．命題 2 より，第 2 部門の生産条件が $\boldsymbol{a_2}$ のときの $r_{a1}(p_\alpha)$ と $r_{b1}(p_\alpha)$ の大小と，$\boldsymbol{b_2}$ のときの $r_{a1}(p_\gamma)$ と $r_{b1}(p_\gamma)$ の大小とを調べれば，$\boldsymbol{a_1}$ と $\boldsymbol{b_1}$ の相対的な優劣は判定できる．しかもこのように同じ価格水準をとることで，同じ価格ベクトル $\boldsymbol{p}=(p_1,p_2)$ 上の正射影の長さで以って生産条件の優劣を比較できる（価格ベクトルについては本文を参照）．そのような価格ベクトルを用いたベクトル図上において，投入ベクトルの価格ベクトルへの正射影の長さと，産出ベクトルの価格ベクトルへの正射影の長さの比は，$1:(1+r)$ になるが，$r_{a1}(p_\alpha)$ と $r_{b1}(p_\beta)$ を比較しようとすると，それらは $\boldsymbol{p_\alpha}$ と $\boldsymbol{p_\beta}$ という別々の価格ベクトルに対する正射影の長さの比になる

ので，ベクトル図上でのビジュアルな比較は難しい．それに対し，$r_{a1}(p_\alpha)$ と $r_{b1}(p_\alpha)$ ならば，ベクトル図上で同じ価格ベクトル上の正射影の長さの比率になり，幾何的なイメージを得やすい．

さらに，$\boldsymbol{p_\alpha}$ と $\boldsymbol{p_\gamma}$ の位置を確定する必要も実はない．$\boldsymbol{a_1}$ と $\boldsymbol{b_1}$ の優劣は，価格ベクトルが全く自由に動くとすれば，$\boldsymbol{a_1}$ と $\boldsymbol{b_1}$ とに等しい利潤率を与えるある価格ベクトル $\boldsymbol{p^*}$ を境に，逆転すると考えられる．したがって，$\boldsymbol{p_\alpha}$ と $\boldsymbol{p_\gamma}$ とが $\boldsymbol{p^*}$ を間に挟まない限り，成立しうるどの生産価格を使って生産条件を評価しても生産条件の優劣は不変である．逆に言えば，$\boldsymbol{p_\alpha}$ と $\boldsymbol{p_\gamma}$ とが $\boldsymbol{p^*}$ を挟み込んでしまうような生産条件の組合せが存在するときは，どの生産価格により生産条件の優劣を判定するかで，優劣の逆転が発生することになる．そこで，生産条件の優劣の逆転の発生条件を，ベクトル図で考えてみよう．

まず，$\boldsymbol{p^*}$ を描く．$\boldsymbol{a_1}$ と $\boldsymbol{b_1}$ のそれぞれの生産条件を用いたときの産出ベクトルは，ともに 1 の大きさを持った $\overrightarrow{\mathrm{OQ_1}} = (1, 0)$ とする．投入ベクトルについては，$\overrightarrow{\mathrm{OK_{a1}}} = (-a_{11}, -a_{12})$，$\overrightarrow{\mathrm{OK_{b1}}} = (-b_{11}, -b_{12})$ と置く．今 $\boldsymbol{p^*}$ が $\boldsymbol{a_1}$ と $\boldsymbol{b_1}$ とに均等な利潤率を与え，かつ産出ベクトルが同じである以上，$\overrightarrow{\mathrm{OK_{a1}}}$ と $\overrightarrow{\mathrm{OK_{b1}}}$ の $\boldsymbol{p^*}$ の下での価格評価は同額にならなければならない．そのときの価格評価は，$\boldsymbol{p^*}$ を単位ベクトルとすると，$\overrightarrow{\mathrm{OK_{a1}}}$ または $\overrightarrow{\mathrm{OK_{b1}}}$ の $\boldsymbol{p^*}$ への正射影 $\mathrm{OH_1^*}$ の長さとして与えられる．だから $\boldsymbol{p^*}$ は，直線 $\mathrm{K_{a1}K_{b1}}$ に直交する単位ベクトルである．ここでは $\boldsymbol{a_1}$ および $\boldsymbol{b_1}$ は，価格を付さないと優劣が判別できない生産条件であり，式 (B-1) を満たすため，ベクトル図の第 3 象限において $\mathrm{K_{b1}}$ が $\mathrm{K_{a1}}$ に対し南東方向または北西方向にある場合のみを考える．そのとき，$\boldsymbol{p^*}$ は必ず全ての成分が正のベクトルとして取れる（図 C－1）．

この $\boldsymbol{p^*}$ を $\boldsymbol{p_\alpha}$ と $\boldsymbol{p_\gamma}$ とが間に挟むかどうかを検討するためには，$\boldsymbol{p^*}$ を価格方程式の解として与えるような第 2 部門の生産条件はどのような範囲に存在するかを明らかにすればよい．第 2 部門の各生産条件も産出ベクトルの大きさを 1 に揃えることにして，それを $\overrightarrow{\mathrm{OQ_2}} = (0, 1)$ とする．そして $\boldsymbol{p^*}$ への $\overrightarrow{\mathrm{OQ_1}}$ の正射影を $\mathrm{OH_{q1}}$，$\boldsymbol{p^*}$ への $\overrightarrow{\mathrm{OQ_2}}$ の正射影を $\mathrm{OH_{q2}}$ とす

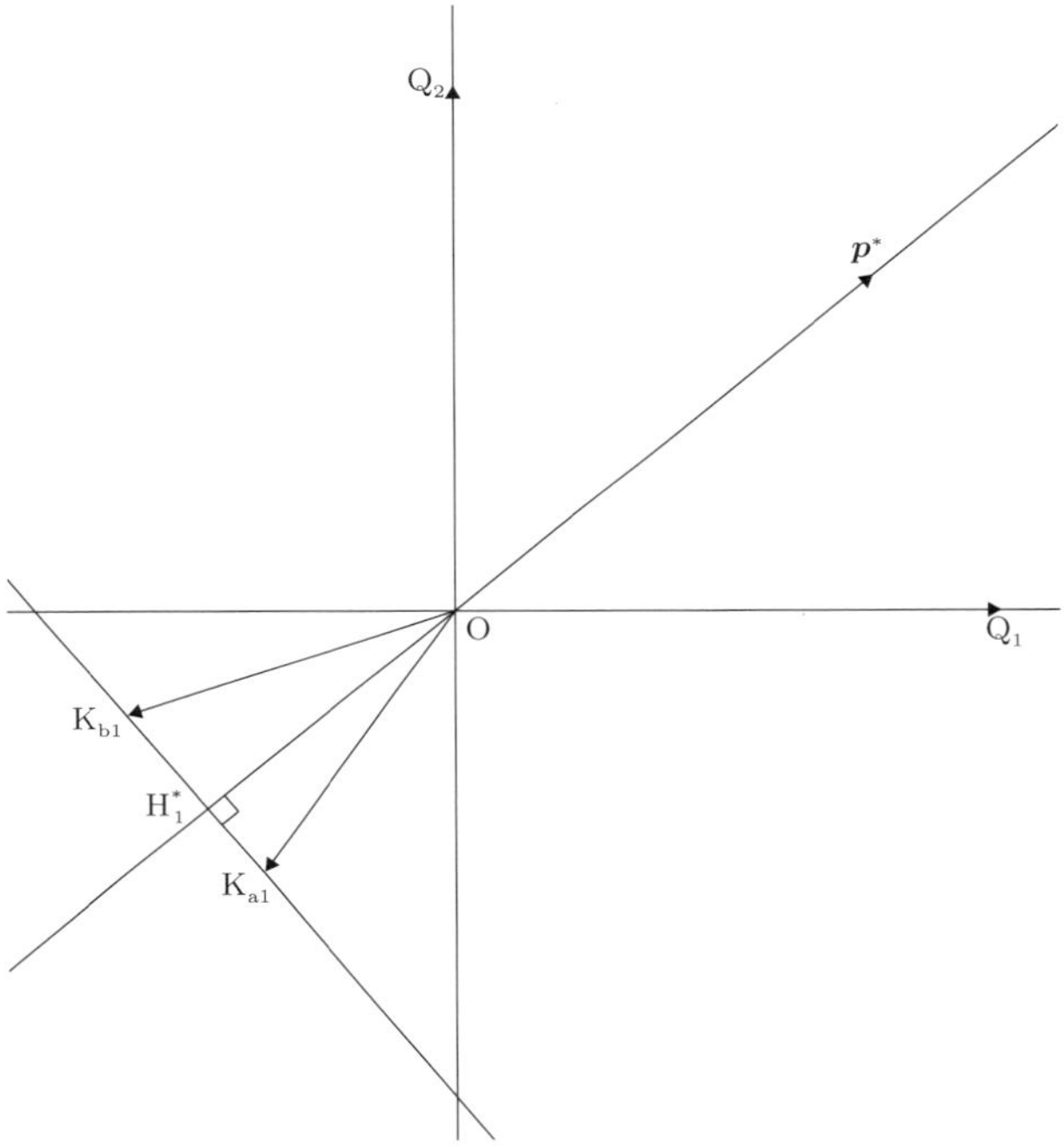

図 C−1　$\boldsymbol{a}_1$ と $\boldsymbol{b}_1$ に等しい利潤率を与える生産価格 $\boldsymbol{p}^*$

ると，線分 $\mathrm{OH_{q1}}$ と線分 $\mathrm{OH_{q2}}$ とがそれぞれ第 1 部門の産出と第 2 部門の産出を $\boldsymbol{p}^*$ で価格評価したときの価額を表す．このとき，第 1 部門と第 2 部門は利潤率が均等であるとすると，$\mathrm{OH_{q2}/OH_{q1}}$ は，$\boldsymbol{p}^*$ で評価された第 2 部門の第 1 部門に対する産出価額の比率を表すと同時に，同じく投入価額の比率も表している．つまり，このときの利潤率を r^*，第 2 部門の投入ベクトルの $\boldsymbol{p}^*$ への正射影を $\mathrm{OH_2^*}$ とすると，

$$1 + r^* = \frac{\mathrm{OH_{q1}}}{\mathrm{OH_1^*}} = \frac{\mathrm{OH_{q2}}}{\mathrm{OH_2^*}}$$

より

$$\frac{\mathrm{OH_{q2}}}{\mathrm{OH_{q1}}} = \frac{\mathrm{OH_2^*}}{\mathrm{OH_1^*}}$$

である．ここで $\boldsymbol{p^*}$ が x 軸となす角度を θ^* とすると，

$$\begin{aligned}\frac{\mathrm{OH_{q2}}}{\mathrm{OH_{q1}}} &= \frac{\cos(\frac{\pi}{2}-\theta^*)}{\cos\theta^*}\\ &= \frac{\sin\theta^*}{\cos\theta^*}\\ &= \tan\theta^*\end{aligned}$$

であるため，$\boldsymbol{p^*}$ で評価された第 1 部門での投入価額 OH_1^* を $\tan\theta^*$ 倍すれば，第 2 部門での投入価額 OH_2^* が分かる．こうして，第 1 部門の 2 つの生産条件から，その 2 つに等しい利潤率を与える生産価格を成立させる第 2 部門の生産条件の投入ベクトルの範囲が，図 C－2 中の太線部分のように図示できる．この太線上に第 2 部門の生産条件の投入ベクトルがある場合，それと $\boldsymbol{a_1}$ または $\boldsymbol{b_1}$ とが成立させる生産価格が $\boldsymbol{p^*}$ になるのである．

もしこの太線より原点側に第 2 部門の投入ベクトルがある場合には，それと $\boldsymbol{a_1}$ が均等な利潤率を得られる価格ベクトルの傾きは，$\boldsymbol{p^*}$ よりも小さくなる．価格ベクトルが $\boldsymbol{p^*}$ に比べて第 1 部門に有利に，第 2 部門に不利になるように動かなければ両部門の利潤率が均等にならないからである．そのとき，価格ベクトルへの $\overrightarrow{\mathrm{OK_{a1}}}$ および $\overrightarrow{\mathrm{OK_{b1}}}$ の正射影をそれぞれ $\mathrm{OH_{a1}}, \mathrm{OH_{b1}}$ とすると，$\mathrm{OH_{a1}} < \mathrm{OH_{b1}}$ になり，したがって $\boldsymbol{a_1}$ は $\boldsymbol{b_1}$ に対し優等条件と評価される．しかし逆に原点に対し太線より外側に第 2 部門の投入ベクトルがある場合は，$\mathrm{OH_{a1}} > \mathrm{OH_{b1}}$ となり，$\boldsymbol{a_1}$ は $\boldsymbol{b_1}$ より劣等である．したがって，$\boldsymbol{a_2}$ と $\boldsymbol{b_2}$ が図 C－2 中の太線を挟み込むように投入ベクトルをプロットする場合には，$\boldsymbol{a_1}$ と $\boldsymbol{b_1}$ の間の優劣は，ありうべき 4 つの生産価格のどれを評価軸としてとるかによって逆転する．

以上ベクトル図で示したことを，命題形式で表し代数学的な証明を与えておく．

命題 3. $p^* = (a_{11} - b_{11})/(b_{12} - a_{12})$，$a_{11} - b_{11} < 0$，$b_{12} - a_{12} < 0$ のとき

$$r_{k2}(p^*) \gtrless r_{a1}(p^*)$$

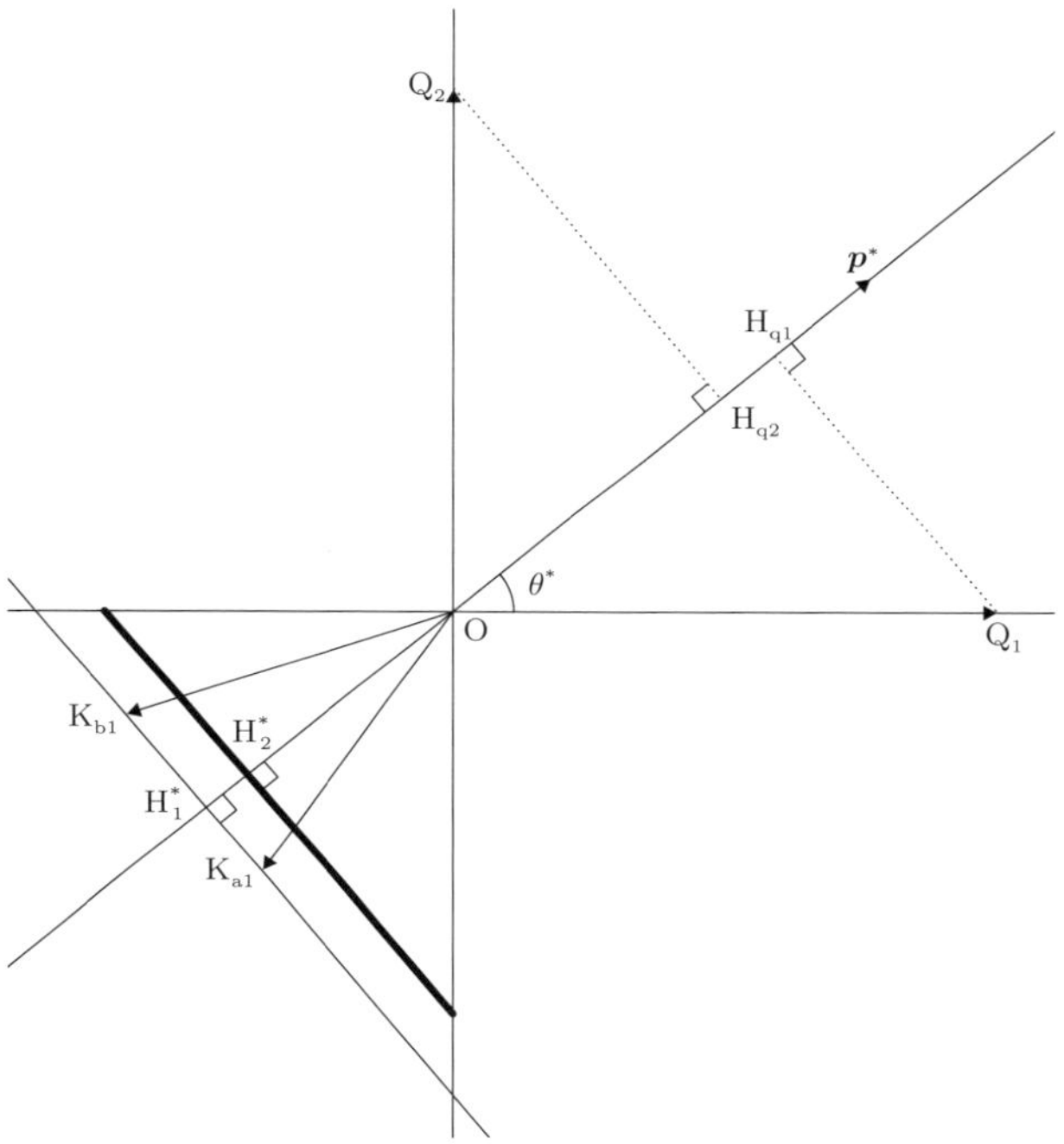

図 C−2　$\boldsymbol{p}^*$ を生産価格として成立させる第 2 部門の投入ベクトルの範囲

ならば

$$r_{a1}(p_\xi) \gtrless r_{b1}(p_\xi).$$

ただし，複号同順および $(k,\xi)=(a,\alpha),(b,\gamma)$.

証明

$$r_{k2}(p^*) \gtrless r_{a1}(p^*)$$

$$\Leftrightarrow \frac{p^*}{k_{21}+k_{22}p^*} \gtrless \frac{1}{a_{11}+a_{12}p^*}$$

$p^*=(a_{11}-b_{11})/(b_{12}-a_{12})$ を代入して整理すると

$$0 \leqq a_{12}(a_{11}-b_{11})^2 + (a_{11}-k_{22})(b_{12}-a_{12})(a_{11}-b_{11}) - k_{21}(b_{12}-a_{12})^2$$
$$= \frac{1}{4a_{12}^2}\{2a_{12}(a_{11}-b_{11}) + (a_{12}-b_{12})[k_{22}-a_{11}+\sqrt{(a_{11}-k_{22})^2+4a_{12}k_{21}}]\}$$
$$\cdot \{2a_{12}(a_{11}-b_{11}) + (a_{12}-b_{12})[k_{22}-a_{11}-\sqrt{(a_{11}-k_{22})^2+4a_{12}k_{21}}]\}$$

$a_{11}-b_{11}<0, b_{12}-a_{12}<0$ より，上式の 2 行目の 2 つ目の大括弧内は常に負となるので

$$0 \gtreqless 2a_{12}(a_{11}-b_{11}) + (a_{12}-b_{12})[k_{22}-a_{11}+\sqrt{(a_{11}-k_{22})^2+4a_{12}k_{21}}]$$

さらに右辺を $2a_{12}$ (>0) で割った上で整理すると

$$a_{11} + a_{12}\cdot\frac{k_{22}-a_{11}+\sqrt{(a_{11}-k_{22})^2+4a_{12}k_{21}}}{2a_{12}}$$
$$\lesseqgtr b_{11} + b_{12}\cdot\frac{k_{22}-a_{11}+\sqrt{(a_{11}-k_{22})^2+4a_{12}k_{21}}}{2a_{12}} \quad \text{(C-1)}$$

ここで p_ξ は式 (B-2) に $\boldsymbol{a_1}$ を代入した式と，式 (B-3) からなる価格方程式から r を消去して得られる二次方程式

$$0 = a_{12}p^2 + (a_{11}-k_{22})p - k_{21}$$

の 2 つの解のうちプラスの方なので

$$p_\xi = \frac{k_{22}-a_{11}+\sqrt{(a_{11}-k_{22})^2+4a_{12}k_{21}}}{2a_{12}}$$

と書け，したがって式 (C-1) は以下のようになる．

$$a_{11} + a_{12}p_\xi \lesseqgtr b_{11} + b_{12}p_\xi$$
$$\Leftrightarrow r_{a1}(p_\xi) \gtreqless r_{b1}(p_\xi)$$

□

それゆえ，例えば $\boldsymbol{a_2}$ と $\boldsymbol{b_2}$ とが $a_{11}-b_{11}<0$，$b_{12}-a_{12}<0$ を満たし，かつ

$$r_{b2}(p^*) < r_{a1}(p^*) < r_{a2}(p^*)$$

を成立させるような物量である場合，命題 3 より $r_{a1}(p_\alpha) > r_{b1}(p_\alpha)$ かつ $r_{a1}(p_\gamma) < r_{b1}(p_\gamma)$ が成立し，生産価格のとり方によって $\boldsymbol{a_1}$ と $\boldsymbol{b_1}$ の優劣は逆転する．このときの価格と利潤率の関係を図 B−1 と同様に示せば，図 C−3 のようになっている．

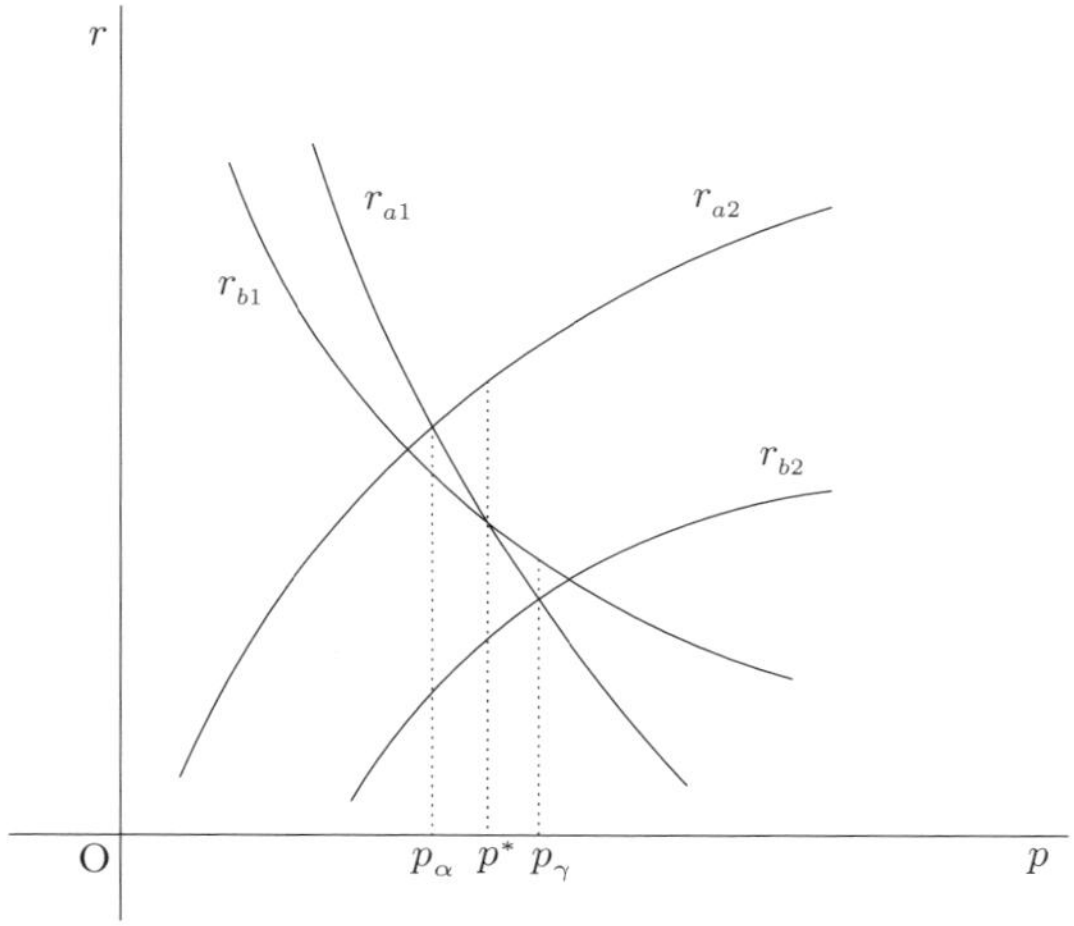

図 C−3　生産条件の優劣が逆転する場合の $\boldsymbol{p}-\boldsymbol{r}$ 関係

なお命題 3 の証明より，以下の命題 4 も明らかに成立する．

命題 4. $p^* = (a_{11} - b_{11})/(b_{12} - a_{12})$, $a_{11} - b_{11} > 0$, $b_{12} - a_{12} > 0$ のとき

$$r_{k2}(p^*) \gtrless r_{a1}(p^*)$$

ならば

$$r_{a1}(p_\xi) \lesseqgtr r_{b1}(p_\xi).$$

ただし，複号同順および $(k, \xi) = (a, \alpha), (b, \gamma)$.